2019年农村发展报告
——为农村青年创造机会

国际农业发展基金　著

郭石磊　译

中国财经出版传媒集团

经济科学出版社

Economic Science Press

图书在版编目（CIP）数据

2019年农村发展报告：为农村青年创造机会 / 国际农业发展基金著；郭石磊译. --北京：经济科学出版社，2022.12

书名原文：2019 Rural Development Report: Creating opportunities for rural youth

ISBN 978-7-5218-4027-8

Ⅰ. ①2… Ⅱ. ①国… ②郭… Ⅲ. ①农村经济发展-研究报告-中国-2019 Ⅳ. ①F32

中国版本图书馆CIP数据核字（2022）第170149号

图字：01-2022-5239

责任编辑：吴 敏　　　责任校对：刘 娅　　　责任印制：张佳裕

2019年农村发展报告
——为农村青年创造机会

国际农业发展基金 著　　郭石磊 译

经济科学出版社出版、发行　新华书店经销

社址：北京市海淀区阜成路甲28号　邮编：100142

总编部电话：010-88191217　发行部电话：010-88191522

网址：www.esp.com.cn

电子邮箱：esp@esp.com.cn

天猫网店：经济科学出版社旗舰店

网址：http://jjkxcbs.tmall.com

北京季蜂印刷有限公司印装

880×1230　16开　15印张　340000字

2023年3月第1版　2023年3月第1次印刷

ISBN 978-7-5218-4027-8　定价：60.00元

（图书出现印装问题，本社负责调换。电话：010-88191510）

（版权所有　侵权必究　打击盗版　举报热线：010-88191661

QQ：2242791300　营销中心电话：010-88191537

电子邮箱：dbts@esp.com.cn）

目　录

概　述

如果想让农村青年变得富有生产力、与各层面联系更紧密并能掌握自己的未来，我们需要转换思路。农村青年在奋斗的过程中所处的环境各不相同，面临的制约因素多种多样，而千变万化的世界形势也使机遇与挑战并存。影响青年生计的诸多因素包括哪些？这些因素在不同国家、不同类型机会空间存在哪些差异？它们又是如何演变的？只有了解了这些问题，政府和决策者才能制定并实施更加有效的政策和投资。

从这个角度分析农村青年的现状，我们可以得出两个主要结论。首先，制定农村青年政策和投资议程，需要同时解决更广泛的农村发展问题。在经济和社会机会有限的情况下，片面的农村青年政策往往难以奏效。其次，政策和投资能够加快农村转型，但不会自动转化为农村青年的机会。农村青年面临着诸多制约，必须采取有针对性的行动来破除这些限制，他们才能抓住机会并使之为己所用。基于这种情况，联合国《2030 年可持续发展目标》设计了具体指标，用以评估这一领域的进展情况。[①] 如《2016 年农村发展报告》所述，农村转型工作必须专门制定有关农村青年的举措。

为什么青年对农村发展很重要？

青年是人类发展的特殊阶段，是从依赖走向独立的过渡时期，也是能够影响个人和社会未来的关键时期。如果过渡成功，青年成长为心智成熟的成人，那么他们不仅能够实现个人价值，还能为社会和经济发展做出贡献，为个人、家庭及其所属的社会经济群体带来长期回报。如果过渡失败，则可能会导致终生贫困和无法适应社会，给个人、家庭、社会带来长期的负面后果。青年阶段如此重要，自然就成为人们广泛关注的焦点。

过去十年，发展中国家对青年的关切进一步加深，原因如下。[②]

第一，青年人口数量庞大，且增长率高。全球 15~24 岁的 12 亿人口中，有近 10 亿来自发展中国家，而且增长速度远高于高收入国家（UNDESA，2017）。[③] 此外，这一人口群体的增长集中在世界上最贫穷的发展中国家，特别是非洲的发展中国家（见图 1）。这是死亡率急剧下降后，人口向低出生率缓慢过渡的直接结果。在这些国家的人口结构中，青年人口占比较高，人口金字塔上窄下宽，农村地区更是如此。因此，非洲青年的绝对人数预计将继续以远快于世界其他地区的速度增长。在未来 30 年，非洲大陆的农村青年人口占世界农村青年人口的比例将大幅上升（Stecklov and Menashe-Oren，2018）。如果按照行政区域来划分农村和城市，有 4.94 亿青年生活在发展中国家的农村地区（UNDESA，2014，2017）。如果我们考虑除生活在人口稠密的城市地区的青年以外的所有青年，这个数字将上升到 7.78 亿人。如今，世界上 65% 的农村青年生活在亚洲和太平洋地区，20% 的农村青年生活在非洲。预计到 2050 年，非洲所占比例将上升至 37%，亚洲和太平洋地区所占比例将下降至 50%。

第二，数字技术浪潮带来空前绝后的科技革命，推动了快速的经济和社会变革，并渗透到人们生活的方方面面。数字革命带来了崭新的、意想不到的机遇，也关闭了农村发展的传统通道（World Bank，2019）。未来充满了不确定性，决策者应考虑如何应对这些变化。

第三，在过去的 20 年中，数字革命迅猛发展，发展中国家经济增长强劲，青年对于推动经济发展、参与社会决策的期望愈加强烈。数字革命的典型特征是：随着信息成本的大幅下降，信息消费大幅增加。来自全球的观念、影像、价值观、商品和服务都成为信息的载体。尽管经济取得了长足进步，但经济和社会机会的增长或许跟不上青年不断增长的期望（World Bank，2019）。如果不能满足青年不断上升的期望，就有可能带来负面的社会影响和政治后果。因此，决策者必须采取行动。

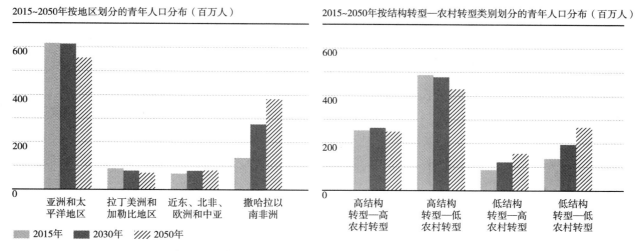

2015~2050年按地区划分的青年人口分布（百万人）

2015~2050年按结构转型—农村转型类别划分的青年人口分布（百万人）

图1　在撒哈拉以南非洲和结构转型水平较低的国家，青年人口正在迅速增长

注：该数据集涵盖了85个低收入和中等收入国家（基于世界银行对这些类别的定义和2018年的数据）。

资料来源：作者根据联合国经济和社会事务部的数据（2017a）计算而得。

本报告重点关注农村青年，他们约占发展中国家青年总人口的一半。另外，还有三个事实不容忽视。首先，在所有发展中国家，农村的青年人口多，城市的青年人口相对较少。因此，青年问题在农村地区尤为重要。其次，中国（中等偏上收入国家）和印度（中等偏下收入国家）的青年人口最多，但那些农村青年人口比例较高的国家中的绝大部分都是贫困率高的低收入国家（见第一章图1.1）。这些国家中的大多数位于撒哈拉以南非洲和亚洲，其青年人口数量庞大，在总人口所占比例高，且贫困现象普遍存在。如果这些国家想在大变局中为其民众创造更好的未来，其所面临的挑战十分严峻。

专栏1　青年的定义

很多人反对用特定年龄段来定义青年，但年龄仍然是定义这个群体最实际的方法。联合国将这一群体定义为年龄为15~24岁的人。虽然青年这一概念是很复杂，并且不同地区对青年的正式年龄定义不同，但本报告在处理统计数据时使用了联合国的标准，以确保可比性。

农村青年发展的三个基础：生产力、联系性、能动性

推动农村转型的青年包容政策和投资应基于农村发展的三个基础：生产力、联系性和能动性。这些是个人和社会福祉的基石。青年正在努力提高生产力，加强个人与各个层面的联系与沟通，并掌握自己的命运。他们未来的生活离不开上述三个基本要素，而我们在谋划农村青年发展时也

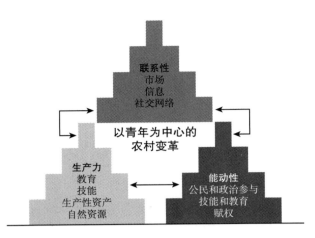

图 2　农村青年发展的基础

资料来源：作者。

必须考虑这三个基本要素。

这些核心要素相互促进、不可分割，因此要综合考量。只关注其中一个，效果将大打折扣（见图2）。只有建立社会、政治、经济、教育和心理方面的联系，青年方能积累并有效配置资源，提高生产力，增加收入，创造社会价值。建立这些联系需要能动性，需要决策控制和人生规划。制定卓有成效的政策，建立有效的制度，以让青年享有医疗、教育和基础设施，从而使青年的积极性得到支持与回报。如此，联系性和能动性对生产力的贡献就能大大提高。为了促进农村青年的发展，提高其生产力、加强青年与各个层面的联系性、增强对自身命运的掌控力，有效的农村青年政策和投资议程必须包括广泛的行动计划。

提高生产力

农村青年的生产力至关重要，关系到青年自身的福祉，也影响着社会的整体发展与繁荣。保罗·克鲁格曼（Krugman, 1994）在《预期消退的年代》（*The Age of Diminished Expectations*）中指出："随着时间的推移，一个国家提高生活水平的能力几乎完全取决于提高（单位时间内）人均产出的能力。"生产力的高低取决于人们工作环境的好坏，以及自身技能、知识水平的高低。

知识不仅仅可在学校习得，正如《2018年世界发展报告：学习以实现教育的承诺》所言。整个教育生态系统若要促进学习，一切利益相关者都必须做出相应调整，政府只要意识到这一点，并将学习定为优先事项，国民的知识水平就可以得到提高（World Bank, 2018）。对于农村青年而言，支持他们学习知识、提高技能尤为重要。尤其是农村的女性青年，她们的知识水平通常落后于其他群体。为农村青年创造有利的学习环境，提高他们的学习效果，将直接提高他们的生产力、增强他们的能动意识，从而形成生活质量改善的良性循环（Brady et al., 2007）。

加强联系性

加强人员、市场、服务、观念、信息互联互通，可以为农村青年创造机会，使他们全面融入经济转型，从而提高他们的生产力。例如，有些农村地区交通设施完善、信息流动通畅、与市场联系紧密，当地商品和服务的市场化程度就会高于其他地区。很多发展中国家也拥有同样的潜力，只须增加物理联通（基础设施）和数字联接（移动技术），农村与市场之间的距离就能大大缩短。例如，在撒哈拉以南非洲，将近一半的青年生活在最偏远和最闭塞的地区（根据WorldPop项目数据）。[④]通过互联互通，青年还可以建立并加强社会资本与人力资本、学习技能并提高自信，从而增强能动意识，提高生产力。

增强能动性

为了提高生产力、加强互联互通，农村青年必须为自己做主，谋求自身的最佳利益。与城市青年或成人相比，农村青年往往更容易被忽视，若要农村青年成功融入农村转型进程，增强能动性特别重要（Trivelli & Morel，2018）。当今社会变化之迅速，为人们增强能动性带来了机会，也给农村青年带来了挑战。对于那些面临多重排斥的农村青年来说，尤为如此。以女性农村青年为例，增强她们的能动性绝非易事。她们受到社会习惯和乡规民俗的限制，如果不改变家庭和社会对她们的态度和期望，仅靠增加资源供给、提高社会地位、加强发言权、满足诉求，很难提高女性农村青年的能动意识（Van den Broeck and Kilic，2018；Doss et al.，2018）。此外，基础设施薄弱、教育系统落后、社会政治结构松散、制度不健全也会阻碍能动性的发展。

创造有利环境

个体特征显然会影响青年的生产力、联系性和能动性。然而，个体特征带来什么样的结果、青年需要具备哪些特征等都有赖于他们所处的环境。有两种环境需要特别注意。首先，我们需要关注青年生活、学习和工作所处的国家、地方、家庭环境，包括国民经济和社会发展的转型水平、青年所生活区域的潜在生产力和联系程度、青年所在家庭的能力。这些环境相互重叠、相互交汇，在很大程度上决定了农村青年可获得的机会。其次，与前几代人相比，当代青年面临的社会变化的速度和类型都发生了巨大改变，必须加以应对。此外，我们还需要关注从青年到成人、从依赖到独立这一过渡过程中存在的制约因素。只有考虑到青年所处的多重环境及其与全球变革的相互作用，才能制定并实施卓有成效的农村青年政策和投资议程。鉴于青年时期的过渡性质，我们还应该弄清楚：与整个农村人口相比，农村青年面临的挑战是否有所不同，有哪些不同；以及帮扶农村青年的政策和项目是否也应该有所不同，差异应该体现在哪些地方。

国家、地方和家庭层面

国家的结构转型和农村转型水平大体上决定了青年可实际获得的物质福利和机会结构，从中我们可以得知国家能为农村青年提供多少机会。一般而言，结构转型越深入，人们的就业方向就越多。不再局限于自我雇佣，人们更多地选择非农就业领域或正规就业。同时，结构转型的深入能提高国家生产力和工资水平；反过来，生产力和工资水平的提高又能进一步推动结构转型（IFAD，2016）。

要了解青年所在的国家、地方和家庭的情况，我们需要先了解农村转型的概念。农村转型是一个经济体的结构转型在农村方面的体现。

随着收入的增加，尽管用来购买食物的支出增加，但它在总支出中的份额下降，而购买非食物的支出的份额增加（Engel，1857）。这种消费结构的变化导致了两种劳动力转移。第一种是部门转移，即农业劳动力由农业部门向非农业部门的流动，尽管很多部门的生产活动仍与农业相关（IFAD，2016）。农村地区的生产力和收入水平得到提高，各种农业和非农业经济活动初具规模。与此同时，农业活动开始更多地利用外部资源，面向市场生产更多产品，并大幅提高农业生产率。

在农村转型初期，劳动力的部门转移主要是劳动力从个体农户转变为不从事农业生产活动的个体工商户。但随着收入增加和市场扩大，公司开始出现。公司能雇佣劳动力，提供工作岗位，引进新技术（资本）并扩大生产。在整体生产力得到提高后，公司推进了农村转型，从而推动了第二种劳动力转移，即劳动力由自雇到受雇的功能转移。这种就业转移是结构转型和农村转型的基本特征（IFAD，2016）。农村经济的整体转型影响着农村青年，既影响他们可获得的机会的水平和种类，也有助于制定财政上可行并能优先贯彻的政策。

国家层面的结构转型和农村转型

农村青年所处的国家环境（国家经济和政策）十分重要，原因有二。首先，国家制定和采取的政策、项目、投资影响了农村青年可获取的机会。其次，国家的结构转型和农村转型水平大体上决定了农村青年能实际获得的物质福利以及实现这一目标的机会结构。简单来说，在转型的不成熟阶段，国家经济提供的机会范围较窄，与农业联系紧密，通常回报较低。但是随着经济转型，机会的范围扩大，与农业的直接联系减少，潜在的回报变大。

我们通常根据非农活动在国内生产总值（GDP）中的占比来衡量结构转型，根据人均农业增加值来衡量农业转型（IFAD，2016）。在总体转型进程中，每个国家都会经历不同阶段的结构转型和农村转型（见图 3）。在自然资源丰富、惠农政策多的国家，农村转型进程要快于结构转型的整体

国家转型类型

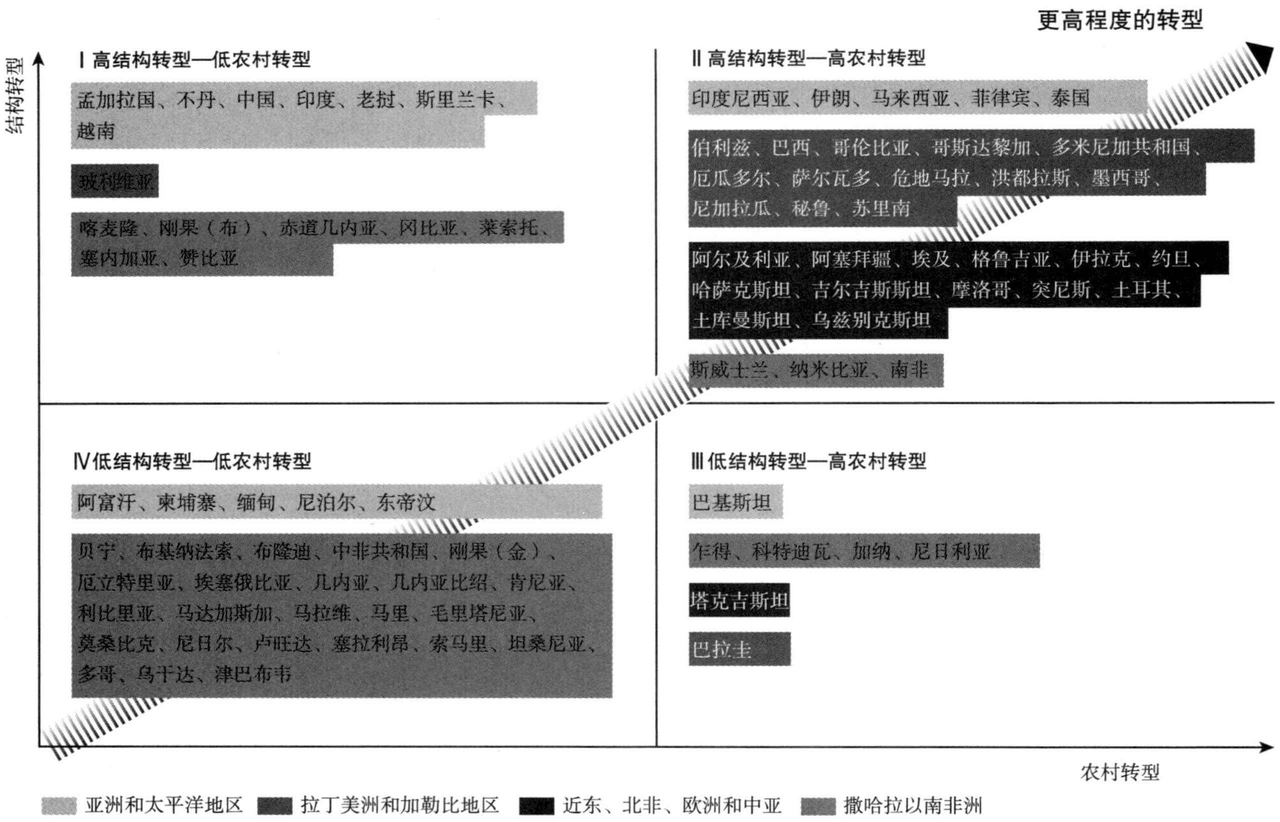

图 3　国家层面的结构转型和农村转型确定了农村青年机会的基本参数

注：如果每位工人产生的农业增加值超过样本中位数（1592 美元），则这个国家实现了较高程度的农村转型；如果非农业增加值的份额超过了样本平均数（80%），则这个国家实现了较高水平的结构转型。该样本包含 85 个世界银行（2018）定义的低收入和中等收入国家。

资料来源：作者。

进程（位于组合Ⅲ的国家）；有些国家在实现较深程度的结构转型的同时，却仍保留了规模小、利润低的劳动密集型农业部门（位于组合Ⅰ的国家）；有些国家在结构转型和农村转型两个方面都取得了较大的进展（位于组合Ⅱ的国家）；还有一些国家的两个转型都才刚刚开始（位于组合Ⅳ的国家）。图3描述了几种结构转型和农村转型的模式，这些模式对各国能够推行或应该推行的农村青年政策和方案有所启示。

不同的模式与国家的转型水平密切相关。广义而言，转型水平最高的国家（位于组合Ⅱ的国家），非农收入占总收入的比重更大，农业部门的生产率和平均收入水平也更高；人口构成中青年人口占总人口比重小（18%），其中65%为城市居民，仅7%在农村。同时，这些国家的制度更完善，人均财政资源也更多。因此，即使这个范畴中的有些国家人口稠密，如印度尼西亚，也有更多的资源用于投资青年，有更大的能力来规划和使用这些资源，依赖这些资源的农村青年也更少。如果政府能出台相关政策，这些国家可以通过投资农村青年来取得长足进步。除撒哈拉以南非洲的纳米比亚、南非和斯威士兰外，这类转型水平较高的国家大多位于拉丁美洲和加勒比地区、近东和北非。

在转型水平最低的国家（位于组合Ⅳ的国家），情况则大不相同。这些国家的平均农村贫困率约为50%，人均收入仅为转型水平最高的国家人均收入的1/10。虽然组合Ⅳ国家的冲突发生频率和其他组合的国家相似，但由于前者体制结构和治理薄弱，它们更有可能被世界银行归类为脆弱国家。这类国家主要位于撒哈拉以南非洲，部分位于亚洲和太平洋地区，其青年人口占总人口的20%，比重最大，其中13%为农村青年（该比例几乎是转型水平最高的国家的两倍）。此外，这些国家的财政资源最少，投资能力也最弱（参见第二章图2.1）。

农村机会空间

在同一个国家的不同地区，农村青年的机会也不同。尽管国家层面的结构转型和农村转型正在进行，但不是所有地区的转型进展都是同步的。农村地区的机会在很大程度上取决于市场准入的程度（农产品市场、要素市场、劳动力市场、金融市场和其他市场）和自然资源的丰富程度。其中，市场准入的程度决定该地区的商业化潜力，自然资源的丰富程度决定该地区的农业生产潜力。这两个因素都具有很强的空间维度（Wiggins and Proctor，2001；Ripoll et al.，2017），它们共同形成了农村机会空间（见图4）。农村青年的潜力主要由这一经济地理框架决定，不受当地背景、特定社会习惯和乡规民俗或个人偏好的影响（Sumberg et al.，2018）。

商业化潜力的增长与城市和市场的联系性、私营部门的投资潜力有关，这些因素对扩大农村青年的机会至关重要。理想的状态是，二级城市和城镇的发展要快于省会城市（Roberts and Hohman，2014）。由于二级城市和城镇距离农村更近，能容纳更多的农村人口，它们的发展对减贫的影响更大。在为农村地区提供福利（比如坦桑尼亚）和创造更具包容性的增长模式中，这些小城镇的作用越来越重要（如印度）（Christiaensen，De Weerdt and Todo，2013；Gibson et al.，2017）。

然而，无论是物理的还是在虚拟的城乡联系都还不够紧密。许多必要联系的形成既取决于公共产品的供应（如优化的道路和通信技术设施），也取决于私人投资。私营部门在农村地区不断加大农业投入，为农村地区提供移动技术、收获后处理设备、农产品加工设备。而公共产品，诸如优化的道路、完善的法律和法规体系以及受过良好教育的民众，则是大规模私人投资的先决条件。只有提高生产力、加强空间联系，才能提高对农村青年投资的回报率。在医疗卫生、教育和基础设施方面的公共投资更是与经济的可持续发展和结构转型紧密相连（World Bank，2018）。因此，一个国家对公共产品的投资越多，其国民素质就越高，青年就能掌握更多技能，从而能抓住机会，充分发挥自身才能。

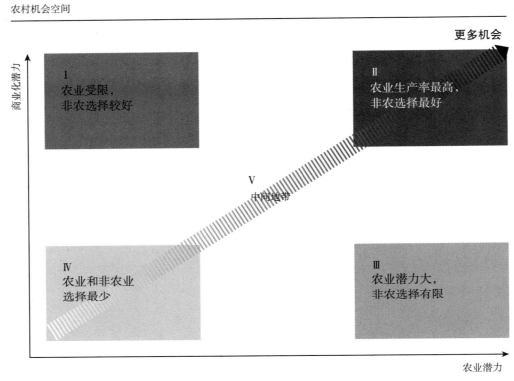

图 4   不同地区的商业化潜力和农业潜力不同，国家为农村青年提供的机会也不同

资料来源：作者。

商业化潜力和农业生产潜力共同影响着农村青年的机会，以及他们在各自国家受到的制约因素。农业生产力推动农村转型，进而推动农村青年机会在部门间和功能间转移。农业生产潜力可以用不同的方式来测量，但在进行全球比较时，使用较多的测量方式是基于遥感数据的植被指数，比如增强型植被指数（EVI）（Jaafar and Ahmad，2015；Chivasa et al.，2017）。基于同样的原因，通过计算人口密度来测量商业潜力时，人们经常使用空间直观全球人口数据。通过空间直观全球人口数据和植被指数（排除建筑区域和林区），我们可以对农村机会空间做出实证估算。

对农村机会空间的分析表明，只有7%的农村青年生活在农业生态潜力最低的地区（见图5，第一列），67%生活在农业生态潜力最高的地区（见图5，第3列）。这种空间模式表明，对大部分的农村青年来说，农业生产潜力并不是主要制约因素。因此，如果该群体的农业生产率低，其原因在于缺乏相关的市场准入，包括投入（尤其是改良的种子、肥料和水）和产出（产品销售将刺激有助于提高生产率的投资）。

根据本报告使用的广义定义，在7.78亿农村青年中，有1/4（1.87亿人）生活在农业生态潜力和商业潜力最高的地区（即他们处于多样化的机会空间中，如图5右上方的单元格所示）。[⑤] 这些地区提供了可能带来报酬的多样化机会。与之相对的是，仅有4%的发展中国家的青年生活在具有严峻挑战的空间（即农业潜力和商业潜力都低的地区，如图5左侧单元格所示）。因此，在不同类型的农村机会空间，对农村青年的投资应该有所不同，以便有效地将农村青年纳入农村转型进程。

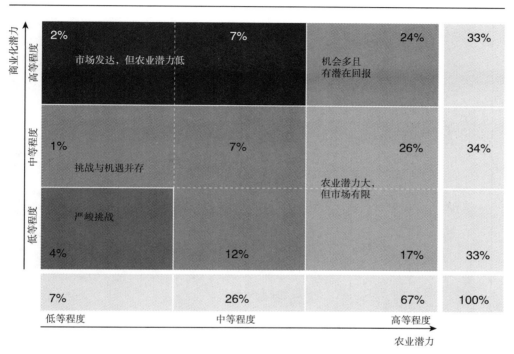

图 5　发展中国家 2/3 的农村青年生活在农业潜力高的机会空间

注：数据涵盖 85 个低收入和中等收入国家（基于世界银行对这些类别的定义和 2018 年的数据）。

资料来源：作者基于世界人口（WorldPop）项目的空间分布人口数据和美国国家航天航空局（NASA）利用分辨率成像光谱仪（MODIS）测出的增强型植被指数（EVI）计算而得。关于数据和方法的详细描述，见本书第二章，以及附录 2（www.ifad.org/ruraldevelopmentreport）。

根据国家转型的类型和农村机会空间的分类，我们可以制定政策、安排投资并明确优先事项，帮助农村青年有所成就、紧密相连并掌控自己的未来（见图6）。同时，我们还应特别注意两种空间模式。

第一种，在转型水平最高的国家，生活在"严峻挑战"和"挑战与机遇并存"空间的青年受地理因素限制最大。实际上，在发展中国家，有2800万农村青年居住在面临严峻挑战地区，其中有2/3（65%）生活在转型水平最高的国家。这一群体在转型水平最高的国家最为普遍，占所有农村青年的9%；而在转型水平最低的国家，仅占3%。在转型水平最高的国家，"严峻挑战"空间表明其仍存在小范围的长期贫困，而非普遍贫困。甘尼（Ghani，2010）将此称为"滞后区域"问题。

按国家转型空间划分的青年在改进的农村机会空间中的分布

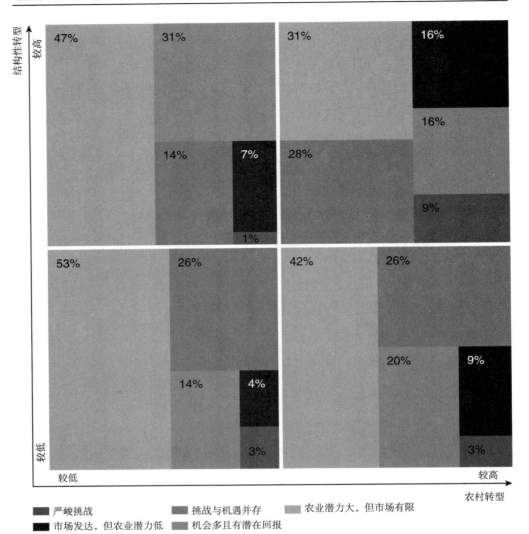

图 6　转型水平最低的国家，其农村青年人口在农业潜力大的地区占比最大；而在转型水平

最高的国家，青年生活在偏远的低潜力地区，其发展问题是国家面临的巨大挑战

注：数据涵盖 85 个低收入和中等收入国家（基于世界银行对这些类别的定义和 2018 年的数据）。该样本仅包括非城市地区（农村、半农村和城市周边地区）。

资料来源：作者基于世界人口项目（WorldPop）的空间分布人口数据和美国国家航天航空局（NASA）用分辨率成像光谱仪（MODIS）测出的增强型植被指数（EVI）计算而得。

　　第二种，在转型水平最低的国家，超过一半的农村青年生活在农业潜力大但市场弱的空间。同时，这些国家对农业的依赖程度也是最高的。这意味着，如果能够加强这些地区的供给市场和产品市场，农业生产率的巨大增长潜力是人们以前没有想到的。

家庭转型类别

在发展中国家，绝大多数农村青年家庭成员众多，在经济上还不能独立。因此，除了国家经济转型水平和农村机会空间外，家庭情况也将影响他们面临的机会和挑战。

和国家一样，如果赖以生存的方式不同，农村家庭转型水平和类别也会不一样（见图7）。如果要实现转型，他们需要与市场建立广泛联系。不局限于农业，他们可以从事多种经营和投资，以增加非农收入（纵轴），比如有些家庭彻底脱离农业，成为完全转型的非农经营家庭。但也有些家庭可能会投资农业，提高农业生产率、加强市场导向，其中一些人成为职业农民，他们经营农业，销售农产品，几乎没有非农收入。也有家庭可能同时进行这两个方面的转型，扩大农业经营，出售大部分农业产品，同时增加对非农产业的投资。如果在农业和非农业这两个方面转型都比较成功，那么这些家庭就是具有经济活力的多元经营的兼业农户。其他则是自给自足的农户，他们几乎没有非农收入，

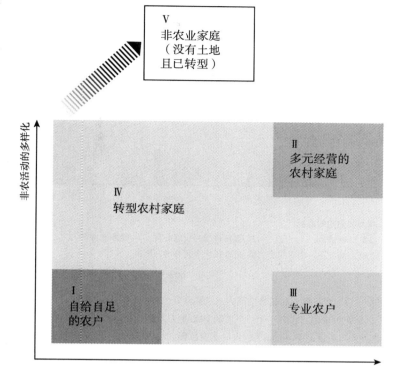

图7　家庭转型类别

资料来源：作者。

也很少出售农产品。也许生活最艰难的是那些既没有土地，又没有多少其他资源的家庭（没有土地的非农业劳动力）。而那些经营部分多样化但不属于上述任何一类的家庭被称为过渡型农村家庭。

农村青年的家庭类型决定了他们实际可以抓住的国家和农村为他们提供的机会。主要家庭类型的形成可能受国家转型水平和他们所在农村机会多少的影响。转型水平越高的国家，经济更多元，农业生产力更高，农村中非农就业机会也更多。因此，可以预见，在这些国家的农村地区，非农经营家庭、多元经营的兼业农户以及专业农户的比例会更高。在一个国家内，如果农村空间联系更紧密（能提供多样化的机会，市场发达但农业潜力有限），多样化的完全转型的非农经营家庭就越多；如果联系不紧密（具有复杂、严峻挑战，或者说农业潜力高但市场有限），仅能维持生计的家庭就越多。⑥

从图8我们可以清楚地看到，随着农村机会空间（从农村机会空间的挑战严峻区域移向机会多样且有报酬的区域）提供的机会增多，自给自足的家庭就越少，多样化、完全转型的家庭就越多。在具有严峻挑战的机会空间里几乎不存在经营多元化的农村家庭，但在机会多样的空间和市场发达但农业潜力有限的空间里（这两种空间的商业潜力最强），它的数量是挑战与机遇并存的空间和农业潜力大但市场有限的空间中同类家庭类型的三倍。

农村机会空间内的家庭，家庭类别所占的百分比（％）

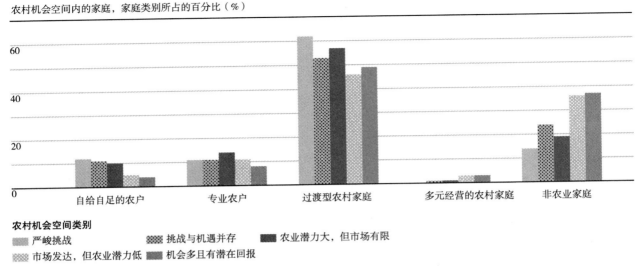

严峻挑战　　挑战与机遇并存　　农业潜力大，但市场有限
市场发达，但农业潜力低　　机会多且有潜在回报

图 8　农村机会空间能提供的机会将影响家庭的经济参与度

注：每一类农村机会空间内的家庭百分比总计为 100%。

资料来源：作者基于三个地区（撒哈拉以南非洲、亚洲和太平洋地区以及拉丁美洲和加勒比地区）的 12 个国家的家庭调查数据、世界人口项目（WorldPop）的人口密度数据以及在所列地区的分辨率成像光谱仪（MODIS）（NASA）测出的增强型植被指数（EVI）计算而得。

　　完全转型的非农业家庭（不再从事农业活动的农村家庭），相较于第二高的机会空间（市场发达，但农业潜力有限），在最高机会空间（机会多样）更常见。这表明，面对相同水平的市场联系（可参见图 5，第 1 行），更多家庭选择从事非农业经济活动，而非同时从事农业活动和非农业活动。这恰好证实了农村地区非农就业与收入相关程度更高（Haggblade，Hazell and Reardon，2007）。

　　总体而言，无论当地农村空间的转型水平和国民经济的发展水平如何，多样化的农村家庭和完全转型的非农家庭都能够为青年提供更多的机会。这些类型的家庭贫困率最低，受过中等教育的青年比例最高。

　　农村青年的就业选择在某种程度上受其家庭成员工作的影响。在同时从事农业活动和非农业活动的家庭，农村青年的就业模式与其家人一样。在从事非农活动的家庭，农村青年的就业模式与其家人不同。在自给农户、专业农户和过渡型家庭中，农村青年把大部分时间花在自家的农田里和与农业相关的工作上。如果家庭成员（多样化的农村家庭和完全转型的非农家庭）从事农业活动的热情不高，青年以非农就业为主（见图 9）。在无土地的非农家庭中，青年主要从事农业雇佣劳动。青年的就业模式反映了所在家庭从事的主要经济活动。

　　青年的非农就业模式与其家庭的就业模式之间存在明显差异。相较于家庭中的长辈，农村青年更多从事与农业生产无关的工作（主要在农业食品部门），但很少自主创业。这表明，他们没有渠道获得创业所需的资产和资金。考虑到他们正处于人生的过渡阶段，这也是意料之中的。随着农业食品部门和其他部门农业转型的深入，城乡之间的联系越来越紧密。因此，加大对农业食品部门中农村青年的投资，可以创造更多的就业机会，这一点十分重要。

从依赖到独立的制约因素

国家、农村和家庭都会为农村青年提供机会，但并不是所有青年都能抓住这些机会。为此，在从依赖走向独立的过渡时期，农村青年必须具备一定的能力、技能、资金和关键资产（比如土地），以便能寻找机会并加以利用。社会习惯和乡规民俗以及当地情况（农业动力机制，以及支撑性政策和制度安排）同样影响着农村青年获得机会（Sumberg et al., 2018）。对女性青年而言，这些影响更大。社会中存在着大量制约因素，使她们无法提高能力和扩大人脉，无法掌控自己的命运。和女性青年类似，少数民族或其他边缘化群体的农村青年也面临更多的限制。

能力和技能

农村青年所需的能力和技能和他们父母那一辈大不相同。工作的性质正在以前所未有的速度变化，催生了对新技能的要求。农村转型，尤其是农业粮食

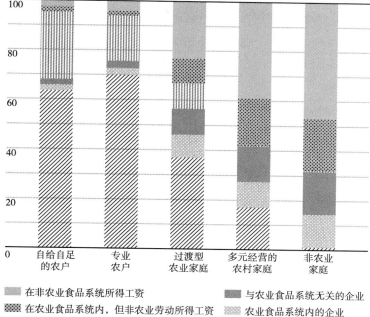

按职能和部门就业类别划分的农村青年就业分布情况，占全职等价工时的百分比（%）

图例：
- 在非农业食品系统所得工资
- 在农业食品系统内，但非农业劳动所得工资
- 从事农业劳动所得工资
- 与农业食品系统无关的企业
- 农业食品系统内的企业
- 个人拥有的农场

横轴：自给自足的农户　专业农户　过渡型农业家庭　多元经营的农村家庭　非农业家庭

图 9　家庭成员的工作将影响农村青年的工作选择

注：非农业家庭包括依赖农场工资的无地家庭（不到总数的 1%）和完全转型的家庭，这些家庭不从事农业活动，主要从事与农业无关的工作（农业食品系统之内或之外的工作，占总数的 40%）。

资料来源：作者用一个包含 128227 人的数据样本代表来自 12 个国家的 1.34 亿农村人口进行计算，这些国家分别来自亚洲和太平洋地区、拉丁美洲和加勒比地区以及撒哈拉以南非洲。

体系的转型，正在将市场延伸到新的领域，将农村和城市联系起来，加剧了各种农场间的产量竞争。随着数字革命的发展，无论是在与农业有关的领域，还是在非农领域，信息的获取都变得越来越重要。青年必须了解嵌入在应用程序中的沟通模式，学会如何搜索信息和建立人际关系网。

快速的技术进步正在改变未来的工作，对机器无法模仿的某些人类能力的需求越来越高（World Bank，2018）。为了适应这些复杂的变化，教育机构必须在教授学生基本技能的同时，培养他们的高级认知能力（批判性思维和解决问题的能力），训练学生就业所需的非认知技能（Fox，2018；Filmer and Fox，2014；World Bank，2018）。非认知技能包括一些人格品质，比如责任心、外向性、亲和力和对经验的开放性。越来越多的证据表明，无论是受雇还是自雇，或是在发展中国家的农村和其他地区创立微型企业，青年都需要掌握这些技能。非认知技能和认知技能与就业和收入密切相关（Heckman and Kautz，2013）。

土地

对农村青年来说，想要成为农民就必须获有土地，但获得土地一直以来都并非易事。如今，获取土地变得更为艰难，原因有三。首先，因为人口的快速增长，特别是在撒哈拉以南非洲，许

多地区农村人口越来越稠密，可利用土地越来越少，土地划分越来越小，越来越分散。其次，人的寿命越来越长，父母耕种土地的时间也更长，因此，当子女进入劳动力市场时，父母不太可能将土地转让给他们。如果子女想务农，他们可以在父母的土地上耕种，这推迟了他们走向独立和获得自主决策权的时间。如果财务状况和当地租赁市场允许，他们也可以租赁土地。如果租赁土地，土地质量和地权稳定性就会成为他们面临的又一个问题（Yeboah et al.，2018）。最后，由于结构转型和农村转型允许市场的扩张，中型商业农场迅速崛起，加剧了土地的竞争。在加纳、肯尼亚、马拉维和赞比亚，中型商业农场控制着 30%~50% 的农业土地（Jayne et al.，2016）。与成人相比，青年拥有土地的可能性要小得多，而拥有土地唯一所有权的可能性更是微乎其微（见图 10）。在撒哈拉以南非洲，三个成人中有一个拥有土地，而十个青年中只有不到一个拥有土地。

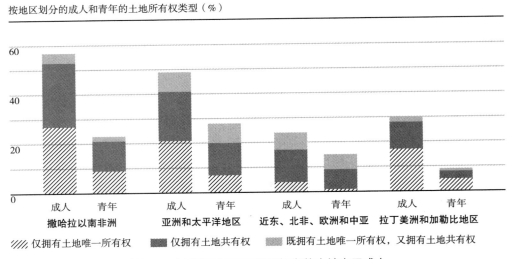

按地区划分的成人和青年的土地所有权类型（%）

仅拥有土地唯一所有权　　仅拥有土地共有权　　既拥有土地唯一所有权，又拥有土地共有权

图 10　农村青年单独或共同拥有的土地少于成人

资料来源：作者基于 42 个国家的人口和卫生调查（DHS）数据计算而得。

气候变化将会加剧农村青年面临的土地限制（见第七章），但数字化革命可以促进土地登记和租赁市场的便利化（见第八章）。精准投资可以应对此类挑战，并利用变化带来机遇。

资金

在如今的转型经济中，资金是制约农村青年发展的重要因素。农业活动的利润很大程度上取决于前期投入，尤其是当主要面向动态市场提供服务时，比如为快速发展的城市提供生鲜农产品。信贷可以降低进入这类市场的门槛（Tschirley et al.，2017）。即使不从事农业生产，进行自主创业，起始资金也不可或缺。如果获得信贷，项目的经营水平可以得到很大提高。但青年缺乏人脉和资产，很难获得正规的金融服务，他们在世界无银行账户人口中的比例非常高（Gasparri and Muñoz，2018）。在这方面，鉴于农村青年的居住地更偏僻，他们的比例可能比城市青年更高。

不过，数字化革命有望在融资方面带来好消息。诸如移动货币之类的数字金融服务可以缩小金融服务获取的年龄差距、性别差距和城乡差距（Clement，2018；Sekabira and Qaim，2017）。农村和城市的移动货币账户渗透率相似，青年的吸收率高于成人（Aker，2018；Gasparri and Muñoz，2018）。

性别

女性青年在获得能动性时面临着更多的限制，她们要花费更多的时间、精力，才能在新的经济时代拥有立足之地。社会规范往往跟不上经济和技术的变化。在玻利维亚、柬埔寨和尼日尔，如果一名农村地区的女性青年拥有一部智能手机，她就可以获得她父母做梦也想不到的信息、观念和可能性，但社会习惯和乡规民俗会限制她（限制程度远比男性青年高）实现这些可能性。仅仅因为她们年轻、是女性、生活在农村，女性农村青年承受着巨大的压力。我们比以往任何时候都更需要加快投资，帮助她们减轻这三重压力。

从学生时代到步入婚姻殿堂、到养儿育女，再到面临职业选择，经济转型和经济机会影响着女性青年每一个阶段的生活和生计。在转型水平较低的经济体中，所有农村青年的受教育程度都比较低，但女性青年的受教育程度最低（见图11）。在结构转型水平较高的国家，所有农村青年的受教育程度都比较高，女性青年的受教育水平并不比男性低。但是，仅靠农村转型，似乎还不能缩小教育中的性别差距。

此外，无论农村转型水平如何，女性农村青年单独拥有一块土地的可能性只有农村青年男性的一半，但她们既不工作也不上学的可能性几乎是农村男性青年的两倍。在大多数情况下，这是由婚姻和育儿造成的。然而，在印度，25%的女性青年既没有就业，也没有结婚育儿。这一事实表明，女性青年在参与经济和社会活动方面受到结构性歧视。

时代变化的空前速度和性质

结构转型和农村转型带来的变化比以往要快，表现方式也有所不同。人口、经济、环境和技术的变化为农村青年带来了一些新的机会，同时也让他们失去了一些其他机会。在为农村青年制定及实施政策、项目和投资时，我们必须考虑到这些差异。

人口变化

在发展中国家，三种类型的人口变化正在快速改变国家和农村。

第一种是城市化。自1990年以来，低收入和中等收入国家的城市人口占其总人口的比例从33%上升到50%（UNDESA，2014），这对机遇和挑战的水平和结构都有影响。例如，在发展中国家，城市对粮食的需求就占了国内市场总量的一半以上。因此，为了保证小农的收入和粮食安全，保持与城市地区的市场联系至关重要。

第二种是农村人口密度的迅速增加。这种变

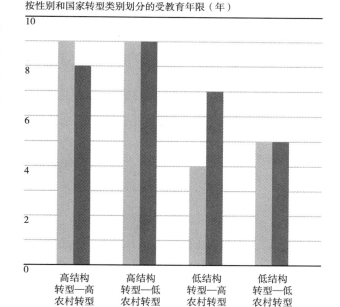

按性别和国家转型类别划分的受教育年限（年）

图11　结构转型缩小了教育中的性别差距，但单靠农村转型并不能做到这一点

资料来源：Doss et al.（2018），基于42个国家的人口和健康调查（DHS）数据。

化主要出现在转型水平最低的国家。虽然很多国家已经实现城市化，但自1950年以来，发展中国家的农村人口增加了一倍多，最不发达国家的农村人口增加了近四倍（UNDESA，2014）。除其他因素外，得益于城乡之间的流动性增强，市场联系更紧密，城市化（包括二级城市的兴起）、农村密集化和农村城镇的发展正在不断缩小城乡之间的实际距离等，农村地区带来更多机会。

　　第三种是人口结构转型，而这一变化仍在进行中。人口结构转型会产生人口红利，对发展和变革具有长期的积极影响。所有发展中地区的人口结构转型进程已到达相对优化的阶段，但撒哈拉以南非洲是个例外，因为该地区青年的绝对数量增长非常迅速，甚至稍快于其总人口的增长。过快增长的青年人口也给该地区的国家带来了挑战。虽然财政资源严重匮乏，很多国家也必须设法满足这一庞大群体的需求。此外，人口结构转型缓慢，可能会阻碍该地区的长期发展（见第五章）。

数字化革命

　　如今的农村青年是独特的一代，他们的工作和生活都与数字技术息息相关。在降低信息成本和改造升级后，数字技术飞速发展，重新定义了"变化"二字。数字技术的影响主要体现在两个方面。一是数字技术使"智能自动化"成为可能。它的兴起加速并拓宽了自动化的发展，但同时也淘汰了部分传统行业，比如为农村贫困青年提供大量就业机会的劳动密集型产业（World Bank，2018；McMillan et al.，2016）。二是数字技术渗透经济和社会各方面的同时，也为农村青年带来了崭新的机会，让农村青年可以提高生产力、加强与各个层面的互联互通和能动性。随着信息成本和交易成本的下降，数字技术在发展中国家得到广泛应用，不断缩小着城乡差距和收入差距（Aker，2018）。目前，撒哈拉以南非洲超过70%的人口能使用移动电话网络（Aker，2018；Groupe Spéciale Mobile Association，2017）。移动货币得到跳跃式发展，远比传统金融体系受欢迎，尤其是受转型水平较低国家的青年的欢迎（见图12）。这也为这些青年提供了更多的融资渠道。

新技术使农业活动和营销实践成为可能，提高了农业部门的生产力（Bello，Bello and Saidu，2015；Noorani，2015）。迅速兴起的"物联网"开辟了新道路，精准农业、无人机监控牲畜和作物技术以及能实现许多作物种植自动化的"智能温室"正在兴起。[7]投资可以加强农村地区的宽带网络发展和基础设施建设。由于供应商之间的竞争加剧，新技术的成本得以下降，农村青年可以通过这些新技术而获益。此外，投资还可以培养农村青年的认知技能和非认知技能，使他们预见这些新技术的发展前景和风险（比如，受到移动货币诱惑而导致的过度负债），并利用新技术使自己受益。

　　如果想要完成数字化革命，所需的各种条

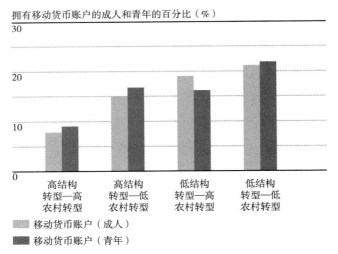

拥有移动货币账户的成人和青年的百分比（%）

图例：
- 移动货币账户（成人）
- 移动货币账户（青年）

图 12　移动货币能为转型水平最低的国家的青年提供融资渠道

注：青年指 15~24 岁；成人指 25 岁及以上。

资料来源：Gasparri and Muñoz（2018），基于世界银行2017年的数据计算，该数据后经联合国资本发展基金调整。

件不可或缺。这场革命经由各种市场，对工作和竞争产生根本性影响。尽管这种影响是全球性的，但是数字化革命带来的机会与特定地点存在的基本条件是成正比的。如果青年生活的国家或地区基本发展要素匮乏，即基础设施和教育体系落后、社会政治结构抑制个体能动性和赋权、公共机构和公民社会机构弱小，那么他们将很难抓住这场革命带来的机遇。因此，这场革命是会扩大还是弥合城乡数字鸿沟，取决于政府如何应对。

气候变化

人对承受气候变化的脆弱程度由三个要素（暴露程度、敏感性和适应能力）决定，农村青年在这三个方面可能比其他人群要更脆弱（Füssel，2017；Füssel and Klein，2006；IPCC，2014）。政府间气候变化专门委员会（IPCC）的最新报告警告称，所剩时间无几，我们必须立即采取行动以避免气候变化的毁灭性影响（IPCC，2018）。在这种情形下，解决农村青年的问题面临重重困难。

青年人口多的国家通常很贫穷，并且严重依赖农业，而农业是受气候变化影响最直接的部门之一。几乎所有农业占国内生产总值20%以上的国家，其青年人口都占总人口的19%以上，并且其国内结构转型和农村转型的水平都较低（图13中灰底黑点方块表示的国家）。西非和中非国家（尤其是中非共和国、几内亚比绍和塞拉利昂）就属于这类国家。同时，这些国家还处于冲突后局势或脆弱局势中，解决青年面临的挑战比以往任何时候都更加紧迫。

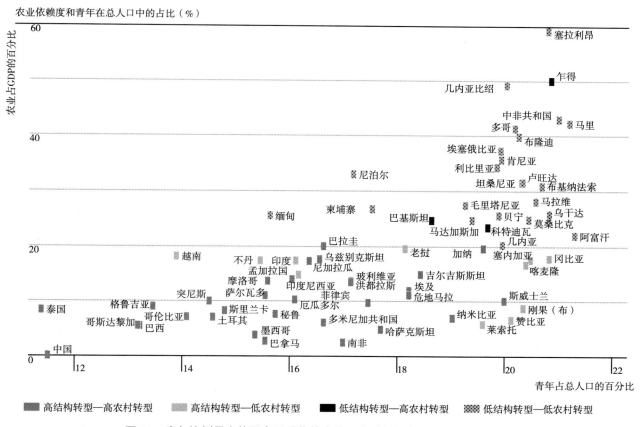

图 13　青年比例最高的国家严重依赖农业，应对气候变化的能力严重欠缺

资料来源：Arndt et al.（2018）。

气候模型预测表明，很多发展中国家受气候变化的影响将越来越大，比如极端高温和更为极端的天气事件将越发频繁。因为农村青年大多在农业领域就业，所以他们受气候变化的影响非常大。在缺乏社会资本和技能、缺少社会参与的情况下，人们对气候冲击的感受更敏感（Brooks，2003；Adger，2009）。此外，人的适应能力取决于其所拥有的土地、信贷和保险等资源。在这一方面，农村青年处于不利地位（Asparri and Muñoz，2018；Yeboah et al.，2018）。

换个思路考虑投资农村青年问题

想要帮助农村青年提高生产力、增强与各界的联系并能掌控自己的未来，就必须帮助他们适应当今瞬息万变的时代。但在这个过程中，如果过于心急，决策者很容易犯两个错误。一是在不断地变化的环境中仍然进行无效投资，比如投资传统的职业或技术项目，而这种项目无法帮助青年为即将到来的新的经济机会和结构性挑战做好准备。二是在经济机会普遍匮乏的国家和地区，过于注重针对青年的投资，这将损害这类定向投资的有效性。

我们目前面临的挑战是：如何平衡旨在扩大农村机会的投资和针对青年的投资（见图 14）。这两种投资之间的最佳平衡取决于不同转型的进展和特定地区的机会。因此，在转型水平低、机会有限的地区，如果不扩大农村的机会，仅投资农村青年是不可能实现可持续发展的。如果一个国家的农村机会受限于低农村转型水平或有限的商业潜力，则必须提高农村人口整体的生产效率、加强他们与各界的联系性和能动性，将政策和投资重点放在促进农村转型上。基于这种情况，片面地针对农村青年进行投资难以奏效，只有让所有农村青年参与到农村转型中，投资效果才能最大化。例如，如果在具有巨大农业生态潜力的农村地区进行致力于增强农业商业潜力的投资，重点应将农村青年包含在内，确保他们能够从中获益。

相反，如果一个国家转型水平高、商业潜力大、提供的机会较多，那么政策和投资的重点应放在解决制约青年及其家庭发展的因素上。例如，如果青年想要在现有的生产性农业价值链中就业或创业，可能会面临巨大的挑战。如前文所讨论的，他们可能会因土地限制而难以为商业市场提供农产品，或因缺乏金融服务而无法进行非农创业。基于这种情况，针对更广泛农村发展计划的投资仍然是必要的，它可以支持和加快农村转型的步伐；但针对青年的投资也不可或缺，它可以补充转型过程中存在的不足，克服阻碍农村青年包容性增长的具体制约因素。

总之，如果想为农村青年创造机会，我们需要相关的政策和投资来促进农村整体发展，尤其是促进涵盖农村青年的包容性发展。国家发展的重点方向与不同地方现有的机会有关。在所有农村人口（包括青年）都缺乏机会的情况下，应该重点扩大整个农村的机会。为此，我们需要增加投资，提高农村生产力，增强联系性，促进农村转型进程，同时通过有针对性的投资，加强农村青年在整个转型过程中的能动性，为其创造一个机会平等的有利环境。在转型水平高的国家和地区，存在的机会更多，投资应致力于保持和继续扩大这些机会，同时解决限制青年及其家庭发展的制约因素，以使农村青年能够最大限度地发挥潜能，积极参与农村转型并从中受益。

农村青年面临的变化，无论是从速度还是性质来看，都是前所未有的。农村青年面临的机会和限制也在快速变化。政策制定者应该考虑现在需要哪些投资来缓解目前农村青年面临的限制，将来需要哪些投资以获得中期回报（Filmer and Fox，2014）。

农村机会水平低

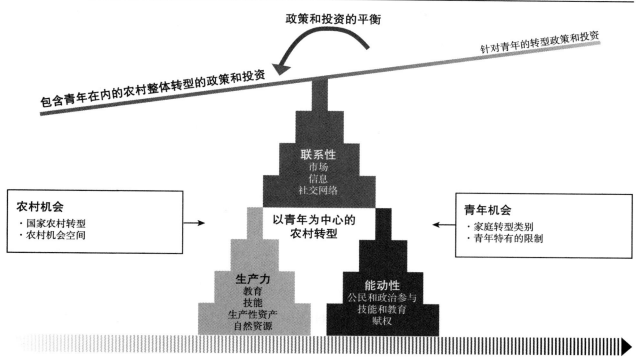

农村机会水平高

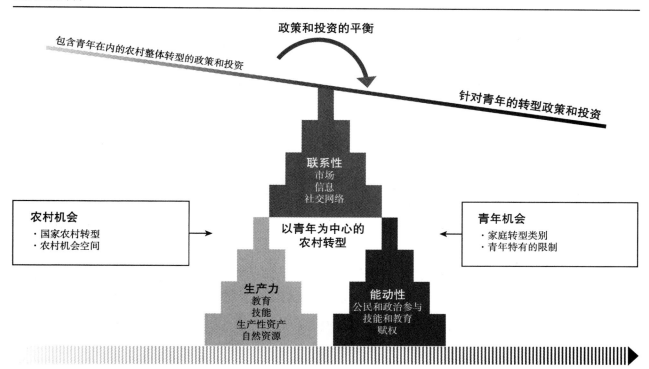

图14　在扩大农村机会的投资和针对青年的投资之间寻求平衡

资料来源：作者。

例如，在气候变化背景下，适应新生产环境的能力成为关乎成败的重要因素。需要处理风险相关复杂信息的能力、使用新技术的能力，才能更好地适应新的生产环境。数字化革命可以实现更广泛的信息交流，有助于青年适应气候变化。移动技术使人们能够从网上获取迅速更新的信息；通过投资低成本的移动技术，政府可以应对传统信息系统（包括农村推广系统）能力下降的影响，从而有效应对变化（Lipper et al.，2014）。然而，由于这些信息非常复杂，青年需要很强的认知能力和非认知技能，才能正确使用这些信息来制定适合自己的策略。为了实现这一目标，各国需要改进教育体系（Muttarak and Lutz，2014）和推广系统，提高青年学习的能力。政策决策者必须在多个领域、各个时期采取行动。

将农村青年政策和投资纳入更广泛的农村发展战略

无论对青年还是国家，增加农村青年机会的投资和政策都非常重要，必须纳入国家和地方战略、政策和项目。单是纵向政策整合还远远不够，其他领域与青年相关的具体政策和方案也要跟上，比如医疗卫生、教育、农业和就业等领域（United Nations，2018）。[8]

在过去的几十年中，国家青年政策激增。多部门将青年放在制定政策举措的优先位置，旨在改善青年的发展成果。2014年，122个国家制定了国家青年政策或战略，全球范围内40%以上的国家都批准了青年政策（Youth Policy，2014）。然而，青年政策的批准并不意味着一定会获得合适的预算分配或得到有效执行，而将农村青年纳入转型进程的目标更是难以预测。对57项青年战略的梳理表明，其中有40项战略以某种方式考虑了农村青年的发展，15项战略中包括了至少一条针对农村青年的具体政策目标或方案，但还有17项战略完全不涉及农村青年（Phillips，Pereznieto and Stevenson，2018）。有趣的是，有些政策对特定国家农村青年的重视程度似乎与农村青年人口的相对规模不符。

考虑到国家的转型水平和农村机会空间的本质，国家在设计和投资针对青年的政策和方案上应给予多大程度的重视？这取决于农村机会的多少。国际农业发展基金（IFAD）的农业部门展开绩效评估，衡量农村部门实现农村发展和农村整体转型的政策和制度的质量，这一评估强调了农村青年人口众多的国家与政策和制度能力的薄弱之间的强相关性（IFAD，2018）。农村青年人口主要集中在制定和执行农村发展政策的制度能力较弱的国家（见图15）。同时，可以预料到，这些国家的结构转型水平和农村转型水平也可能是最低的。

许多制定了国家青年战略的国家有一个负责执行该战略的国家青年机构，比如埃塞俄比亚和土耳其的青年和体育部、卢旺达的青年和信息通信技术部。设立青年机构，似乎是优先考虑青年的一种表现，但其议程范围可能仅限于体育。相反，如果青年战略由权力更大的机构管理，其可操作性可能会更强。如果设立青年机构，它应具有制定全面农村青年议程的权力。

如果政府能够适当地设计和实施多元复合方案，解决青年面临的各种制约因素，针对这些方案的投资将更有效地改善青年发展成果（Kluve et al.，2017；Alvarado et al.，2017）。跨部门方案要求同一区域的领导人和利益攸关方进行横向协调（Leyton Navarro，2018），建立促进农村青年参与的机制。政府往往只在处理与青年有关的问题（如志愿服务和体育运动）时让青年参与，而并没有让青年参与到更广泛的活动当中。实际上，农村青年在广泛决策过程中的有效参与有助于创造有利的政策环境，最大限度地激发青年的才智、能动性和获得服务与机会的能力，帮助他们培养规避风险和自我保护的能力。

按国家转型水平划分的2015年农村部门绩效排名和农村青年占总人口的比例

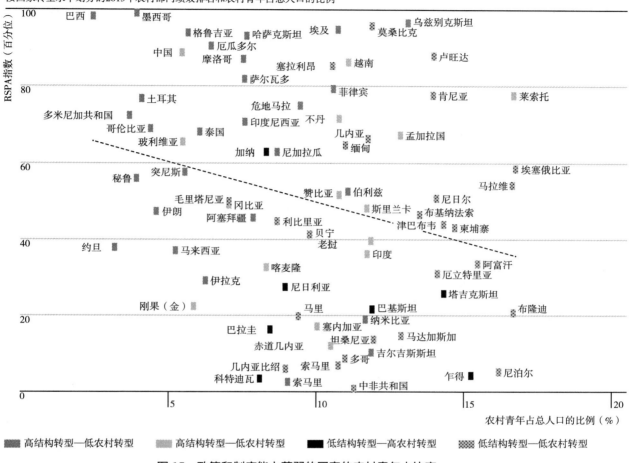

图 15　政策和制度能力薄弱的国家的农村青年占比高

注：国际农业发展基金（IFAD）的农村部门展开绩效评估，对促进农村发展、实现农村转型、惠及民众的农村部门的政策和制度进行了质量评估。有关农业部门绩效评估（RSPA）的更多信息，请参见附录A（www.ifad.org/rural development report）。

资料来源：作者根据国际农业发展基金的农村部门绩效评估的数据和联合国经济和社会事务部2017年统计的人口数据计算而得。

许多国家为促进青年发展所做的努力和投资值得称赞，但也希望它们能更加努力，扩大投资的范围。特别是就农村青年而言，政策和投资应致力于为农村提供机会，同时促进涵盖青年、惠及青年的社会经济发展。唯有如此，农村青年才能为自己创造一个更美好的明天，造福于社会。

参考文献

Adger, W.N. 2003. Social Capital, Collective Action, and Adaptation to Climate Change. Economic Geography, 79 (4): 387-404.

Ahmed, S. A., Cruz, M., Go, D. S., Maliszewska, M. and Osorio-Rodarte, I. 2016. How Significant Is Sub-Saharan Africa's Demographic Dividend for Its Future Growth and Poverty Reduction? Review of Development Economics, 20 (4): 762-793.

Aker, Jenny C. 2018. ICTs and Rural Youth. Background paper for the Rural Development Report 2019. Rome: IFAD.

Alvarado, G., Skinner, M., Plaut, D., Moss, C., Kapungu, C. and Reavley, N. 2017. A Systematic Review of Positive Youth Development Programmes in Low-and Middle-Income Countries. Washington, D.C.: YouthPower Learning, Making Cents International.

Arndt, C., Brooks, K., Hartley, F., Robertson, R. and Wiebe, K. 2018. Climate and Jobs for Rural Young People. Background paper for the Rural Development Report 2019. Rome: IFAD.

Bello, R. S., Bello, M. B. and Saidu, M.J. 2015. Small Scale Enterprises (SMES) and Agricultural Transformation: The Nigeria experience. Science Journal of Business and Management. Special Issue: Sustainable Entrepreneurial Developments in Agribusiness, 3 (5-1): 11-15 (available at https://doi:10.11648/j.sjbm.s.2015030501.13).

Brady, M., Assaad, R., Ibrahim, B., Salem, A., Salem, R. and Zibani, N. 2007. Providing New Opportunities to Adolescent Girls in Socially Conservative Settings: The Ishraq Program in rural upper Egypt. Cairo, Egypt: Population Council.

Brooks, N. 2003. Vulnerability, Risk and Adaptation: A conceptual framework. Working Paper 38, Norwich, UK: Tyndall Centre for Climate Change Research.

Chivasa, W., Mutanga, O. and Biradar, C. 2017. Application of Remote Sensing in Estimating Maize Grain Yield in Heterogeneous African Agricultural Landscapes: A review. International Journal of Remote Sensing, 38: 23, 6816-6845 (available at doi: 10.1080/01431161.2017.1365390).

Christiaensen, L., De Weerdt, J. and Todo, Y. 2013. Urbanization and Poverty Reduction: The role of rural diversification and secondary towns. Agricultural Economics, 44 (4-5): 435-447.

Clement, M. 2018. Closing the Global Gender Gap in Access to Financial Services, 25 April (available at https://psmag.com/economics/closing-the-global-gender-finance-gap).

Doss, C., Heckert, J., Myers, E., Pereira, A. and Quisumbing, A. 2018. Gender, Rural Youth, and Structural Transformation. Background paper for the Rural Development Report 2019. Rome: IFAD.

Engel, E. 1857. Die Productions- und Consumtionsverhaltnisse des Köigreichs Sachsen. Zeitschrift des Statistischen Bureaus des Köiglich-Sähsischen, Ministerium des Innern, 8 (9): 1-54. Reprinted as an appendix to Die Lebenskosten Belgischer Arbeiter-Familien früher und jetzt, Bulletin de l'institut international de statistique IX, premiere livraison, Rome, 1895.

FAO (Food and Agriculture Organization of the United Nations). 2018. The State of Food and Agriculture: Migration and Rural Development.

Rome.

Filmer, D., and Fox, L. 2014. Youth Employment in Sub-Saharan Africa. Washington, D.C.: World Bank.

Fox, L. 2018. Economic Participation of Rural Youth: What Matters? Background paper for the Rural Development Report 2019. Rome: IFAD.

Füssel, H. M. 2017. Vulnerability: A Generally Applicable Conceptual Framework for Climate Change Research. Global Environmental Change 17 (2): 155-167.

Füssel, H. M. and Klein, R. J.T. 2006. Climate Change Vulnerability Assessments: An Evolution of conceptual thinking. Climatic Change 75 (3): 301-329 (available at https://doi.org/10.1007/s10584-006-0329-3).

Gasparri, N.I. and Muñoz, L. 2018. Inclusive Finance and Rural Youth. Background paper for the Rural Development Report 2019. Rome: IFAD.

Gastner, M.T. and Newman, M.E.J. 2004. Diffusion-based Method for Producing Density-equalizing Maps. Proceedings of the National Academy of Sciences, 101 (20): 7499-504 (available at https://doi.org/10.1073/pnas.0400280101).

Ghani, E., ed. 2010. The Poor Half Billion in South Asia: What is holding back lagging regions? New Delhi: Oxford University Press.

Gibson, J., Datt, G., Murgai, R. and Ravallion, M. 2017. For India's Rural Poor, Growing Towns Matter More than Growing Cities. World Development, 98: 413-429.

Glørsen, E. and Michelet, J. 2014. Experiences and Concepts on Vertical and Horizontal Coordination for Regional Development Policy. Input paper 4. Département de géographie et environnement, Université de Genève.

Groupe Spéciale Mobile Association (GSMA). 2017. Mobile Money in Latin America – An Industry Taking Off (available at https://www.gsma.com/mobilefordevelopment/ programme/mobile-money/mobile-moneylatin-america-industry-taking-off/).

Haggblade, S., Hazell, P.B. and Reardon,T. 2007. Transforming the Rural Nonfarm Economy: Opportunities and Threats in the Developing World. Washington, D.C.: International Food Policy Research Institute.

Heckman, J.J. and Kautz, T. 2013. Hard Evidence on Soft Skills. Labour Economics, 19 (4): 451-464.

IFAD (International Fund for Agricultural Development). 2016. Rural Development Report 2016: Fostering inclusive rural transformation. Rome: IFAD.

—. 2018. Progress report on implementation of the performance-based allocation system. Addendum. Available at: https://webapps. ifad.org/members/eb/125/docs/EB-2018-125-R-4-Add-1.pdf. Rome: IFAD.

IPCC (Intergovernmental Panel on Climate Change). 2014. Climate Change 2014: Impacts, adaptation, and vulnerability. Part A: Global and Sectoral Aspects. Contribution of Working Group II to the Fifth Assessment Report of the Intergovernmental Panel on Climate Change. Cambridge, UK, and New York, NY: Cambridge University Press.

—. 2018. Global Warming of 1.5 °C –Summary for Policymakers. Geneva.

Jaafar, H. H. and Ahmad, F. A. 2015. Crop Yield Prediction from Remotely Sensed Vegetation Indices and Primary Productivity in Arid and Semi-Arid Lands. International Journal of Remote Sensing, 36: 18, 4570-4589 (available at DOI: 10.1080/01431161.2015.1084434).

Jayne, T.S., Chamberlin, J., Traub, L., Sitko, N., Muyanga, M., Yeboah, F.K., Anseeuw, W.,

Chapoto, A., Wineman, A., Nkonde, C. and Kachule, R. 2016. Africa's Changing Farm Size Distribution Patterns: The rise of medium-scale farms. Agricultural Economics, 47 (S1): 197-214.

Kaufmann, D., Kraay, A. and Mastruzzi, M. 2010. The Worldwide Governance Indicators: Methodology and analytical issues. World Bank Policy Research Working Paper No. 5430. Washington, D.C.: World Bank.

Kluve, J., Puerto, S., Robalino, D., Romero, J.M., Rother, F., Stöerau, J., Weidenkaff, F. and Witte, M. 2017. Interventions to Improve the Labour Market Outcomes of Youth: A systematic review of training, entrepreneurship promotion, employment services and subsidized employment interventions. Oslo, Norway: The Campbell Collaboration.

Krugman, P.R. 1994. The Age of Diminished Expectations: U.S. economic policy in the 1990s. Cambridge, MA: MIT Press.

Leyton Navarro, C. 2018. Mecanismos Institucionales de Articulación para Programas de Combate a la Pobreza Rural. Working Paper 248. Lima, Peru: Instituto de Estudios Peruanos.

Lipper, L., Thornton, P., Campbell, B., Baedeker, T., Braimoh, A., Bwalya, M., Caron, P., Cattaneo, A., Garrity, D., Henry, K., Hottle, R., Jackson, L., Jarvis, A., Kossam, F., Mann, W., McCarthy, N., Meybeck, A., Neufeldt, H., Remington, T., Thi Sen, P. Sessa, R., Shula, R., Tibu, A. and Torquebiau, E. 2014. Climate-Smart Agriculture for Food Security. Nature Climate Change, 4: 1068-1072.

McMillan, M., Rodrik, D. and Sepulveda, C. 2017. Structural Change, Fundamentals and Growth: A framework and case studies. NBER Working Paper 23378. National Bureau of Economic Research.

Muttarak, R., and Lutz, W. 2014. Is Education a Key to Reducing Vulnerability to Natural Disasters and Hence Unavoidable Climate Change? Ecology and Society, 19 (1): 42 (available at http://dx.doi. org/10.5751/ES-06476-190142).

Noorani, M. 2015. To Farm or Not to Farm? Rural Youth Perceptions of Farming and their Decision of Whether or Not to Work as a Farmer: A case study of rural youth in Kiambu County, Kenya. Ottawa, ON: University of Ottawa School of International Development and Global Studies.

Phillips, L., Pereznieto, P. and Stevenson, J. 2018. Policies and Institutions for Rural Youth Development Outcomes. Background paper for the Rural Development Report 2019. Rome: IFAD.

Ripoll, S., Andersson, J., Badstue, L., Büttner, M., Chamberlin, J., Erenstein, O. and Sumberg, J. 2017. Rural Transformation, Cereals and Youth in Africa: What role for international agricultural research? Outlook on Agriculture, 46 (3): 1-10 (available at doi: 10.1177/0030727017724669).

Roberts, B. and Hohmann, R.P. 2014. The Systems of Secondary Cities: The neglected drivers of urbanising economies. CIVIS Sharing Knowledge and Learning from Cities No. 7, Washington, D.C.: World Bank.

Sekabira, H. and Qaim, M. 2017. Can Mobile Phones Improve Gender Equality and Nutrition? Panel data evidence from farm households in Uganda. Food Policy, 73 (C): 95-103.

Stecklov, G. and Menashe-Oren, A. 2018. The Demography of Rural Youth in Developing Countries. Background paper for the Rural Development Report 2019. Rome: IFAD.

Sumberg, J., Abay, K., Asnake, W., Ayalew, H.

and Chamberlin, J. 2018. Landscapes of Opportunity? How Young People Engage with the Rural Economy in Sub-Saharan Africa. Background paper for the Rural Development Report 2019. Rome: IFAD.

Trivelli, C. and Morel, J. 2018. Rural Youth Inclusion, Empowerment and Participation. Background paper for the Rural Development Report 2019. Rome: IFAD.

Tschirley, D., Reardon, T., Haggblade, S., Jayne, T., Liverpool-Tasie, S., Awokuse, T., Muyanga, M., Wangalachi, A. and Makani, A. 2017. Engaging the Agribusiness Sector in Inclusive Value Chain Development: Opportunities and challenges. In Africa Agriculture Status Report 2017: The business of smallholder agriculture in Sub-Saharan Africa. Alliance for a Green Revolution in Africa (AGRA).

UNDESA (United Nations Department of Economic and Social Affairs), Population Division. 2017. World Population Prospects: The 2017 Revision. New York: United Nations.

—. 2014. World Urbanization Prospects: The 2014 Revision. New York: United Nations.

United Nations. 2018. World Public Sector Report 2018: Working Together: Integration, institutions and the Sustainable Development Goals. Division for Public Administration and Development Management, Department of Economic and Social Affairs (DPADM), New York.

Van den Broeck, G. and Kilic, T. 2018. Dynamics of Off-Farm Employment in Sub-Saharan Africa: A gender perspective. Policy Research Working Paper 8540. Washington, D.C.: World Bank.

Wiggins, S. and Proctor, S. 2001. How Special Are Rural Areas? The economic implications of location for rural development. Development Policy Review, 19 (4): 427-436.

World Bank. 2017. DataBank: Global Financial Inclusion. Washington, D.C. (available at http://databank.worldbank. org/data/reports. aspx?source=1228).

—. 2018. World Development Report 2018: Learning to realize education's promise. Washington, D.C.: World Bank.

—. 2019. World Development Report 2019: The changing nature of work. Washington, D.C.: World Bank.

Yeboah, F.K., Jayne, T.S., Muyanga, M. and Chamberlin, J. 2018. The Intersection of Youth Access to Land, Migration, and Employment Opportunities: Evidence from sub-Saharan Africa. Background paper for the Rural Development Report 2019. Rome: IFAD.

Youth Policy 2014. State of Youth Policy 2014. Berlin: Youthpolicy.org (available at http://www.youthpolicy.org/library/wpcontent/uploads/library/2014_Special_Edition_State_Youth_Policy_ENG.pdf).

注释：

①参见可持续发展目标4和目标8的具体目标，以及联合国大会第71/313号决议。该决议指出，"可持续发展目标的各项指标应根据官方统计的基本原则，按照收入、性别、年龄、种族、民族、移民身份、残疾、地理位置等进行细分。" https://unstats.un.org/sdgs/indicators/indicators-list/。

②"发展中国家"一词是指世界银行界定的低收入国家、中等偏下收入国家和中等偏上收入国家。

③不同国家对青年的定义不同。为了确保可比性，本报告采用了联合国对青年的定义，即15~24岁的人（见附件中《联合国秘书长关于国际青年》报告的第19段，A/40/256，1985）。鉴于青年概念是一种社会概念，提供的量化信息有时会超出这个年龄组范围。

④相关详细信息和出版物，参见 http://www.worldpop.org.uk/data/methods/。

⑤本报告应用农村机会空间概念，根据人口密度数据而不是行政区划，将发展中世界人口置于全球可比的农村-城市连续统一体中。使用这个更广泛的定义，农村被定义为包含非城市的一切。因此，农村青年是指生活在农村、半农村和城市周边地区的青年。按照这一定义，发展中国家有7.78亿农村青年，详细信息请参见本书第二章，以及附录2（www.ifad.org/ruraldevelopmentreport）。

⑥"维持生计"一词是相对意义上的，因为严格意义上的仅能维持生计的农民（即在农场内外完全不参与任何市场的农民）非常少。

⑦参见 https://www.iotforall.com/iot-applications-in-agriculture/（2018年10月15日下载）。

⑧纵向政策整合是指处理协调和整合各级政府的发展战略和政策的挑战的机制。这需要将不同规模的治理联系起来，包括从地方到国际层面，以及跨社会组织不同层次的机构。参见 Gløersen and Michelet，2014。

第一章
换个思路考虑农村青年问题

为什么青年对农村发展很重要？

青年是人类发展的特殊阶段，是从依赖走向独立的过渡时期，也是能够影响个人和社会未来的关键时期。如果过渡成功，青年成长为心智成熟的成人，不仅能够实现其个人价值，还能为社会和经济发展做出贡献，为个人、家庭及其所属的社会经济群体带来长期回报。如果过渡失败，则可能会导致终生贫困和无法适应社会，给个人、家庭、社会带来长期的负面后果。青年阶段如此重要，自然就成为人们广泛关注的焦点。

过去十年，发展中国家[①]对青年的关切进一步加深，原因如下。第一，青年人口数量庞大，增长率高。全球 15~24 岁[②]的 12 亿人口中，有近 10 亿人来自发展中国家，而且增长速度远高于高收入国家。第二，从速度和性质上说，当今世界发生的变化前所未有。青年如何应对这些变化，存在极大的不确定性。第三，随着收入的增加，接触全球化信息更加便利，青年的期望也在不断增长。这给政府决策者和国际组织带来了压力。发展中国家的青年想要属于自己的未来。

每个国家都会经历从高出生率、高死亡率到低出生率、低死亡率的人口结构转变。由于死亡率下降在前、出生率下降在后，在死亡率开始下降后、出生率开始下降前这段时间内，人口就会迅速增长，人口结构趋于年轻化。如果死亡率下降与随后出生率下降之间的时间差很小，人口快速增长的时间就不会太长，青年人口数量整体可控。如果死亡率下降与随后出生率下降之间的时间差很大，就会有相当长的时间出现人口增长迅速、青年人口占比高的情况。在世界上最贫困的国家（尤其是非洲国家），出生率下降远远滞后于死亡率下降，因此在相当长的时期内，其青年人口会持续呈现数量大、增长快的特点。

通过采用 Gastner-Newman 方法（2004），并根据 2015 年人口空间分布数据和联合国经济和社会事务部对 2050 年的预测来计算青年人口的比例。其中，对农村青年的预测是通过农村人口的预计份额得出的。这是基于农村和城市地区的年龄结构保持不变的假设。这一假设的潜在偏差预计不会对各地区农村青年人口的总体趋势产生显著影响。

图 1.1 表明，非洲正处于人口结构变化进程中。人口金字塔（见图 1.1）表明，亚洲和太平洋地区、拉丁美洲和加勒比地区或转型较慢的近东和北非地区的青年在总人口中的所占比例下降，撒哈拉以南非洲的人口金字塔上窄下宽，青年比例较高，农村地区更是如此。由于青年人口数量庞大，生育率下降速度持续缓慢，非洲青年的绝对数量预计将继续以远快于世界其他地区的速度增长。在未来 30 年中，非洲大陆的农村青年人口占世界农村青年人口的比例将大幅上升。如今，世界上 65% 的农村青年生活在亚洲和太平洋地区，20% 的农村青年生活在非洲。预计到 2050 年，非洲所占的比例将上升至 37%，亚洲和太平洋地区将下降至 50%。

在数字技术的发展浪潮中，技术变革的速度前所未有。它推动了社会和经济的快速变革，并渗透到人们生活的各个方面。这场数字革命带来新的、意想不到的机会，同时也关闭了传统的农村发展道路（World Bank，2019），给决策者应对这些变化带来了巨大的不确定性。

---

① "发展中国家"一词是指世界银行界定的低收入国家、中等偏下收入国家和中等偏上收入国家。

② 不同国家对青年的定义不同。为了确保可比性，本报告采用了联合国对青年的定义，即 15~24 岁的人（见《联合国秘书长关于国际青年》报告的第 19 段，A/40/256，1985）。鉴于青年是一种社会概念，提供的量化信息有时会超出这个年龄组范围。

按年龄和地区划分的城市和农村人口

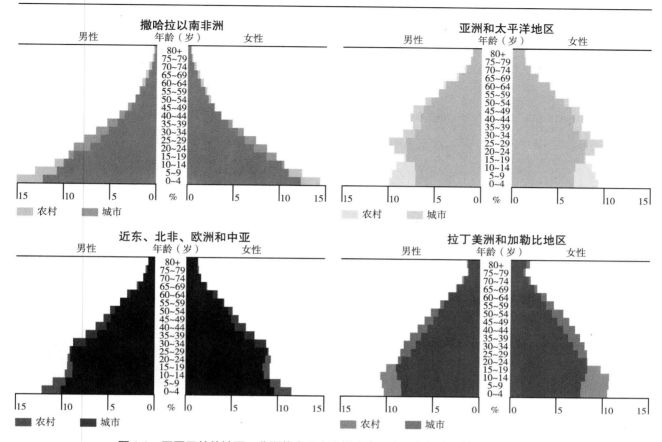

图 1.1　不同于其他地区，非洲的人口金字塔上窄下宽，青年人口基数大

资料来源：联合国经济和社会事务部，按年龄和性别划分的城市和农村人口，2014；Stecklov and Menashe-Oren（2018）。

在过去的二十年中，数字革命迅猛发展，发展中国家的经济增长强劲，青年对于推动经济发展、参与社会决策的期望愈加强烈。数字革命的典型特征是：随着信息成本的大幅下降，信息消费大幅增加。来自全球的观念、影像、价值观、商品和服务都成为信息的载体。尽管经济取得了长足进步，但经济和社会机会的增长或许跟不上青年不断增长的期望（World Bank，2019）。如果不能满足青年不断上升的期望，就有可能带来负面的社会影响和政治后果。因此，决策者必须采取行动。

本报告重点关注农村青年。如果按照行政区域来划分农村和城市，农村青年约占发展中国家青年总人口的一半（UNDESA，2014，2017）。如果我们只把生活在人口稠密城市地区的青年算作城市青年，则农村青年的人数将上升到7.78亿人。另外，还有三个事实不容忽视。首先，正如图1.1所示，在所有发展中国家，农村的青年人口多，城市的青年人口相对较少。因此，青年问题在农村地区尤为重要。其次，中国（中等偏上收入国家）和印度（中等偏下收入国家）的青年人口最多，但在农村青年人口比例较高的国家中，绝大部分都是贫困率高的低收入国家（见图1.2）。在这些国家中的大多数位于撒哈拉以南非洲和亚洲，其青年人口数量庞大，占总人口的比例高，贫困现象普遍存在。如果这些国家想在大变局中为其民众创造更美好的未来，面临的挑战十分严峻。

农村青年人口（百万人）

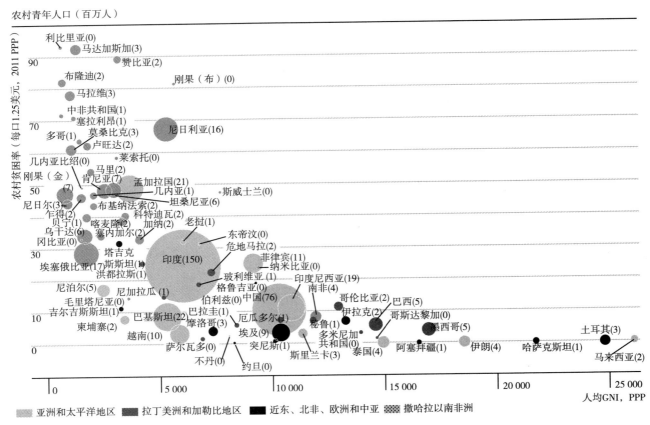

图 1.2　大多数青年人口多的国家的农村贫困率高

注：PPP= 购买力平价。GNI= 国民总收入。

资料来源：作者根据联合国《世界人口展望》2017 年修订版计算而得。数据集涵盖 75 个低收入和中等收入国家（基于世界银行对这些类别的定义和 2018 年的数据）。括号中的数字代表每个国家的农村青年人口（单位为百万人）。"0"表示农村青年人口不到 100 万人。

农村青年发展的三个基础：生产力、联系性、能动性

　　推动农村转型的青年包容政策和投资应基于农村发展的三个基础：生产力、联系性和能动性。这些是个人和社会福祉的基石。青年正在努力提高生产力，加强个人与各个层面的联系与沟通，并掌握自己的命运。他们未来的生活离不开上述三个基本要素，而我们在谋划农村青年发展时也必须考虑这三个基本要素。

　　这些核心要素相互促进、不可分割，因此要综合考量。只关注其中一个，效果将大打折扣（见图 1.3）。只有建立社会、政治、经济、教育和心理方面的联系，青年方能积累并有效配置资源，提高生产力，增加收入，创造社会价值。建立这些联系需要能动性，需要决策控制和人生规划。制定卓有成效的政策，建立有效的制度，以让青年享有医疗、教育和基础设施，从而使青年的积极性得到支持与回报。如此，联系性和能动性对生产力的贡献就能大大提高。为了促进农村青年的发展，提高他们的生产力、加强青年与各个层面的联系、增强他们对自身命运的掌控力，有效的农村青年政策和投资议程必须包括广泛的行动计划。

提高生产力

农村青年的生产力至关重要，关系到青年自身的福祉，也影响着社会的整体发展与繁荣。保罗·克鲁格曼（1994）在《预期消退的年代》（The Age of Diminished Expectations）中指出："随着时间的推移，一个国家提高生活水平的能力几乎完全取决于提高（单位时间内）人均产出的能力。"生产力的高低取决于人们工作环境的好坏，以及自身技能、知识水平的高低。知识不仅仅可在学校习得，正如《2018年世界发展报告：学习以实现教育的承诺》所言。整个教育生态系统若要促进学习，一切利益相关者都必须做出相应调整，政府只要意识到这一点，并将学习定为优先事项，国民的知识水平就可以得到提高（World Bank，2018）。对于农村青年而言，支持他们学习知识、提高技能尤为重要。

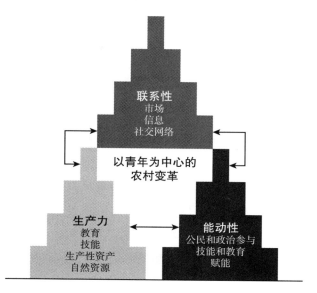

图 1.3　农村青年发展的基础

资料来源：作者。

尤其是农村的女性青年，她们的知识水平通常落后于其他群体。为农村青年创造有利的学习环境，提高他们的学习效果，将直接提高他们的生产力、增强他们的能动意识，从而形成生活质量改善的良性循环（Brady et al.，2007）。

加强联系性

加强人员、市场、服务、观念、信息互联互通，可以为农村青年创造机会，使他们全面融入经济转型，从而提高他们的生产力。例如，有些农村地区交通设施完善、信息流动通畅、与市场联系紧密，当地商品和服务的市场化程度就会高于其他地区。很多发展中国家也拥有同样的潜力，只须增加物理联通（基础设施）和数字联接（移动技术），农村与市场之间的距离就能大大缩短。例如，在撒哈拉以南非洲，将近一半的青年生活在最偏远和最闭塞的地区（根据WorldPop项目数据）。通过互联互通，青年还可以建立并加强社会资本与人力资本、学习技能并提高自信，从而增强能动意识，提高生产力。

增强能动性

为了提高生产力、加强互联互通，农村青年必须为自己做主，谋求自身的最佳利益。与城市青年或成人相比，农村青年往往更容易被忽视，若要农村青年成功融入农村转型进程，增强能动性特别重要（Trivelli & Morel，2018）。当今社会变化迅速，为增强能动性带来了机会，也给农村青年带来了挑战。对于那些面临多重排斥的农村青年来说，尤为如此。以女性农村青年为例，增强她们的能动性绝非易事。她们受到社会习惯和乡规民俗的限制，如果不改变家庭和社会对她们的态度和期望，仅靠增加资源供给、提高社会地位、增强发言权、满足诉求，很难提高女性农村青年的能动意识（Van den Broeck & Kilic，2018；Doss et al.，2018）。此外，基础设施薄弱、教育系统落后、社会政治结构松散、制度不健全也会阻碍能动性的发展。

创造有利环境

个体特征显然会影响青年的生产力、联系性和能动性。然而，个体特征带来什么样的结果、青年需要具备哪些特征等都有赖于他们所处的环境。有两种环境需要特别注意。首先，我们需要关注青年生活、学习和工作所处的国家、地方、家庭环境，包括国民经济和社会发展的转型水平、青年所生活区域的潜在生产力和联系程度、青年所在家庭的能力。这些环境相互重叠、相互交汇，在很大程度上决定了农村青年可获得的机会。其次，与前几代人相比，当代青年面临的社会变化的速度和类型都发生了巨大改变，必须加以应对。此外，我们还需要关注从青年到成人、从依赖到独立这一过渡过程中存在的制约因素。只有考虑到青年所处的多重环境及其与全球变革的相互作用，才能制定并实施卓有成效的农村青年政策和投资议程。鉴于青年时期的过渡性质，我们还应该弄清楚：与整个农村人口相比，农村青年面临的挑战是否有所不同，有哪些不同；以及帮扶农村青年的政策和项目是否也应该有所不同，差异应该体现在哪些地方。

实现国家层面上的结构转型和农村转型

国家层面的结构转型和农村转型水平大体上决定了青年可实际获得的物质福利和机会结构，从中我们可以得知国家能为农村青年提供多少机会。一般而言，结构转型越深入，人们的就业方向就越多。不再局限于自我雇佣，人们更多地选择从事非农业活动或正规就业。同时，结构转型的深入还能促进国家生产力水平的提高和工资增长；反过来，生产力和工资水平的提高又能推动结构转型的进一步深入（IFAD，2016）。

我们可以将农村转型视作更广泛的经济结构转型在农村的一种表现。随着收入的增加，尽管用来购买食物的绝对支出增加，但它在总支出中的比例下降（Engel，1857）。这种消费结构的变化推动了两种劳动力的转移。第一种是部门转移，即农业劳动力由农业部门向非农业产业部门的流动，尽管很多部门的生产活动仍与农业相关（IFAD，2016）。农村地区的生产力和收入水平得到提高，各种农业经济活动和非农业经济活动初具规模。与此同时，农业活动开始更多地利用外部资源，面向市场生产更多产品，并大幅提高农业生产率。

在农村转型初期，劳动力的部门转移主要是劳动力从个体农户转变为不从事农业生产活动的个体工商户。但随着收入增加和市场扩大，公司开始出现。公司能雇佣劳动力，提供工作岗位，引进新技术（资本）并扩大生产。在整体生产率得到提高后，公司推进了农村转型，从而推动了第二种劳动力转移，即劳动力由自雇到受雇的功能转移。这种转移就业是结构转型和农村转型的基本特征（IFAD，2016）。农村经济的整体转型影响着农村青年，既影响他们可获得的机会的水平和种类，也有助于制定财政上切实可行并能优先贯彻的政策。

我们通常根据非农活动在国内生产总值（GDP）中的占比来衡量结构转型，根据人均农业附加值来衡量农村转型（IFAD，2016）。在总体转型的推进中，不同国家的结构转型和农村转型呈现不同的组合方式（见图 1.4）。在自然资源丰富、惠农政策多的国家，农村转型进程要快于整体结构转型进程（位于组合Ⅲ的国家）；有些国家在实现较深程度结构转型的同时，仍保留规模小、利润低的劳动密集型的农业部门（位于组合Ⅰ的国家）；有些国家在结构转型和农村转型两个方面都取得了较大的进展（位于组合Ⅱ的国家）；还有一些国家的两个转型都才刚刚开始（位于组合Ⅳ的国家）。图1.4描述了几种结构转型和农村转型的模式，这些模式对不同国家能够推行或应该推行的农村青年政策和方案有所启示。

国家转型类型

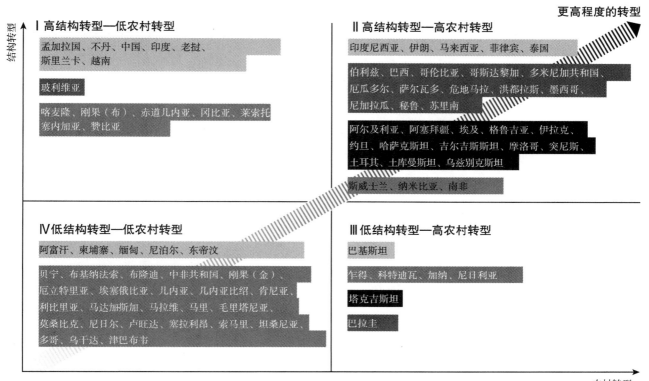

图 1.4　国家层面的结构转型和农村转型确定了农村青年机会的基本参数

注：如果每位工人产生的农业增加值超过样本中位数（1592 美元），则这个国家实现了较高程度的农村转型；如果非农业增加值的份额超过了样本平均数（80%），则这个国家实现了较高程度的结构转型。该样本包含 85 个世界银行（2018）定义的中等收入国家。

资料来源：作者。

不同的模式与国家的转型水平密切相关（关于这些模式的详细介绍，参见第二章）。广义而言，转型水平越高的国家（位于组合 Ⅱ 的国家），非农收入在总收入中所占比例越高，农业部门的生产率和平均收入水平也越高；青年人口在总人口中的占比越小，其中65%的青年在城市，仅7%的青年在农村。此外，这些国家的制度更完善，人均财政资源也更多。因此，在这个范畴中的国家（如印度尼西亚），即便人口稠密，也有更多的资源用于投资青年，有更大的能力来规划和使用这些资源，而且依赖这些资源的农村青年也更少。如果有强大的政治意志，这些国家完全可以通过投资农村青年来取得长足进步。这类转型水平较高的国家大多位于拉丁美洲和加勒比地区、近东和北非，以及撒哈拉以南非洲的纳米比亚、南非和斯威士兰。

在转型水平最低的国家（位于组合 Ⅳ 的国家），情况则大不相同。这些国家的平均农村贫困发生率约为50%，人均收入仅为转型水平高的国家的1/10。这类国家主要位于撒哈拉以南非洲，部分位于亚洲和太平洋地区，其青年人口占总人口的20%，比重最大，其中13%为农村青年。此外，这些国家可利用的资源有限，投资能力弱（见第二章）。

农村机会空间

在同一国家的不同地区，农村青年的机会也不同。尽管国家层面的结构转型和农村转型正在进行，但不是所有地区的转型方式或转型进度都一样。农村地区的机会在很大程度上取决于市场准入的程度（农产品市场、要素市场、劳动力市场、金融市场和其他市场）和自然资源的丰富程度。其中，市场准入的程度决定该地区的商业化潜力，自然资源的丰富程度决定该地区的农业生产潜力。商业化潜力和农业生产潜力这两个因素都具有很强的空间维度（Wiggins and Proctor，2001；Ripoll et al.，2017），它们共同形成了农村机会空间（见图1.5）。受国民经济特征的影响，农村青年面临的机遇和挑战主要由农村机会空间这一经济地理框架决定，与农村当地背景、特定社会习惯和乡规民俗或个人偏好无关（Sumberg et al.，2018）。

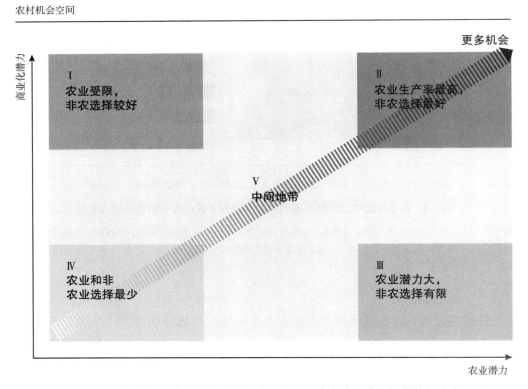

图 1.5　不同地区的商业化潜力和农业潜力不同，国家为农村青年提供的机会也不同

资料来源：作者。

商业化潜力的增长与城市和市场的联系性、私营部门的投资潜力有关，这些因素对扩大农村青年的机会至关重要。理想的状态是，二级城市和城镇的发展快于省会城市（Roberts and Hohman，2014）。由于二级城市和城镇距离农村更近，能容纳更多的农村人口，它们的发展对减贫的影响更大。这些小城市在为农村地区提供福利（比如坦桑尼亚）和创造更具包容性增长模式中越来越重要

（如印度）（Christiaensen，De Weerdt and Todo，2013；Gibson et al.，2017）。

　　然而，无论是实质的还是虚拟的，城乡联系都还不够紧密。许多必要联系的形成既取决于公共产品的供应（如优化的道路和通信技术设施），也取决于私人投资。私营部门在农村地区不断加大农业投入，为农村地区提供移动技术、收获后处理设备、农产品加工设备。公共产品，诸如优化的道路、完善的法律和法规体系以及受过良好教育的民众，则是大规模私人投资的先决条件。只有提高经济生产力、加强空间联系，才能提高对农村青年投资的回报率。在医疗卫生、教育和基础设施方面的公共投资更是与经济的可持续发展和结构转型紧密相连（World Bank，2018）。因此，一个国家对公共产品的投资越多，其国民素质就越高，青年就能掌握更多技能，从而能抓住机会、充分发挥自身才能。

家庭转型类型

　　在发展中国家，绝大多数农村青年家庭成员众多，在经济上还不能独立。因此，除了国家经济转型的水平和农村机会空间外，家庭情况也将影响他们面临的机会和挑战。

　　和国家一样，如果赖以生存的方式不同，农村家庭的转型水平和类别也会不一样（见图1.6）。如果要实现转型，他们需要与市场建立广泛联系。不局限于农业，他们可以从事多种经营活动，以增加非农收入（纵轴），比如有些家庭就有可能成为完全转型的非农经营家庭。但也有些家庭会投资农业，提高农业生产率和市场导向性，其中一些人成为专业农民，他们经营农业、销售农产品，几乎没有非农收入。也有家庭可能同时进行这两个方面的转型，扩大农业经营，出售大部分农产品，同时增加对非农产业的投资。如果在农业和非农业这两个方面转型都比较成功，那么这些家庭就是具有经济活力的多元经营的兼业农户（右上角单元格）。其他则是自给自足的农户，他们几乎没有非农收入，也很少受出售农产品（左下角单元格）。也许生活最艰难的是那些既没有土地，又没有多少其他资源的家庭，他们属于既没有土地也不从事农业生产经营的"农民"。那些刚开始多元经营，但不完全属于上述任何类别的家庭被称为过渡型农村家庭。

　　农村青年的家庭类型决定了他们实际可以抓住的国家和农村为他们提供的机会。主要家庭类型的形成又可能受国家转型水平和他们所在空间的影响。转

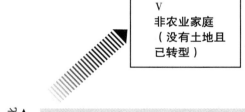

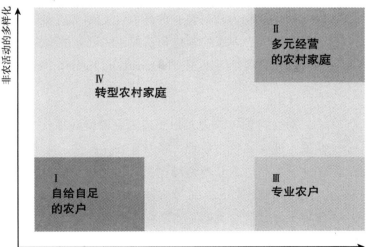

图1.6　家庭转型类别

资料来源：作者。

型水平越高的国家，经济更加多元，农村现有人口越集中在农业生产领域。这些国家的农村地区有更多的非农经营家庭、多元经营的兼业农户和专业农户。同理，与外界联系更紧密的农村（图1.6中所示具有高商业化潜力的农村）可能会有更多不同形式的完全转型的非农经营家庭，而边缘化的地区（图1.5中所示商业化潜力较低的地区）可能会有更多仅能维持生计的家庭。[①] 在第二章，我们将通过按年龄和性别划分的全球人口分布和农业潜力的空间数据检验这个假设。

从依赖到独立的制约因素

国家、农村和家庭会为农村青年提供机会，但并不是所有青年都能抓住这些机会。因此，在从依赖走向独立的过渡时期，农村青年必须具备一定的能力、技能、资金和关键资产（如土地），以便能主动寻找机会。然而，对于女性青年来说，现实往往相反。她们面临许多文化和社会制约因素，无法提升自身能力，也无法建立各个层面的联系，所以无法掌控自己的命运。同样，少数民族农村青年受到的制约也可能比主要民族农村青年要更多。

能力和技能

农村青年所需的能力和技能与他们父母那一辈不同。工作性质的变化速度前所未有，催生了对新技能的要求。农村转型，尤其是农业粮食体系的转型，正在将市场延伸到新的领域，将农村和城市地区联系起来，也加剧了各类农场间的产量竞争。随着数字革命的发展，无论是在与农业有关还是无关的领域，信息的获取都变得越来越重要。青年必须了解嵌入在这些应用程序中的沟通模式，并知道如何搜索信息和建立社交网络。

快速的技术进步正在改变未来的工作，对机器无法模仿的某些人类能力提出更大的需求（World Bank，2018）。为了适应这些复杂的变化，教育机构必须在教授学生基本技能的同时，培养他们的高级认知能力（批判性思维和解决问题的能力），训练学生就业所需的非认知技能（Fox，2018；Filmer and Fox，2014；World Bank，2018）。非认知技能包括一些人格特质，比如责任心、外向性、亲和力和对经验的开放性。越来越多的证据表明，对青年来说，无论是受雇还是自雇，或是在发展中国家的农村和其他地区创立微型企业，这些技能都很重要。非认知技能和认知技能与就业和收入密切相关（Heckman and Kautz，2013）。

土地

对农村青年来说，想要成为农民就必须获有土地，但获得土地一直以来都并非易事。如今，获取土地变得更为艰难，原因有三。首先，由于人口的快速增长，特别是在撒哈拉以南非洲，许多地区农村的人口越来越稠密，可利用土地越来越少，土地划分越来越小，越来越分散。其次，人的寿命越来越长，父母耕种土地的时间也更长，因此，当子女进入劳动力市场时，父母不太可能将土地转让给他们。如果青年想要务农，他们可以等父母将土地转给他们，但他们走向独立和获得自主决策权的时间就会延迟。如果财务状况和当地租赁市场允许，他们也可以租赁土地。如果租赁土地，土地质量和地权稳定性就会成为他们面临的又一个问题（Yeboah et al.，2018）。最后，

---

① "勉强维持生活"是相对而言的，因为既不从事农业生产活动，又不从事其他行业活动的勉强维持生计的农民很少。

由于结构转型和农村转型带来的市场扩张，中型商业农场迅速崛起，加剧了土地的竞争。在加纳、肯尼亚、马拉维和赞比亚，中型商业农场控制着30%~50%的耕地（Jayne et al.，2016）。与成人相比，青年拥有土地的可能性要小得多，拥有单独土地所有权的可能性更是微乎其微。

资金

在如今的转型经济中，资金是制约农村青年发展的重要因素。农业活动的利润很大程度上取决于前期投入，尤其是当农业主要面向动态市场时，比如为快速发展的城市提供生鲜农产品。信贷可以放低进入这类市场的门槛（Tschirley et al.，2017）。即使不从事农业生产，而是进行自主创业，起始资金也不可或缺。如果获得信贷，项目的经营水平可以得到很大提高。但青年缺乏人脉和资产，很难获得正规的金融服务，他们在世界无银行账户人口中的比例非常高（Gasparri and Muñoz，2018）。不过，数字革命有望在融资方面带来好消息。在金融服务获得性方面，诸如移动货币之类的数字金融服务可以缩小年龄、性别和城乡方面的差距（Clement，2018；Sekabira and Qaim，2017）。农村和城市地区的移动货币账户渗透率相似，青年的吸收率高于成人（Aker，2018；Gasparri and Muñoz，2018）。这些数字金融服务有利于更全面地解决农村青年所遇到的资金短缺问题（相关的案例研究，参见专栏1.1）。

专栏1.1　IFDA的农村青年经济赋权项目

2016年，IFDA顺利完成农村青年经济赋权项目（RYEEP）。这一大规模的区域拨款项目的重点是通过创立和资助埃及、摩洛哥、突尼斯和也门的由青年领导的小型企业来促进农村就业。其目的是通过测试针对农村青年的包容性金融服务的新模式来增加这四个国家15~35岁青年的就业和自雇就业。整体而言，该项目向20543名参加项目的青年提供了储蓄服务，向7292名青年提供了信贷，并向近14252名青年提供了非金融支持服务（金融教育培训）。这些金融服务帮助参与者创办了5830家企业。此外，该项目还帮助农村金融机构更好地了解农村青年市场，开发适合农村青年需求的金融产品。

在埃及，RYEEP支持"埃及计划"的项目，该项目旨在调整其现有的农村储蓄贷款协会的财务模型以满足农村青年的需求，其中包括成立提供储蓄和信贷服务的青年储蓄团体（YSG），以及基于生活技能的创业精神和金融知识培训。在试点项目结束时，它已针对农村青年调整了YSG方法，制定了针对青年的、以生活技能为重点的创业课程，并在该国三个省的农村地区启动了该项目。该项目为了解如何将非金融服务直接整合到金融服务，以及如何将民间储蓄组织与正规金融机构联系在一起提供了机会和有益经验。

在摩洛哥，通过RYEEP，阿尔巴利德银行（ABB）开始调整其新的青年"Savings for Tomorrow"产品[Tawfir al Ghad]（TAG），以更好地满足其农村青年客户的需求。TAG是一种新的储蓄产品，可为用户提供免费的银行卡且不收取交易费用，但要求卡里的最低余额不得低于5美元。通过该项目，ABB为农村青年开发了量身定制的金融知识培训课程，进行了提供全方位服务的移动货车的试运营以扩大服务范围，并开始致力于为TAG客户介绍小额信贷机构（MFI）的服务。到项目结束时，ABB已向6277名农村青年提供了TAG产品，为3000人提供了金融知识培训，并帮助30个TAG账户持有人获得小额信贷服务。从该试点项目中吸取的经验教训表明，在使用储蓄产品时，增加银行网点和合理调整储蓄产品可以吸引更多用户。

在突尼斯，RYEEP 支持新成立的小额信贷机构 Microcred，并设计和开发了 Irada 贷款。Irada 是突尼斯开发的第一笔专门为青年提供的小企业创业贷款。为了增强这些客户的非金融技能，Microcred 与突尼斯非政府组织合作，一起设计和提供了一套与 Irada 产品相结合的业务开发服务。此外，Microcred 还向农村青年客户提供扩展业务的贷款。到项目结束时，Microcred 已对青年市场进行了广泛的市场研究，与 54 位青年一起开发和试用了 Irada 和 Expansion 贷款产品，并为另外 71 位用户设计和试用了业务管理培训和辅导计划。试点项目能从设计金融产品和寻找青年目标群体这两个方面，为在农村地区成立小额信贷机构提供经验。

性别

女性农村青年受到性别约束。她们很难获得能动性，从而无法在新经济时代得到发展。社会规范往往跟不上经济和技术的变革。在玻利维亚、柬埔寨和尼日尔，如果一名农村的女性青年拥有一部智能手机，她就可以获得她父母做梦也想不到的信息、观念和可能性，但社会习惯和乡规民俗会限制她（限制程度远比男性青年高）实现这些可能性。女性农村青年承受着年龄、性别和城乡差异带来的巨大压力。现在，我们比以往任何时候都更需要加快投资，以减轻她们身上背负的这三重压力。

时代变化的空前速度和性质

结构转型和农村转型带来的变化比以往要快，表现方式也有所不同。人口、经济、环境和技术的变化为农村青年带来了一些新的机会，同时也让他们失去了一些其他机会。在为农村青年制定并实施政策、项目和投资时，我们必须考虑到这些差异。

人口变化

在发展中国家，三种类型的人口变化改变了国家层面和农村所处的情境。

第一种是城市化。自 1990 年以来，低收入和中等收入国家的城市人口占其总人口的比例从 33% 上升到 50%（UNDESA，2014），这从经济层面改变了这些国家所面临机遇和挑战的水平及结构。例如，在发展中国家，城市对粮食的需求就占了国内市场总量的一半以上。因此，为了保证小农的收入和粮食安全，保持与城市地区的市场联系至关重要。

第二种是农村人口密度迅速增加。这种变化主要出现在转型水平最低的国家。自从 1950 年以来，很多国家已经完成了城市化，但发展中国家的农村人口增加了一倍多，最不发达国家的农村人口增加了近四倍（UNDESA，2014）。得益于市场联系更紧密，城市化（包括二级城市的兴起）、农村密集化和农村城镇的发展，正在不断缩小城乡之间的实际距离和名义距离，并为农村地区带来更多机会。

第三种是人口结构转型，而这一变化仍在进行中。人口结构转型会产生人口红利，对发展和变革具有长期的积极影响。所有发展中地区的人口结构转型进程已到达相对优化的阶段，但撒哈拉以南非洲是个例外，因为该地区青年的绝对数量增长非常迅速，甚至稍快于其总人口的增长。过快增长的青年人口也给该地区的国家带来了挑战。虽然财政资源严重匮乏，很多国家也必须设法满足这一庞大群体的需求。此外，人口结构转型缓慢，可能会阻碍该地区的长期发展。

数字化革命

如今的农村青年一代是独特的一代，他们的工作和生活都与数字技术息息相关。在降低信息成本和改造升级后，数字技术飞速发展，重新定义了"变化"二字。数字技术的影响主要体现在两个方面。一是数字技术使"智能自动化"成为可能。它的兴起加速并拓宽了自动化的发展，但同时也使部分传统行业遭到淘汰，比如为农村贫困青年提供大量就业机会的劳动密集型产业（World Bank，2018；McMillan et al.，2016）。二是数字技术渗透到经济和社会各方面的同时，也为农村青年带来了崭新的机会，让农村青年可以提高生产力、加强信息互联互通、提高能动性。在世界上一些最贫困的国家（见第八章），长期以来，青年、农村人口和妇女难以获得正规信贷，而如今移动金融的爆炸式增长降低了信贷门槛。在农业领域，以技术为依托的农业活动和市场营销提高了生产率，开辟了与市场互动的新途径（Bello，Bello and Saidu，2015；Noorani，2015）。迅速兴起的"物联网"为精准农业、无人机监控（管理牲畜和监测作物的技术）以及"智能温室"（可以实现许多作物的自动种植）铺平了道路（Ravindra，2018）。若要农村青年从这些新技术中获益，我们必须加大投资，大力发展宽带网络，完善农村地区的基础设施，同时培养青年的认知技能和非认知技能，使他们可以预见这些新技术的发展前景和风险（比如，受到移动货币诱惑而导致的过度负债），并利用新技术使自己受益。

如果想要完成数字化革命，所需的各种条件不可或缺。这场革命经由各种市场，对工作和竞争产生根本影响。尽管这种影响是全球性的，但是数字化革命带来的机会与特定地点存在的基本条件是成正比的。如果青年生活的国家或地区基本发展要素匮乏——基础设施和教育体系落后、社会政治结构抑制个体能动性和赋权、公共机构和公民社会机构弱小，他们将很难利用这场革命带来的机遇。因此，这场革命是会扩大还是弥合城乡数字鸿沟，取决于政府如何应对。

气候变化

人对承受气候变化的脆弱程度由三个要素（暴露程度、敏感性和适应能力）决定，农村青年在这三个方面可能比其他人群要更脆弱（Füssel，2017；Füssel and Klein，2006；IPCC，2014）。政府间气候变化专门委员会（IPCC）的最新报告警告称，所剩时间无几，我们必须立即采取行动以避免气候变化的毁灭性影响（IPCC，2018）。在这种情形下，解决农村青年的问题面临重重困难。

青年人口多的国家通常很贫穷，并且严重依赖农业，几乎所有农业占国内生产总值20%以上的国家，其青年人口在总人口的占比都在19%以上，并且其国内结构转型和农村转型水平都比较低。此外，许多受气候变化影响最大的国家同时还处于冲突后局势或脆弱局势中，解决青年面临的挑战比以往任何时候都更加紧迫。

气候模型预测表明，很多发展中国家受气候变化的影响将越来越大，比如极端高温和更为极端的天气事件将越发频繁。因为农村青年大多在农业领域就业，所以他们受气候变化的影响非常大。在缺乏社会资本和技能、缺少社会参与的情况下，人们对气候冲击的感受更敏感（Brooks，2003；Adger，2009）。此外，人的适应能力取决于其所拥有的土地、信贷和保险等资源。在这一方面，农村青年处于不利地位（Asparri and Muñoz，2018；Yeboah et al.，2018）。

换个思路考虑投资农村青年问题

想要帮助农村青年提高生产力、增强与各界的联系并能掌控自己的未来，就必须帮助他们适应当今瞬息万变的时代。但在这个过程中，如果过于心急，决策者很容易犯两个错误。一是在不断地变化的环境中仍然进行无效投资，比如投资传统的职业或技术项目，而这种项目无法帮助青年为即将到来的新的经济机会和结构性挑战做好准备。二是在经济机会普遍匮乏的国家和地区，过于注重针对青年的投资，这将损害这类定向投资的有效性。

我们目前面临的挑战是：如何在扩大农村机会的投资和针对青年的投资之间找到合适的平衡（见图1.7）。这两种投资之间的最佳平衡取决于不同转型的进展和特定地区的机会。因此，在转型水平低、机会有限的地区，如果不扩大农村的机会，仅投资农村青年是不可能实现可持续发展的。但同时，如果一个国家的农村机会受限于其低农村转型水平或商业潜力，该国则必须提高农村人口整体的生产效率、加强他们与各界的联系性和能动性，以将政策和投资的重点放在促进农村转型上。

相反，如果一个国家转型水平高、商业潜力大、提供的机会较多，那么该国可能会制定专门的政策和投资，以解决青年及其家庭发展所受的制约。通过投资促进整个农村发展的政策举措仍然是必要的，它可以支持并加快转型进程；但针对青年的投资也不可或缺，它是对一般政策的补充，有助于消除实现农村青年包容性增长的具体制约因素。

农村青年面临的变化，无论是从速度还是性质来看，都是前所未有的。农村青年面临的机会和限制也在快速变化。政策制定者应该考虑现在需要哪些投资来缓解目前农村青年面临的限制，将来需要哪些投资以获得中期回报（Filmer and Fox，2014）。本书旨在帮助各级决策者做出合理决策，实现投资平衡。

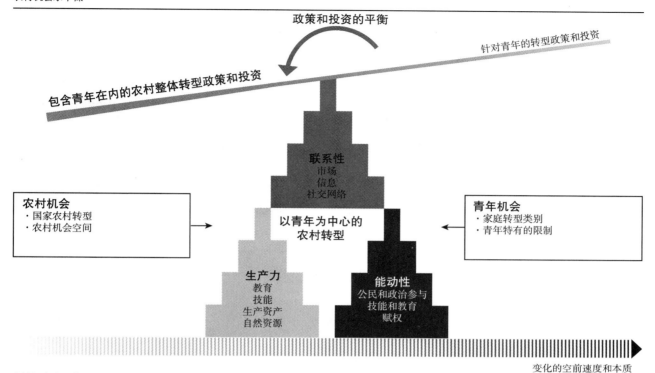

农村机会水平低

政策和投资的平衡

针对青年的转型政策和投资

包含青年在内的农村整体转型政策和投资

联系性
市场
信息
社交网络

农村机会
·国家农村转型
·农村机会空间

以青年为中心的
农村转型

青年机会
·家庭转型类别
·青年特有的限制

生产力
教育
技能
生产资产
自然资源

能动性
公民和政治参与
技能和教育
赋权

变化的空前速度和本质

农村机会水平高

包含青年在内的农村整体转型政策和投资

政策和投资的平衡

针对青年的转型政策和投资

联系性
市场
信息
社交网络

农村机会
·国家农村转型
·农村机会空间

以青年为中心的
农村转型

青年机会
·家庭转型类别
·青年特有的限制

生产力
教育
技能
生产资产
自然资源

能动性
公民和政治参与
技能和教育
赋权

变化的空前速度和本质

图 1.7　在扩大农村机会的投资和针对青年的投资之间寻求平衡

资料来源：作者。

参考文献

Adger, W. Neil (2003). Social Capital, Collective Action, and Adaptation to Climate Change. Economic Geography, 79 (4): 387-404.

Ahmed, S. A., Cruz, M., Go, D. S., Maliszewska, M. and Osorio-Rodarte, I. 2016. How Significant Is Sub-Saharan Africa's Demographic Dividend for Its Future Growth and Poverty Reduction? Review of Development Economics, 20 (4): 762-793.

Aker, Jenny C. 2018. ICTs and Rural Youth. Background paper for the Rural Development Report 2019. Rome: IFAD.

Bello R. S., Bello M. B. and Saidu, M. J. 2015. Small Scale Enterprises (SMES) and Agricultural Transformation: The Nigeria experience. Science Journal of Business and Management. Special Issue: Sustainable Entrepreneurial Developments in Agribusiness, 3 (5-1): 211-15 (available at doi:10.11648/j.sjbm.s.2015030501.13).

Brady, M., Assaad, R., Ibrahim, B., Salem, A., Salem, R. and Zibani, N. 2007. Providing New Opportunities to Adolescent Girls in Socially Conservative Settings：The Ishraq Program in rural upper Egypt. Cairo, Egypt: Population Council.

Brooks, N. 2003. Vulnerability, Risk and Adaptation: A conceptual framework. Working Paper 38, Norwich, UK: Tyndall Centre for Climate Change Research.

Christiaensen, L ., De Weerdt, J., and Todo, Y. 2013. Urbanization and Poverty Reduction: The role of rural diversification and secondary towns. Agricultural Economics, 44 (4-5): 435-447.

Doss, C ., Heckert, J., Myers, E ., Pereira, A. and Quisumbing, A. 2018. Gender, Rural Youth, and Structural Transformation. Background paper for the Rural Development Report 2019. Rome: IFAD.

Engel, E . 1857. Die Productions- und Consumtionsverhältnisse des Königreichs Sachsen. Zeitschrift des Statistischen Bureaus des Königlich-Sächsischen, Ministerium des Innern, 8 (9): 1-54. Reprinted as an appendix to Die Lebenskosten Belgischer Arbeiter-Familien Früher und Jetzt, Bulletin de l'institut international de statistique, IX, premiere livraison, Rome, 1895.

FAO (Food and Agriculture Organization of the United Nations). 2018. The State of Food and Agriculture: Migration and rural development. Rome: FAO.

Filmer, D. and Fox, L . 2014. Youth Employment in Sub-Saharan Africa. Washington, D.C .: World Bank.

Fox, L . 2018. Economic Participation of Rural Youth: What matters? Background paper for the Rural Development Report 2019, Rome: IFAD.

Füssel, H. and Klein, R.J.T. 2006. Climate Change Vulnerability Assessments: An evolution of conceptual thinking. Climatic Change, 75 (3): 301-329. (available at: https:// doi.org/10.1007/s10584-006-0329-3).

Füssel, H. 2017. Vulnerability: A generally applicable conceptual framework for climate change research. Global Environmental Change, 17: 155-167.

Gibson, J., Datt, G., Murgai, R. and Ravallion, M. 2017. For India's Rural Poor, Growing Towns Matter More than Growing Cities. World

Development, 98: 413-429.

Heckman, J.J. and Kautz, T. 2013. Hard Evidence on Soft Skills. Labour Economics, 19 (4): 451-464.

IFAD (International Fund for Agricultural Development). 2016. Rural Development Report 2016: Fostering inclusive rural transformation. Rome: IFAD.

IPCC (Intergovernmental Panel on Climate Change). 2014. Climate Change 2014: Impacts, adaptation, and vulnerability. Part A: Global and Sectoral Aspects. Contribution of Working Group II to the Fifth Assessment Report of the Intergovernmental Panel on Climate Change. Cambridge, UK, and New York, NY: Cambridge University Press.

—. 2018. Global Warming of 1.5℃ - Summary for Policymakers. Geneva.

Jayne, T.S., Chamberlin, J., Traub, L ., Sitko, N., Muyanga, M., Yeboah, F.K., Anseeuw, W., Chapoto, A., Wineman, A., Nkonde, C . and Kachule, R. 2016. Africa's Changing Farm Size Distribution Patterns: The rise of medium-scale farms. Agricultural Economics, 47 (S1): 197-214.

Krugman, P. R. 1994. The Age of Diminished Expectations: U.S. economic policy in the 1990s (Revised and updated edition). Cambridge, MA: MIT Press.

Loayza, N., Schimdt-Hebbel, K. and Servén, L . 2000. Saving in Developing   Countries: An overview. The World Bank Economic Review, 14 (3): 393-414.

Noorani, M. 2015. To Farm or Not to Farm? Rural Youth Perceptions of Farming and their Decision of Whether or Not to Work as a Farmer: A Case Study of Rural Youth in Kiambu County, Kenya. Ottawa, ON: University of Ottawa School of International Development and Global Studies.

Ravindra, S. 2018. IoT Applications in Agriculture. The demand for growing population can be successfully met with IoT (available at: https://www.iotforall. com/iot-applications-in-agriculture/, accessed 15 October 2018).

Ripoll, S., Andersson, J., Badstue, L ., Büttner, M., Chamberlin, J., Erenstein, O. and Sumberg, J. 2017. Rural Transformation, Cereals and Youth in Africa: What role for international agricultural research? Outlook on Agriculture, 1 (10) (available   at doi: 10.1177/0030727017724669).

Roberts, B. and Hohmann, R.P. 2014. The Systems of Secondary Cities: The neglected drivers of urbanising economies. CIVIS Sharing Knowledge and Learning from Cities No. 7. Washington, D.C .: World Bank.

Sekabira, H. and Qaim, M. 2017. Can Mobile Phones Improve Gender Equality and Nutrition? Panel data evidence from farm households in Uganda. Food Policy, 73 (C): 95-103.

Stecklov, G. and Menashe-Oren, A. 2018. The Demography of Rural Youth in Developing Countries. Background Paper for the Rural Development Report 2019. Rome: IFAD.

Sumberg, J., Abay, K., Asnake, W., Ayalew, H. and Chamberlin, J. 2018. Landscapes of Opportunity? How young people engage with the rural economy in sub-Saharan Africa. Background Paper for the Rural   Development Report 2019. Rome: IFAD.

Trivelli, C . and Morel, J. 2018. Rural Youth Inclusion, Empowerment and Participation. Background paper for the Rural Development Report 2019. Rome: IFAD.

Tschirley, D., Reardon, T., Haggblade, S., Jayne, T.S., Liverpool-Tasie, S., Awokuse, T., Muyanga, M., Wangalachi, A. and Makani, A. 2017. Engaging the Agribusiness Sector in Inclusive Value Chain Development: Opportunities and challenges. In Africa Agriculture Status Report 2017: The business of smallholder agriculture in sub-Saharan Africa. Alliance for a Green Revolution in Africa (AGRA).

Wiggins, S. and Proctor, S. 2001. How Special Are Rural Areas? The economic implications of location for rural development. Development Policy Review, 19 (4): 427-436.

World Bank. 2006. World Development Report 2007: Development and the next generation. Washington, D.C .: World Bank.

World Bank. 2018. World Development Report 2018: Learning to realize education's promise. Washington, D.C .: World Bank.

World Bank. 2019. World Development Report 2019: The changing nature of work. Washington, D.C .: World Bank.

Yeboah, F.K, Jayne, T.S., Muyanga, M. and Chamberlin. J. 2018. The Intersection of Youth Access to Land, Migration, and Employment Opportunities: Evidence from sub-Saharan Africa. Background paper for Rural Development Report 2019, Rome: IFAD.

Youth Policy. 2014. State of Youth Policy 2014. Berlin: Youthpolicy.org. (available at: http://www.youthpolicy.org/library/wp- content/uploads/library/2014_Special_ Edition_State_ Youth_Policy_ENG.pdf).

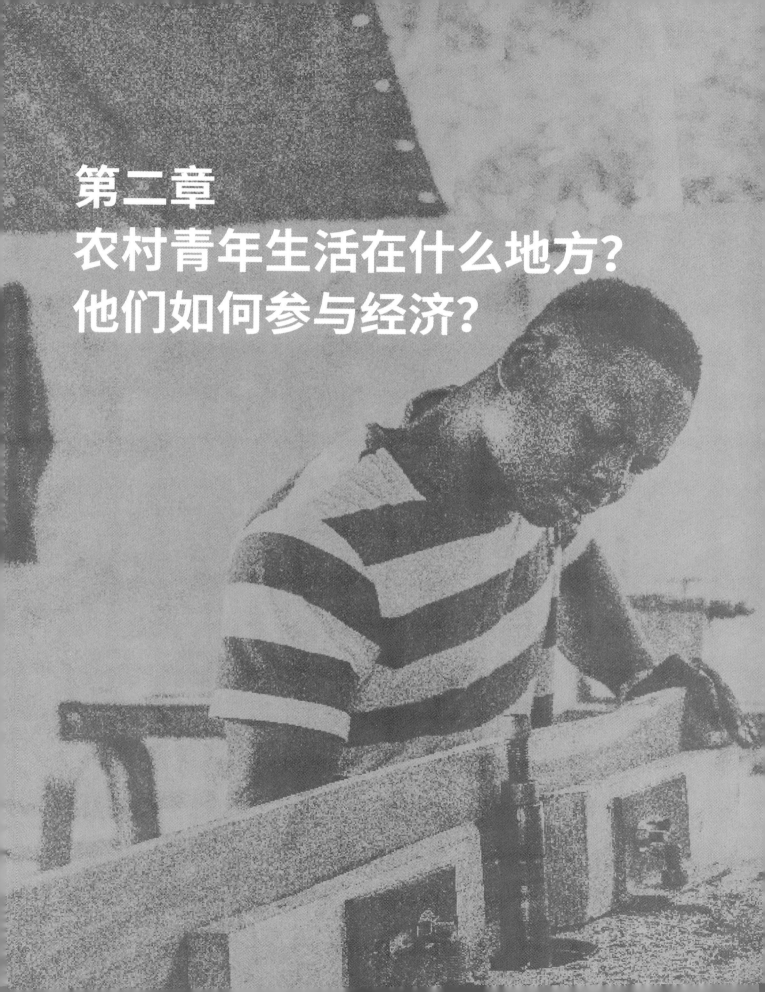

第二章
农村青年生活在什么地方？
他们如何参与经济？

想要制定有效的投资策略，帮助农村青年提高生产力，增强与各界的联系并能掌握自己的未来，我们需要从多方面进行考虑，不仅是农村青年本身，还要考虑他们的家庭、国家以及他们生活的特定环境。结合上一章概述的类型，本章使用多种数据回答一系列关键问题：农村青年分布在全球以及各国的哪些地区？他们所在国家的转型水平如何？在农村发展政策和青年转型政策以及国家政策的制定和实施方面，这种转型水平对他们的国家又有何影响？农村青年的家庭能为其提供机会，他们所在空间的农业潜力和潜在的联系性对这一机会的形成又有何影响？进而又将怎样影响他们的福利？[①]

本章将首先介绍基于上一章概述的国家转型类型的分析结果，总结各象限内国家的关键特征，如其在发展中国家青年和农村青年中所占的比例。接着讨论农村机会空间的新分类，该分类又与国家的类型相关。不同地理空间有不同的潜力，不同国家转型类型有不同的需求和能力，两者间的交叉映射能为不同类型的国家调整其政策优先事项提供新见解。

为确保对各国的分析具有可比性，本章采用一种新的方法来定义农村空间。根据居住空间的人口密度，本报告利用高分辨率全球地理空间数据库将所有发展中国家分为四等分的人口小组（四分位数）。人口最密集的地方占总人口的25%，被定义为城镇地区，另外三组统称为农村，包括半城市化地区、半农村和农村地区（见Jones et. al.，2016）。（有关定义的更多详细信息及其与各国按行政区划进行的不同定义的比较，参见专栏2.1）

专栏2.1   具有全球可比性的农村空间定义

按行政区划对"农村"和"城市"进行定义存在两个缺陷。首先，定义因国家而异，这降低了跨国比较的有效性。其次，这样定义是基于一个简单的二分法，越来越偏离人们的实际生活方式。随着城镇化快速发展，农村人口密度加大，农村地区经济转型加速，城乡地区或城乡人口之间的界限越来越模糊，农村的"城市"特征（如依赖市场）愈加明显。通常小城镇和县城连接着城市和农村，在催生商业化机会方面发挥着重要作用。此外，农业食物系统的转型增强了城乡之间的经济联系，对更灵活的空间定义提出了要求。适应这种变化而做出的调整之一就体现在"半城市化地区"这一概念使用的日益频繁上（Simon et al.，2006；Simon，2008）。半城市化地区可以看作是"具有城市化特征"的农村地区（Webster，2002），或是家庭就业方式更多样，但周围主要是农村景观的地区（Lerner and Eakin，2010）。

本报告没有按行政区划来定义"城市"和"农村"，而是使用人口密度创建了一个城乡连续体（有关最新应用，见Jones et. al.，2016）。这种方法让不同国家和地区之间可以进行比较，创建的关于个人和家庭的经济及社会特征的空间图像也更准确。WorldPop项目以1千米×1千米的网格生成了空间显式的区分年龄和性别的人口数据。网格按密集程度排列

[①]   有关对上一章三种类型分析的数据源的更多信息，请参见专栏2.2。用于该研究的类型有：（1）基于结构转型和农村转型划分的国家类型；（2）基于空间定义的商业化潜力和农村潜力划分的农村机会空间；（3）根据生计来源划分的家庭转型水平类型。

（从稀疏到密集），然后人口数量依次相加，分为四个人口规模相等的组（四分位数），按人口密度进行排序（从最稀疏到最密集）。人口密度最低的四分位数代表农村地区，最密集的四分位数代表城市地区。介于两者之间的是半农村地区（第二个四分位数）和半城市化地区（第三个四分位数）。人口密度最小的三个四分位数在本章统称为农村（即非城市），包括农村地区、半农村地区和半城市化地区。[①]各小组的最终阈值和其他指标请见下表。

使用空间人口数据定义的农村梯度阈值及按行政区划界定的城市地区和农村地区的份额

分类	人口密度阈值 （每平方千米1000人）	平均人口密度	按行政区划界定的 农村*（%）	按行政区划界定的 城市*（%）
农村地区	≤0.16	0.05	90.95	9.05
半农村地区	>0.16，≤0.58	0.32	68.90	31.10
半城市化地区	>0.58，≤2.39	1.20	63.67	36.33
城市地区	>2.39	7.56	10.90	89.10

* 按行政区划界定的城市地区和农村地区的份额基于来自亚洲和太平洋地区、拉丁美洲和加勒比地区，以及撒哈拉以南非洲的13个低收入和中等收入国家的家庭数据，显示按地理空间定义的城乡梯度类别有多少属于行政区划上的城市地区和农村地区。例如，9.5%由地理空间界定的农村地区位于由行政区划界定的城市地区。

① 更多详细信息，见附录B（www.ifad.org/ruraldevelopmentreport）。

将这三种农村子范畴用于代表农村机会空间（ROS）的商业潜力。然后，与增强型植被指数（EVI）的数据配对，可以估量出农业潜力，从而能够界定完整的农村机会空间（有关农村机会空间形成的变量以及划分国家类型和家庭类别的变量，参见专栏2.2）。用于划分国家类型和界定农村机会空间的数据来源于所有发展中国家，划分家庭转型类别的数据来自在非洲、拉丁美洲及亚洲和太平洋地区进行的13项具有全国代表性的调查。

专栏2.2　有关三种类型的数据和定义

在定义国家类型和农村机会空间（ROS）类型时，均使用了全球可比数据。国家类型使用的数据来自《世界发展指标》的抽样数据，样本来自亚洲和太平洋地区；撒哈拉以南非洲；近东、北非、中亚和欧洲地区；以及拉丁美洲和加勒比地区。结构转型（ST）（纵轴所示）以非农增加值占GDP的百分比表示，农村转型（RT）（横轴所示）按2010年定值美元计算工人人均农业增加值。象限是根据结构转型的平均值（80%）和农村转型的中位数（1530美元）界定的。与结构转型指标不同，农村结构转型的

平均数没有上限，不能很好地衡量集中趋势，所以农村结构转型中只使用中位数。

对于农村机会空间，专栏2.1中的三个农村等级（农村地区、半农村地区和半城市化地区）用于代表商业化潜力；然后与增强型植被指数（EVI）配对以代表农业潜力。商业化潜力（纵轴）随着人、市场、观念和信息之间联系的加强而增大。无论农村青年从事的是与农业有关还是无关的工作，商业化潜力的增大还会影响他们提高工作生产力的动机。通过计量道路密度、到达最近的市场的平均时间或人口密度，我们

可以衡量出商业化潜力，但每种计量都有各自的难度（Sebastian，2007；Sumberg et al.，2018）。基于商业化潜力与农业商品化、非农多样化以及市场密度相关的假设，我们采用空间显式的全球人口密度数据来代表（Bilsborrow，1987；Wood，1974）。

为便于进行全球对比，来自遥感数据的植被指数被越来越多地用于代表农业生态潜力（Jaafar and Ahmad，2015；Chivasa，Mutanga and Biradar，2017）。增强型植被指数（EVI）（不包括建筑区和林区）用于衡量地理因素对农业生产力潜力的影响（见图2.4）。本报告将涵盖所有发展中国家、分辨率为250米×250米的全球增强型植被指数（EVI）汇总到1千米×1千米的网格中，以匹配人口数据的分辨率。这些网格按潜力高低（由低到高）排序，求和所有面积测量值，将其分为三个面积相等的组（三分位数），按农业生产潜力进行排序（从最低到最高）。

家庭转型的分类基于来自撒哈拉以南非洲、拉丁美洲和加勒比地区以及亚洲和太平洋地区13个国家的代表性家庭收入/支出的调查数据，该调查覆盖了来自188996个家庭的767008人。家庭的分类涉及两个变量：非农收入占总收入的份额、农业销售额占农业总收入的份额。前者体现家庭的农村转型水平，后者衡量家庭农业转型水平。这些数据还可用于创建青年由学生转变为劳动力时的个人水平指标和全职等价工时（FTE）。全职等价工时是一种测算方法，计算青年在六大部门性和功能性就业类别的投入时间，从而测算青年参与经济活动的情况。有关每个国家的调查的完整列表，以及所用方法和数据的更多信息，请参见附录C：变量和方法的定义（www.ifad.org/ruraldevelopmentreport）。

在转型水平最低的国家，农村青年面临的挑战极为艰巨，但这些国家的青年人口仅占发展中国家青年总人口的20%左右

纵观全球的发展中国家，约20%的农村青年生活在转型水平最高的国家，另外20%生活在转型水平最低的国家，其余则生活在转型水平不同的国家。

总体而言，发展中世界72%的农村青年生活在农村转型水平低的国家（即工人人均农业增加值低于1530美元）（见图2.1左侧的两个象限）。这些国家的青年很难通过从事农业劳动来脱贫，他们中的大多数会转行以提高生活水平。部分农村转型水平低的国家，其结构转型水平高（左上象限），这意味着非农业部门在整个经济中所占份额较大（超过80%），人们有更多的非农就业机会。这类国家几乎全部位于亚洲和太平洋地区，其农村青年占发展中世界农村青年的一半以上，主要生活在印度和中国。发展中世界18%的农村青年生活在农村转型和结构转型水平都较低的国家（左下象限），农业活动收益低，非农就业机会有限。80%的这类国家位于撒哈拉以南非洲地区。

按国家转型类别划分的农村青年的分布情况和选定国家的特征

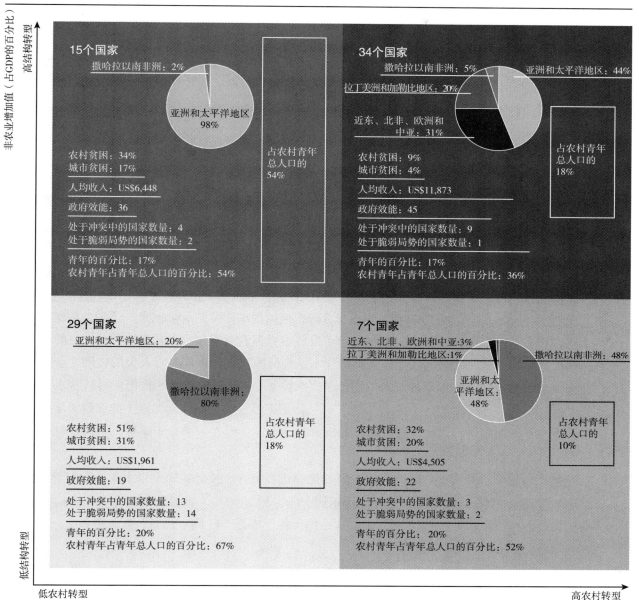

图 2.1　全世界农村青年生活在哪些地区？

注：饼图中的区域百分比代表按结构转型—农村转型（ST–RT）组划分的农村青年在各地区的分布情况。按农村转型中工人人均农业增加值的中位值（1529 美元）和结构转型中非农业增加值在 GDP 中所占份额的平均值（80%）计算，85 个由世界银行定义（2018 年数据）的低收入和中等收入国家（与国际农业发展基金 2016 年的定义相符）被分为结构转型—农村转型组。贫困以每人每天 1.25 美元（2011 年购买力平价）的贫困人口比率（占总人口的百分比）衡量（资料来源：World Development Indicators，World Bank）。收入按购买力平价（PPP）（2011 年定值国际美元）计算的人均国民收入（GNI）衡量（资料来源：World Development Indicators，World Bank）。政府效能是根据《全球治理指标》的百分位数排名来衡量的（资料来源：World Development Indicators，World Bank）。受冲突影响国家的定义来自乌萨拉冲突数据库 / 和平研究所的武装冲突数据集（资料来源：Baliki et al.，2018）。脆弱的定义基于《2019 财政年度脆弱局势清单》，世界银行，2015 年（资料来源：联合国和平行动部，非洲联盟和欧洲联盟网站）。

其余28%的农村青年生活在农村转型水平相对较高的国家（图中右侧的两个象限），享有更多具有吸引力的就业机会。其中近2/3（总人口的18%）位于结构转型水平也比较高的国家（右上象限）。平均而言，这一转型类别的青年享有最好的经济机会，无论是从事与农业有关还是无关的工作，都能得到较高的收入。尽管这些国家的农村贫困率仅为9%，但仍有小部分农村难以摆脱持续的贫困。

最后，人数最少的群体组别，即10%的发展中国家农村青年，生活在农业生产收益相对较高的国家，但非农就业机会有限（右下象限）。就贫困水平而言，这些国家似乎与另一混合组别相似（左上象限显示的结构转型水平高但农村转型水平低的国家），但其平均收入更低、农村青年可能会面临不同的机会结构。尽管在农业转型水平较高的国家，其农业食物系统①的农业部门或相关非农部门可以提供较好的就业机会，但在结构转型水平高但农业转型水平低的国家，非农就业机会对农村青年更有吸引力。实际上，尼日利亚（结构转型水平低但农村转型水平高）90%的农村青年在农业食物系统工作，孟加拉国（结构转型水平高但农村转型水平低）近一半的农村青年从事的工作与农业食物系统无关。平均而言，尼日利亚农村青年70%的工作时间都花在家庭农场上，而在孟加拉国，青年以非农业食物系统的工作为主（全职等价工时的34%）。

"青年膨胀"主要出现在转型水平最低、最贫困的国家，尤其是在非洲。②图2.2按结构转型和农村转型水平（顶部）和地区（底部）显示了发展中世界农村青年过去和未来占总人口的比例。有三种模式非常突出。第一，如今只有在转型水平最低的国家，青年占总人口的比例才会上升。在其他转型类型的国家，青年占总人口的比例要么持平（如结构转型水平低但农村转型水平高的国家），要么下降。在转型水平最高的国家，这一比例下降很快。如今50%以上的农村青年生活在结构转型水平高而农村转型水平低的国家（如图2.1所示），但在未来数十年里，全球农村青年可能主要分布在转型水平最低的国家。

第二，地域格局明显。非洲青年人口的比例正在上升，预计在未来二十年内将继续上升（尽管速度缓慢），但在其他地区，这一比例迅速下降。到2050年，世界其他地区青年人口占总人口的比例预计将达到13%~15%，而非洲的这一比例将仅略低于目前的20%。从本质上看，发展中国家的青年膨胀即非洲青年膨胀。

第三，在所有国家和地区，农村青年人口比例都在急剧下降。但即使非洲的下降落后于世界其他地区，到2050年这一比例将下降不到10%，但也确实在下降。城市化进一步发展，青年占总人口的比例与农村人口占总人口的比例之间的差距越来越大，这是一种全球现象。根据行政区域划分，城市人口从1990年占总人口的33%增加到2015年的50%左右。

---

① 农业食物系统（AFS）包括一系列供应链，从对农业生产的投入和服务的供应，到种植/养殖农场生产，再到粮食零售（包括为非在家使用而准备和消费的）和其他农产品消费等一系列农业生产后活动。农业食物系统以外的工作是指在这些与农业相关的价值链之外进行的任何工作。

② 青年膨胀（youth bulge）是人口结构转型初期的一个普遍现象，在此期间，儿童和青年在总人口中所占比例很大，而且还在不断增加。当生育率的下降低于死亡率的下降时，就会出现这种情况。

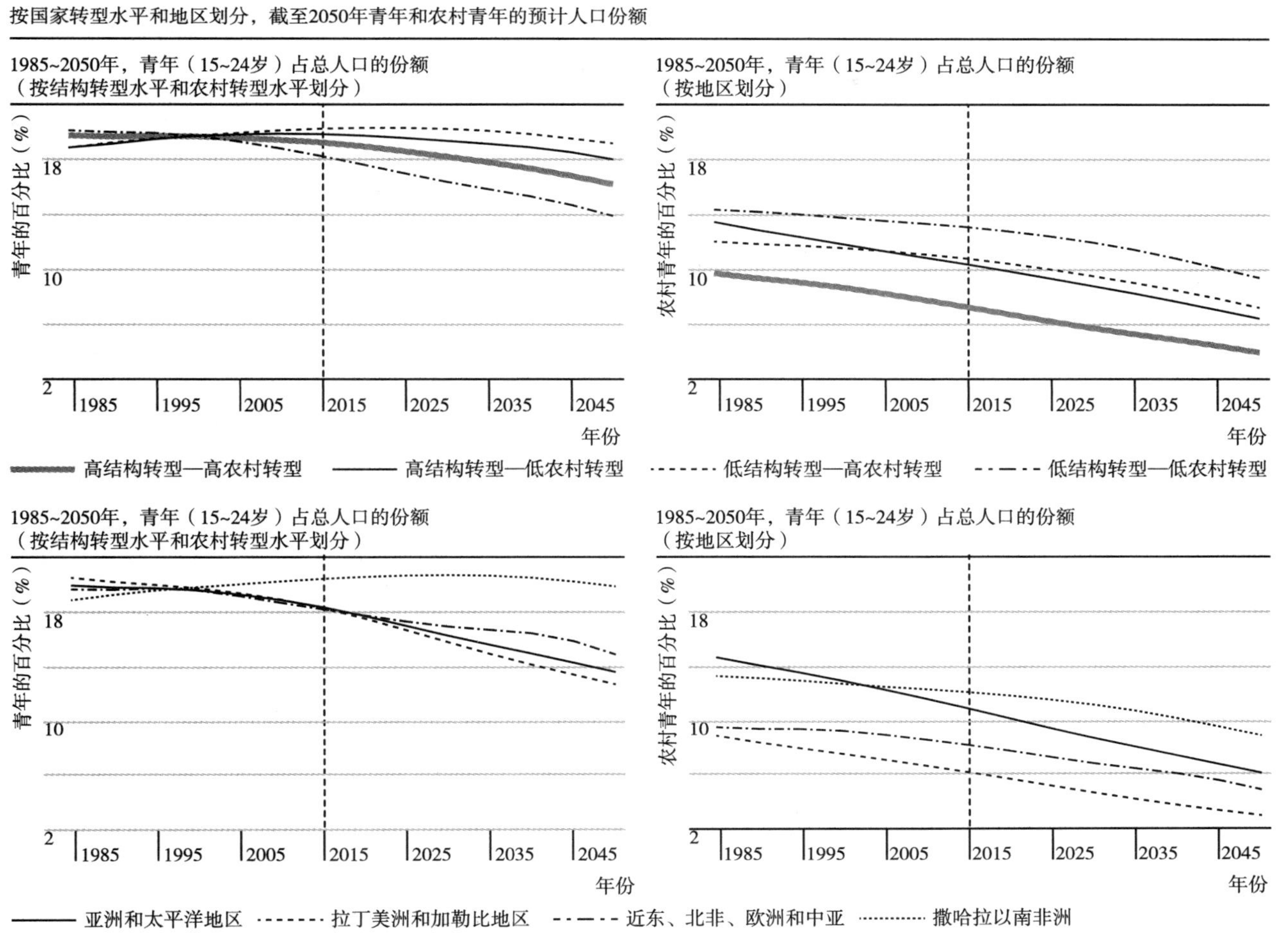
按国家转型水平和地区划分，截至2050年青年和农村青年的预计人口份额
1985~2050年，青年（15~24岁）占总人口的份额
（按结构转型水平和农村转型水平划分）
青年的百分比（%）
18
10
2
1985
1995
2005
2015
2025
2035
2045
年份
1985~2050年，青年（15~24岁）占总人口的份额
（按地区划分）
农村青年的百分比（%）
18
10
2
1985
1995
2005
2015
2025
2035
2045
年份
高结构转型—高农村转型
高结构转型—低农村转型
低结构转型—高农村转型
低结构转型—低农村转型
1985~2050年，青年（15~24岁）占总人口的份额
（按结构转型水平和农村转型水平划分）
青年的百分比（%）
18
10
2
1985
1995
2005
2015
2025
2035
2045
年份
1985~2050年，青年（15~24岁）占总人口的份额
（按地区划分）
农村青年的百分比（%）
18
10
2
1985
1995
2005
2015
2025
2035
2045
年份
亚洲和太平洋地区
拉丁美洲和加勒比地区
近东、北非、欧洲和中亚
撒哈拉以南非洲

图 2.2　青年占总人口的比例预计将下降，除转型水平最低的国家和撒哈拉以南非洲外，各地农村青年人口的相对数量正在减少

资料来源：作者根据联合国《世界人口展望》（2017 年修订版）计算而得。该数据集涵盖 85 个低收入和中等收入国家（基于世界银行的定义和 2018 年的数据）。

然而，政策制定者关注的不是青年人口的相对规模，而是其绝对规模。因为在未来几年，部分国家和地区的青年总人口将大幅上升（见图2.3）。预计到2030年，结构转型水平高的国家（包括农村转型水平低或高的国家）的青年总人口将很少增加，甚至减少。另外，预计结构转型水平低的国家（包括农村转型水平低或高的国家）的青年人口会增加。在转型水平最低的国家，人口增长率尤其惊人。据预测，到2050年，其青年人口将增加一倍（从2015年的1.35亿人增加到2050年的2.7亿人左右）。同样，地域格局差别也很明显：预计到2050年，非洲的青年人口将增加一倍以上，近东、北非、欧洲和中亚的青年人口预计将攀升20%左右，而其他地区的青年人口将减少。

非洲的人口转型缓慢，驱动力不足，阻碍了非洲大陆的未来发展和转型

人口转型（见第五章）的过程是：死亡率下降，导致人口快速增长、人口年龄结构年轻化，随着时间的推移，生育率持续下降，人口结构呈现老龄化。人口转型的速度决定着一个国家发展的动力和对基础能力进行必要投资的能力。转型快速且做出正确投资的国家，其国民储蓄不断增加，

带来人口红利，为进一步投资基础能力创造了可能。相反，转型缓慢的国家的投资能力不足。[①]

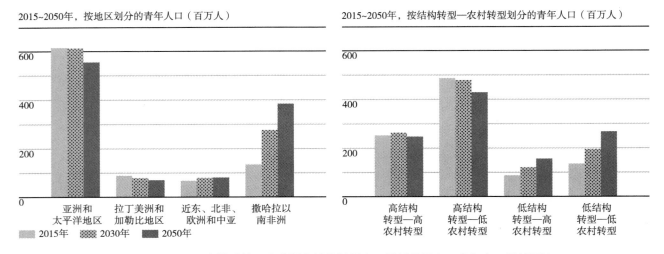

2015~2050年，按地区划分的青年人口（百万人）

2015~2050年，按结构转型—农村转型划分的青年人口（百万人）

图 2.3　在撒哈拉以南非洲和结构转型水平较低的国家，青年人口增长迅速

注：该数据集涵盖 85 个低收入和中等收入国家（基于世界银行的定义和 2018 年的数据）。

资料来源：作者根据联合国《世界人口展望》（2017 年修订版）计算而得。

当死亡率开始下降后，生育率下降幅度很小，且需要更长时间才能显现，此时就会出现缓慢的转型。历经缓慢转型的国家会经历一段很长的高抚养比时期，这意味着劳动年龄人口必须赡养更多的子女和老人。由此会产生两种影响。一是人均收入增长缓慢。二是结构转型和农村转型进程缓慢。人口快速增长（指青年人口增长快速）、收入水平低且增长缓慢、财政资源缺乏、政府行政能力不足，所有的这些因素都阻碍了对教育、技术和基础设施的有效、高质投资，从而阻碍了转型的进程。在此关键时期缺乏足够的高质量投资会对经济增长及减贫产生长期的负面影响。例如，尼日利亚的高生育率——该国 2018 年的新生儿数量居世界第三位（UNICEF，2018）——会导致其在 2100 年的收入水平远低于其在生育率低时的收入水平（Canning，Raja and Yazbeck，2015）。

转型水平最低的国家也是最脆弱的国家

图 2.1 显示，无论哪种转型类型国家，结构转型水平高（顶部两个象限）还是水平低（底部两个象限）的国家，都会经历国内冲突，前者的比例约 25%，后者约为 45%（Baliki et al.，2018）。另外，脆弱国家主要集中在转型水平最低的国家，全球 19 个脆弱国家里有 14 个是转型水平最低的国家。[②] 脆弱国家集中在这一国家类别是因为其政府能力评级非常低，这是定义脆弱性的一个关键要素。由于数据问题，很难估计这些脆弱国家和受冲突影响国家的农村青年人口。虽然冲突往往在空间上集中，影响人口少，但脆弱性是一个系统性问题，反映出总体上缺乏解决和遏制冲突以及对农村转型进行投资的能力。一旦国家的脆弱状态影响到所有农村（非城市）青年，将有约

[①]　关于第二个人口红利的讨论，参见第五章。如果在低赡养比时期，各国加大对基础能力的投资，则当人口开始老龄化时，可以确保获得这一人口红利。

[②]　脆弱国家是指缺乏能力和合法性的国家，因此其公民容易受到一系列社会政治冲击的影响。本报告使用了世界银行的《2019 财政年度脆弱局势清单》。

5000万农村青年的谋生机会受限。脆弱性和冲突对农村青年机会有哪些影响？如何解决这些影响因素？本章将在结尾处题为"处于脆弱局势和冲突中的农村青年"的部分对此进行详细讨论（相关例子，另见专栏2.5）。

在这些国家，农村青年所需的投资类型和政府进行这些投资的能力差异很大

转型水平最低的国家显然最需要投资。这些国家平均青年人口占比最大（20%），人均收入最低，贫困率最高（农村地区超过50%）。[①]与此同时，转型水平最高的国家的人均收入超过10000美元，农村和城市地区的贫困人口低于10%，青年人口的平均份额仅为17%。显然，转型水平最低的国家对投资的需求最大，用于投资的财政收入水平也最低。

一般而言，转型水平最高的国家，政府有效使用这些资金的能力也将更高。政府效力指数考虑了公共服务质量、公务员独立办事的能力、政府政策以及政府信誉（Kaufmann et al.，2010：3）。这些因素表明了一个国家有效投资的能力，包括对农村青年的投资。该指数主要与结构转型的水平有关，而非农村结构转型的水平：对于图2.1中位于两个底部象限的国家，衡量的政府效力几乎相同，远低于位于顶部的两个国家。自然而然，转型水平最高的国家的政府效力指数也最高。但造成政府间效力指数巨大差异的是结构转型的水平而非农村转型的水平，因为如果一个国家的转型水平低（顾名思义，其经济相对单一），就无法发展出更广泛的公共部门能力，从而无法像结构转型水平更高的国家那样管理更多样化的经济类型。[②]

绝大多数发展中国家的农村青年生活在人口密度高、农业生态潜力大的地区

上一章介绍的农村机会空间（ROS）涉及农村青年发展基础的前两个要素。同时，这两个要素也是本报告的核心：帮助农村青年提高生产力，增加与外界的联系并掌握自己的未来。通过对农村青年生活空间的研究，我们可以看到很多信息（见图2.4）。

第一，发展中国家7.78亿非城市青年人口中，有2/3的青年生活在农业生态生产力最高的地区，只有7%的青年生活在潜力最低的地区。农村人口，包括农村青年，集中在生产力最高的地区，这一点不足为奇，因为这反映了依赖农业的人口向生产力最高、疾病发生率最低的地区迁移的历史趋势（特别是在非洲）。这种空间格局表明，农业潜力本身并不是制约大多数农村青年的主要因素。如果青年的农业生产率低，那么原因在于他们缺乏进入市场获得投入和出售农产品的机会，无法借助市场提高其农业生产力。

第二，绝大多数农村青年居住在人口相对密集的地方。在与外界联系最少的非城市人口中，1/3（图2.4的底行）所生活的地区占非城市土地面积的92%，而其余2/3生活在另外8%的非城市地区（未在图上显示）。这意味着，2/3农村人口居住地的人口密度是剩余1/3农村人口居住地（联系性最弱）的23倍。[③]在发展中国家，绝大多数非城市土地人口稀少，而绝大多数农村人口生活在

---

①　农村和城市贫困人口比率取自国际农业发展基金（IFAD）为《2016年农村发展报告》委托进行的分类计量，并基于2010年前后的数据。

②　因果关系也可能反其道而行之，治理不善会抑制经济的多样化发展。但关于这个问题的探讨超出了本章的范畴。

③　（0.67/0.08）/（0.33/0.92）= 23.3。

人口相对稠密的地区。[①] 因此，对于大多发展中国家的青年来说，联系性的潜力（与市场、信息、观念、可能性的联系）相对更高。所以如果青年与外界联系不高、缺乏机会，这可能与他们所在地及空间的潜在生产力和联系性无关。相反，青年所在地的经济转型水平、家庭环境特点、青年问题以及青年的个人特征等因素会对他们获取机会产生影响。

改进后的农村机会空间

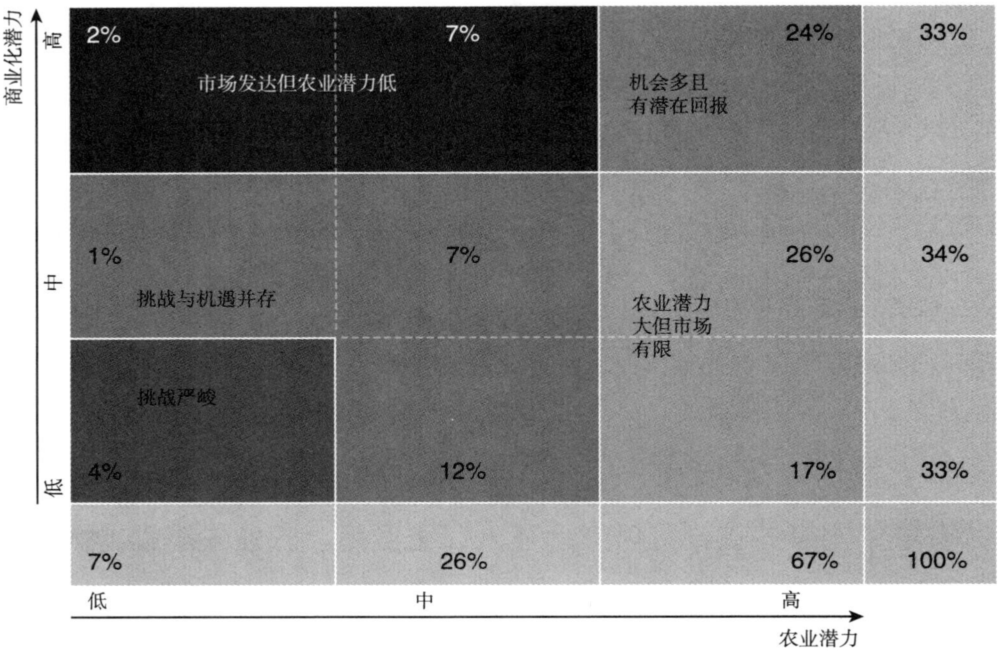

图 2.4 发展中国家 2/3 的农村青年生活在农业潜力大的农业机会空间

注：商业化潜力是利用 WorldPop 项目中 85 个低收入和中等收入国家 2015 年人口密度数据来界定的。所有网格都是按从低到高的密度排序，并按人口数量平均分为四组。密度最高的一组归类为城市。其余三个非城市四分位数各占非城市人口的 1/3，并按农村到城市的梯度分别定义为农村、半农村和半城市化地区。这些标签在纵轴上分别代表着低、中和高商业潜力类别。农业潜力的定义使用了美国国家航空航天局（MODIS-NASA）利用中分辨率成像光谱仪（MODIS）测量的增强植被指数（EVI），其网格同样是按密度从最低到最高排序。这三组中的每一组对应非城市空间的 1/3，合在一起分别代表横轴上的低、中和高农业潜力类别。

上述农村青年的空间分布格局有助于根据五个类别对农村机会空间进行分类，这五个类别涵盖了发展中国家青年面临的广泛挑战和机遇。发展中国家中大约 1/4 的农村青年生活在农业生态潜力高、潜在联系性强的地区（图 2.4 右上角单元）。这些青年获得潜在报酬的机会多种多样，地区的经济活力越强，他们的机会就越多。与之相对的是，4% 的农村青年生活在农业生态潜力最低、潜在联系性最弱的地区（左下单元）。这些青年面临着严峻的挑战，要克服这些挑战对该地区的经济、青年及其家庭的发展提出了很高的要求。43% 的农村青年生活在农业潜力高但市场准入有限的空间，而那些生活在市场准入强但农业潜力低的空间的青年仅占总数的 9%。其余 1/5 的农村青年生活的机会空间挑战与机遇并存。

—————————

① 需要注意的是，根据国家行政定义，这些家庭中的绝大多数也被归类为农村家庭（见专栏 2.2）。

国家转型类型与农村机会空间的结合，为制定政策、决定投资和确定优先事项提供了框架，有助于农村青年提高生产力、增强与外界的联系并掌握自己的未来（见表2.1和图2.5）。亚洲国家和混合转型特征的国家（见表第三栏中的HL/LH），农村青年最多，占据农村机会空间类别的份额最大。以下模式不仅关注不同农村机会空间类别中的农村青年，还关注他们主要分布的国家，即在该国家他们占总人口的最大份额。由于政策是在国家层面制定的，所以在县城里居住的大量农村青年会对农村青年政策提出新的要求。

表 2.1　　按农村机会空间、国家转型类型以及地区和国家划分的农村青年的分布情况

农村青年类别	占发展中国家青年总人口的份额	青年分布在发展中国家的什么地方？		青年主要分布在哪些地方？
		不同结构转型—农村转型类别中，青年的分布情况	青年在不同国家的分布情况（排名前三的国家）	青年占总青年人口很大比例的地区或国家
挑战严峻（SC）	4%	HH：　65% HL/LH：　23% LL：　12% Total：　100%	伊朗　22% 巴西　9.8% 中国　9.6%	混合地区。排名前三的国家是土库曼斯坦（53%）、秘鲁（47%）和阿富汗（36%）
挑战与机遇并存（MX）	20%	HH：　34% HL/LH：　49% LL：　17% Total：　100%	中国　19% 印度　17% 巴西　7%	以撒哈拉以南非洲为主，在排名前十的国家中占八个。排名前三的国家是布基纳法索（84%）、莱索托（83%）和马里（76%）
农业潜力大但市场准入有限（HALM）	43%	HH：　17% HL/LH：　66% LL：　16% Total：　100%	中国　27% 印度　27% 印度尼西亚　5%	以非洲为主，在排名前十中占七个。排名前十的国家中至少81%的农村青年为HALM。排名前三的国家是老挝（91%）、塞拉利昂（90%）和刚果（金）（89%）
市场准入强但农业潜力低（SMLA）	9%	HH：　44% HL/LH：　50% LL：　6% Total：　100%	中国　29% 巴西　10% 墨西哥　8%	以拉丁美洲和加勒比地区为主，在排名前十的国家中占五个，在排名前20的国家中占10个。排名前三的国家是约旦（48%）、阿尔及利亚（44%）和突尼斯（39%）
机会多且有潜在回报（DO）	24%	HH：　16% HL/LH：　77% LL：　7% Total：　100%	印度　38% 中国　19% 孟加拉国　10%	以亚洲太平洋地区为主，在排名前十的国家中占六个。排名前三的国家是孟加拉（79%）、埃及（56%）和印度尼西亚（46%）

　　资料来源：为测定空间类别、农村青年人口比例和国家分布比例，本报告使用了WorldPop项目中85个低收入和中等收入国家2015年的人口数据，同时空间类别的测定还使用了美国国家航空航天局（MODIS-NASA）利用中分辨率成像光谱仪（MODIS）测量的增强植被指数（EVI）。国家转型水平基于世界银行的《世界发展指标》，关于农业增加值和非农业收入在最近一年GDP中所占份额。

　　第一，生活在转型水平最高的国家的农村青年面临的最大挑战是他们所处的地理环境，即挑战严峻和挑战与机遇并存的空间。这种空间同时存在于青年分布最多的国家类型和分布最密集的地区。在所有发展中国家，有2760万农村青年生活在具有严峻挑战的空间，其中2/3（65%）位于转型水平最高的国家。超过1/5位于伊朗，巴西和中国各占10%左右。如图2.5右上角相对较大的对应方框所示，挑战严峻和挑战与机遇并存的空间在转型水平最高的国家也非常普遍；在农村转型水平低但结构转型水平高的国家最少见（图2.5最小的方框）。就区域而言，挑战严峻的空间情况差别不太明显，但挑战与机遇并存的空间在非洲最为普遍。就挑战与机遇并存的空间的青年人口而言，排名前十的国家中有八个在撒哈拉以南非洲，一个在西非和中非地区。在面临严峻挑战的2760万青年中，只有340万人生活在转型水平最低的国家，其中挑战严峻空间的60%（200万）青年生活在阿富汗。

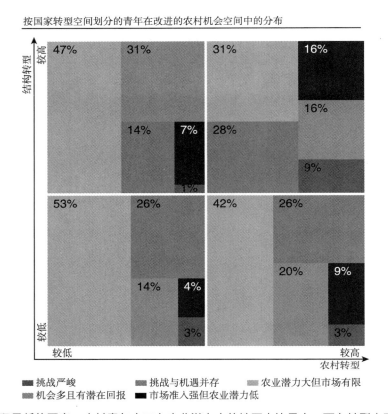

按国家转型空间划分的青年在改进的农村机会空间中的分布

图例：
- ■ 挑战严峻
- ■ 挑战与机遇并存
- ■ 农业潜力大但市场有限
- ■ 机会多且有潜在回报
- ■ 市场准入强但农业潜力低

图 2.5　转型水平最低的国家，农村青年人口在农业潜力大的地区占比最大。而在转型水平最高的国家，青年生活在偏远的低潜力地区，他们的发展问题对国家发展构成巨大挑战

资料来源：作者基于 WorldPop 项目、增强型植被指数（EVI）和《世界发展指标》计算而得。数据集涵盖 85 个低收入和中等收入国家（基于世界银行的定义和 2018 年的数据）。

如上所述，在转型水平最高的国家，生活在挑战严峻（SC）和挑战与机遇并存（MX）的空间中的青年人口最多，虽然贫困并不普遍，但确实有一小部分青年处于持续贫困状态。甘尼（Ghani，2010）将此称为"落后地区"问题。这些国家的财政资源最多、政府效力最高，有能力为这些落后地区的农村青年人口进行投资。同时，根据定义，相较于其他发展中国家，其非农业部门发达、农业活动的增加值水平高。因此，这些国家需要投资潜力低的地区，培养农村青年的认知能力和非认知能力并增强他们与各界的联系性，从而让农村青年更充分地融入转型后的经济当中。在这个过程当中，国家面临的最大挑战可能是政治意愿，这影响着其是否能将所有农村青年纳入农村转型进程。文化差异可能也是影响因素之一，因为有些原住民社区仍然处于主流社会和主流经济之外，如秘鲁、玻利维亚和墨西哥。就农村青年在挑战严峻空间的普遍程度而言，这些国家都名列前十。

第二，几乎近一半的农村青年（最大的群体）生活在农业潜力大但市场准入有限的（HALM）空间。这一群体主要分布在非洲经济体：排名前十的青年人口所生活的农业潜力大但市场准入有限的国家中，有七个在非洲（另外三个为老挝、不丹和马来西亚）。这十个国家中，每个国家至少81%的农村青年生活在农业潜力大但市场准入有限的空间（见表2.1第2行）。事实上，这些国家大多属于转型水平最低一类的国家。这意味着其面临着双重挑战。首先，需要改善必要的基础设施，让农村青年（和其他农村人口）可以与投入和产出市场建立联系；与此同时，还需要制定政策，改善投入和服务的途径以提高生产力，从而加快农村转型的进程。其次，为达到这一目标，这些国家还面临资源限制，它们缺乏财政资源，自身行政能力有限，无法制定投资决策、落实政策。

第三，仅有9%的发展中世界农村青年生活在市场准入强但农业潜力有限的地区（SMLA）。换句话说，中等或低农业生产力地区通常人口稀疏。这种分布模式也再次反映了历史上人口向高农业潜力地区迁徙的定居模式。就国家类型而言，这一（不常见的）群体主要分布在结构转型和农村转型水平不一的国家。从区域来看，尽管人口分布最多的国家是在近东、北非、欧洲和中亚，但排名前十的国家里有五个是在拉丁美洲和加勒比地区。大多数拉丁美洲和加勒比地区的国家的转型水平最高，人口高度城市化。这些国家在政策上同样面临着双重挑战，但重点不同于农业潜力高但市场准入有限的空间。简而言之，这个地区的挑战在于：首先，要帮助青年重新就业，找到一份非农业劳动的工作，这可能是他们大多数人的最佳选择；其次，对于那些想从事农业活动的青年，政府要确保与农业有关的信息传递到位，增强农村青年与市场的联系，提高农业潜力。由于高度城市化的人口分布以及比低收入国家更高的购买力，该地区青年的潜在市场准入有助于就业，以及与农业生产或农业食物系统（AFS）有关的青年获得农业投入。

第四，出乎意料的是，在机会多且有潜在回报（DO）的空间中，农村青年人口排名前三的国家之一是沙漠国家（埃及）。同时，这也反映出随着时间的推移，人们会向机会丰富（土地肥沃、水资源充足）的地区迁移，体现在现代，即人口向商业机会多的人口密集地迁移。就居住在机会多且有潜在回报的空间的青年份额而言，排名前十的国家主要位于亚洲和太平洋地区（10个国家中有6个），并且其结构转型水平都非常高。这些国家应该集中精力培养青年的认知和非认知技能，以便在他们能够抓住农村空间所提供的机会。此时，国家还应采取积极的劳动力市场政策，因为在转型水平最高的国家，青年失业率要高得多，而这些国家也有更多的资源来解决这一问题。

第五，结构转型水平高—农业转型水平低和结构转型水平低—农业转型水平高这两种类型的国家看起来非常相似（从图2.5的左上象限和右下象限可以看出）。每种国家类型都有超过40%的农村青年生活在农业潜力高但市场准入有限的空间，但比例在机会多且有潜在回报的空间最大，在挑战严峻的空间很小。这两类国家的农村青年在农村机会空间分布的相似之处表明，其政策和投资将具有某些共同特征。因为在这两种混合转型模式下，它们会将提高市场准入与旨在提高农业生产力的投资结合起来。

家庭转型的水平影响农村青年的生计

本节将第一章的农村机会空间和家庭转型类别结合，并从三个不同的因素的角度进行分析。第一个是在不同地区和农村机会空间家庭转型类别的分布。第二个是青年所处的家庭和机会空间对他们参与经济生活的方式的影响，以及对他们应对从学生过渡到劳动力的身份转变的影响。第三个是青年所处的家庭和农村机会空间是对青年福利的影响。通过分析，我们能得出三个主要结论。首先，我们可以得知，绝大多数家庭要么正在转型，要么已经完全脱离农业。然而，在不同地区和不同机会空间，这一进度不同，但可预测。其次，青年分配给农业劳动和非农业劳动的时间和他们的长辈基本相似。然而，当青年开始从事非农业劳动时，相较于长辈，他们更可能倾向受雇而非自雇。最后，分析充分表明，商业潜力对青年的教育和福利的影响大于农业潜力。

绝大多数农村青年的家庭要么正处于转型期，要么已经完全脱离农业。然而，在不同地区和不同农村机会空间，这一进度不同，但可预测。

本报告的前几节已表明，农村青年所处的国家和地区影响着他们面临的挑战和机遇。本节的分析基于两个前提。一是青年应对机遇与挑战的方式，即青年是如何从学生转变为劳动力的，他们在哪些部门工作，以及他们从事何种工作（自雇还是受雇）；二是青年获得的福利水平受其家庭及家庭参与农村经济的方式的影响。

众所周知，农村非农收入能增加农村家庭的总收入（Haggblade，Hazell and Reardon，2007）。可以预期，在面对机会时，绝大多数农村家庭会抓住机会赚取非农收入，并尽可能增加非农收入在总收入中的份额。按向居民提供的非农创收机会升序排列，农村机会空间类型分别是挑战严峻、挑战与机遇并存、农业潜力大但市场准入有限、市场准入强但农业潜力小，以及机会多且有潜在回报。

专栏2.3　认识农村青年及其家庭和福利的新型实证方法

家庭转型的实证应用基于来自撒哈拉以南非洲、亚洲和太平洋地区以及拉丁美洲和加勒比地区12个国家的具有代表性的全国住户数据。其中，埃塞俄比亚、马拉维、尼日尔、尼日利亚、坦桑尼亚和乌干达位于撒哈拉以南地区；孟加拉国、柬埔寨和尼泊尔位于亚洲和太平洋地区；秘鲁位于拉丁美洲和加勒比地区（详情见附录C，可在www.ifad.org/ruraldevelopmentreport上获取）。这些数据提供了迄今为止最全面的信息，从中我们可以得知农村青年的家庭类型、与周边地理空间的联系（农村机会空间），以及处于不同家庭和不同地理空间的青年在福利和教育方面的差异。第三章在探讨青年在经济参与中的性别维度时也采用了该框架，第六章则使用这一框架提供了更多关于青年如何参与经济的更多信息。

虽然这些统计数据不能代表其所在地区或所有发展中国家，但仍非常重要，原因有三。第一，这是迄今为止关于农村青年在经济中的地理分布和参与情况的最全面的微观数据集。每个地区包括了至少两个国家，这些国家中存在各种各样的农村和空间类型，尤其是撒哈拉以南非洲的覆盖类型非常多样。第二，所有国家使用标准化的农村空间定义来创建农村空间，避免了在不同环境中由于定义不同而引起的问题，让农村机会空间在各国具有可比性。比如，我们可以知道，墨西哥、孟加拉国、尼日利亚或尼日尔在挑战严峻空间的家庭人口密度（代表着商业潜力）都比较低。第三，家庭转型类别中对家庭类型的标准定义提高了它们的可比性。仍然不可控的因素包括国家转型总体水平、收入水平、贫困率、政府治理，以及与之相关的其他因素。在解释结果时，我们将讨论这些因素。

基于此，同时考虑到结构转型和农村转型对非农机会的影响，对家庭转型类型在不同农村机会空间和地区的分布情况，我们能有一定的预期。就农村机会空间而言，自给自足的家庭可能在挑战严峻的空间最普遍，在市场准入强但农业潜力有限的空间以及机会多且有潜在回报的空间最少见；非农业经营农村家庭①和多元经营的兼业农户与之完全相反。专业农民在农业潜力高但市场准入有限的空间最为普遍（该空间提供的非农机会比市场准入强但农业潜力低的空间少），而转型家庭（最大和最多样化的群体）在农村机会空间的份额与其相似。

就区域而言，拉丁美洲和加勒比地区的结构转型水平最高，此处所使用的12个国家的数据集中的三个拉丁美洲和加勒比地区的国家结构转型水平最高。撒哈拉以南非洲的结构转型水平最低。基于此，我们可以预期：自给自足的农户在撒哈拉以南非洲分布最为普遍，在拉丁美洲和加勒比地区最少见；而非农业经营家庭和多元经营的兼业家庭在拉丁美洲和加勒比地区分布最为普遍，在撒哈拉以南非洲最少见。对专业农民的预期却不是很明确，他们不一定在拉丁美洲和加勒比地区分布最为普遍，因为该地区的非农业机会多，家庭可能会改变经营方式，转而从事非农业活动。

图2.6显示了农村青年在各种家庭类型中的占比，充分证实了我们的预见。首先，它表明，处于转型家庭的农村青年是最大的群体，占总数的56%。其次是处于非农业经营农村家庭的农村青年，占总数的约25%。生活在多元经营的农村家庭的农村青年仅占2%，生活在自给自足的农户的占8%，而生活在专业农户的占10%。自给农业的不普遍反映出这样一个事实：在过去的几十年里，世界各地都在推行农业食物系统（第六章将重点讨论）转型，推动了除最偏远的农村以外的所有地区参与到市场当中。其次，处于自给自足的农户的农村青年在转型水平最低的撒哈拉以南非洲更为常见（是亚洲和太平洋地区的2倍，转型水平最高的拉丁美洲和加勒比地区的5倍）。这种家庭类型和我们预期的一致。最后处于非农业经营家庭的农村青年在拉丁美洲和加勒比地区分布最为普遍（是其他两个地区的2~3倍），这也与我们的预见一致。稍令人意外的是，这一家庭在撒哈拉以南非洲比在亚洲和太平洋地区更为普遍，但差异不大。

随着人们不断迁向更完善的农村机会空间，生活在经营多元和非农业经营家庭中的青年所占份额越来越大，生活在自给自足的农户中的青年所占份额越来越小。这些模式与上述预期完全一致。

> **专栏2.4　什么是全职等价工时？以及如何计算？**
>
> 在本报告中，个人的工作投入量用全职等价工时（FTE）表示。全职等价工时是相对于每周40个小时，每年52周的标准基准（FTE = 1.0），对一个人在一定时间内工作的估算。不工作的人的全职等价工时为零，在过去一年中平均每周工作20小时的人的全职等价工时为0.5。
>
> 本报告中的所有与工作相关的计算的基准期为过去的12个月。这些计算涉及对某人是否参与劳动或是否失业进行的处理。全职等价工时不同于分析标准劳动力市场的方法，后者的基准期为过去的一周。用于此处的该方法对劳动力参与率的估算比标准劳动力市场的要高，且没有对失业进行估算，因为失业不是用12个月为基准期进行定义的。然而，利用12个家庭数据集涵盖的整12个月周期，本报告对青年工作投入量的衡量比采用更传统的方法要更加全面。

---

① 非农业经营农村家庭包括占比很小的无地家庭，他们以从事与农业有关的雇佣劳动为生。无地家庭是最贫穷的家庭，而总体而言，其他非农业经营农村家庭最为富有。因为无地家庭所占比例不到1%，所以将这两类家庭归为一类。

按家庭类别划分的家庭在农村机会空间的占比（％）

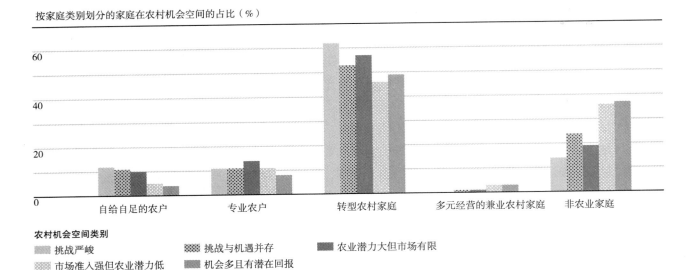

农村机会空间类别

- 挑战严峻
- 挑战与机遇并存
- 农业潜力大但市场有限
- 市场准入强但农业潜力低
- 机会多且有潜在回报

图 2.6a   家庭的经济参与深受农村机会空间提供的机会的影响

注：农村机会空间中，每类家庭的百分比总和为 100%。

按家庭类别划分的各地区农村青年的比例（％）

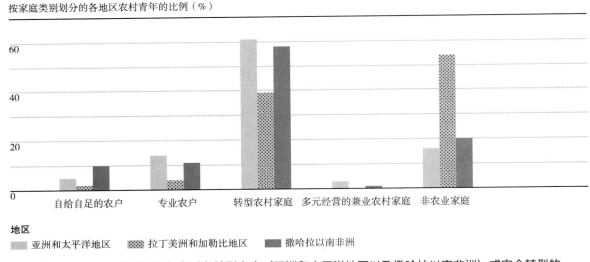

地区

- 亚洲和太平洋地区
- 拉丁美洲和加勒比地区
- 撒哈拉以南非洲

**图 2.6.b   大多数农村青年生活在转型家庭（亚洲和太平洋地区以及撒哈拉以南非洲）或完全转型的
非农业家庭（拉丁美洲和加勒比地区）**

注：在家庭层面，家庭转型类别与国家转型类型（即结构转型和农村转型）同时定义。家庭转型类别的定义基于两个指标三分位数的结合。第一个指标是家庭将其农业生产活动商业化的程度，该指标是通过农业销售额在农业总收入中所占份额来衡量的，反映家庭的农业转型和结构转型水平。第二个指标是家庭非农经济的多元化程度，通过非农收入在总收入中所占份额进行衡量，反映家庭的结构转型水平。专业农户在农业商业化方面位居前 1/3，在非农业经济的多元化方面居后 1/3。从这两项指标来看，自给自足的农户处于最低水平；多元经营的兼业农户位于前 1/3。转型家庭的谋生手段多样，并正转向其他就业形式，摆脱自给自足的农业生产活动。非农业经营家庭（没有农业收入的家庭）分为无地农民和完全转型的家庭。前者的主要劳动力从事农业雇佣劳动（这一直是农村地区最不理想的就业形势，象征着贫困），后者的家庭成员从事与农业无关的工作。

资料来源：作者基于三个地区（撒哈拉以南非洲、亚洲和太平洋地区以及拉丁美洲和加勒比地区）的 12 个国家的住户调查数据，以及 WorldPop 项目在区域的人口密度数据计算。

就行业部门而言，农村青年的就业与他们的长辈基本相似。然而，当农村青年开始从事非农业劳动时，相较其长辈，他们更可能倾向从事有偿工作。

青年分配给农业劳动和非农业劳动的时间与他们的长辈基本相似。然而，当青年开始从事非农业劳动时，他们会做出不同的选择。在自给自足的农户、专业农户和转型家庭，农村青年的大部分时间从事自家的农业生产劳动和与农业有关的有薪劳动。而在那些与农业联系较少的家庭（如经营多元的兼业农村家庭和完全转型的非农业家庭），青年主要从事与农业无关的有偿工作（见图2.7）。

当青年不再从事农业劳动，他们与家中长辈的就业模式就存在明显不同（见图2.8）。相较于家中长辈，青年更多地在农业食品系统中从事非农业劳动的有偿工作，但很少到企业上班。青年的工作模式表明，找到一份非农业有偿工作比进入企业上班更为简单，这与文献中的发现一致，即大多数成功的企业家年龄较大，而青年则受雇于他们（Mabiso and Benfica，2018）。同样，性别也会影响青年对于经济参与方式的选择，我们将在第三章和第六章详细讨论。

有证据表明，在农村青年的教育和福利方面，商业潜力的影响要大于农业潜力。

按职能和部门就业类别划分的农村青年工作分布情况，占全职等价工时的百分比（%）

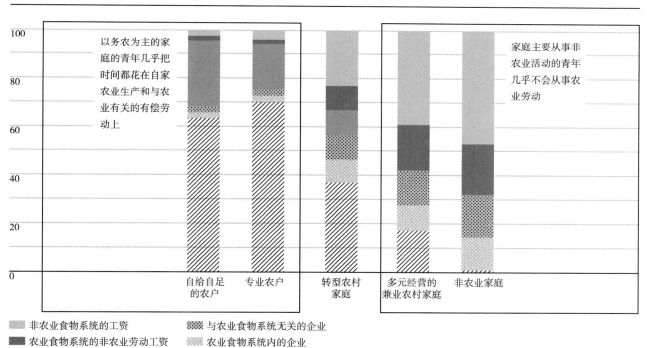

图 2.7　农村青年的就业选择受其家庭成员职业的部分影响

注：全职等价工时（FTE）是基于覆盖三个地区（撒哈拉以南非洲、亚洲和太平洋地区，以及拉丁美洲和加勒比地区）12个国家约1.34亿农村青年中128227人的住户调查数据。由于调查权重不一致会影响可比性，印度尼西亚没有被纳入全职等价工时的计算。

资料来源：作者。

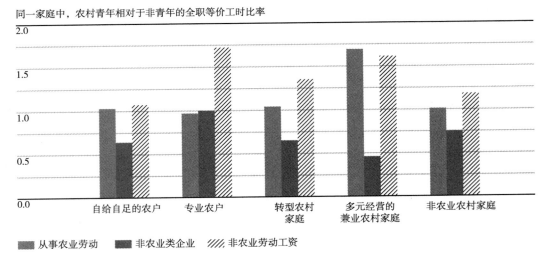

同一家庭中，农村青年相对于非青年的全职等价工时比率

■ 从事农业劳动　■ 非农业类企业　◢ 非农业劳动工资

图 2.8　当农村青年开始从事非农业劳动时，相较其长辈，他们更多地从事与农业有关的有偿工作，但很少进企业上班

注：全职等价工时（FTE）是基于覆盖三个地区（撒哈拉以南非洲、亚洲和太平洋地区，以及拉丁美洲和加勒比地区）12个国家约 1.34 亿农村青年中 128227 人的住户调查数据。由于调查权重不一致会影响可比性，印度尼西亚没有被纳入全职等价工时计算。

资料来源：作者。

前文概述的关于农村非农业收入有利于增加总收入的结论表明，家庭人均总收入的增长预计在不同类型农村机会空间有所不同，其顺序是挑战严峻、挑战与机遇并存、农业潜力大但市场准入有限、市场准入强但农业潜力小，以及机会多且有潜在回报。同样，家庭收入在不同家庭类别增长的预期顺序是自给自足的农户、专业农户、转型农村家庭、多元经营农村家庭以及非农业农村家庭。

图 2.9 的数据充分显示了这两种预期。按上述家庭类别和农村机会空间类型的排序，贫困农村青年的比例稳步下降，而受过中等教育的人口比例和家庭人均收入则稳步上升。同样，按照这两种类型排序，年轻家庭的比例下降，而获得信贷的比例略有上升。很显然，受国家整体转型水平的影响，家庭所处的农业机会空间对其参与经济的方式有着深远影响，进而又有助于收入和福利水平的提高。

农村机会空间结合了两个机会因素：商业潜力和农业潜力。哪种因素对青年及其家庭的就业选择和福利影响更大？以下将从每种因素对教育的影响开始进行探讨。

成年以后，青年面临着一个重要选择：还要接受多长时间的教育？在做出这个选择时，青年还需要考虑其他相关问题，如离校后是否工作？工作多长时间？到哪儿工作？（Fox，2018）。15~17 岁的青年还在接受义务教育，虽然他们也有可能在上学期间工作，但这取决于他们所处环境能提供的机会和他们的家庭条件。在完成中等教育后，这个群体中的青年会更多地进入职场，继续接受教育的比例将缓慢下降。同时，他们的工作地点和工作方式又深受现有机会的影响。

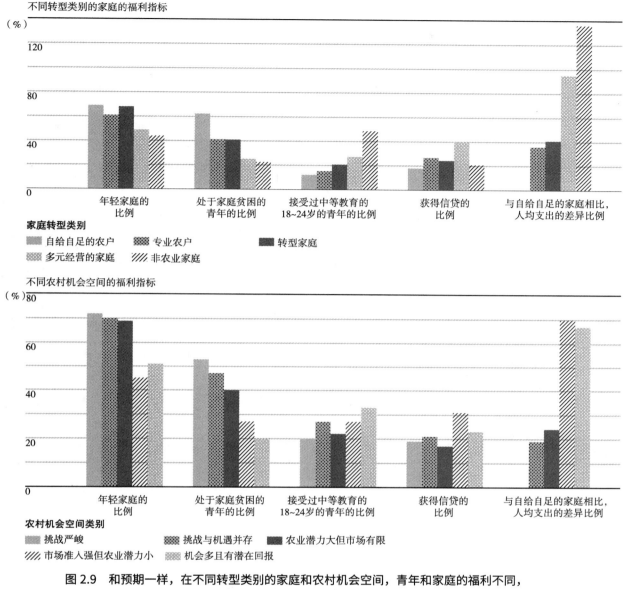

图 2.9　和预期一样，在不同转型类别的家庭和农村机会空间，青年和家庭的福利不同，非农业收入越高，福利越好

资料来源：作者基于来自三个地区（撒哈拉以南非洲、亚洲和太平洋地区，以及拉丁美洲和加勒比地区）12 个国家约 1.34 亿农村青年中的 128227 人的住户调查数据计算而得。

根据图 2.10 提供的信息，商业潜力和农业潜力对教育影响的差异可以从三个方面进行评估。第一个方面是挑战与机遇空间并存空间和市场准入强但农业潜力小的空间的差异。从前者到后者，商业潜力提高了 1/3，但农业潜力不变。同时，青年的入学率不变（保持在 70% 左右），但在校只专注学习、不兼顾学业和工作的青年比例大幅提升（从约 30% 上升到约 60%）。平均而言，学生的学习效果有望提升。

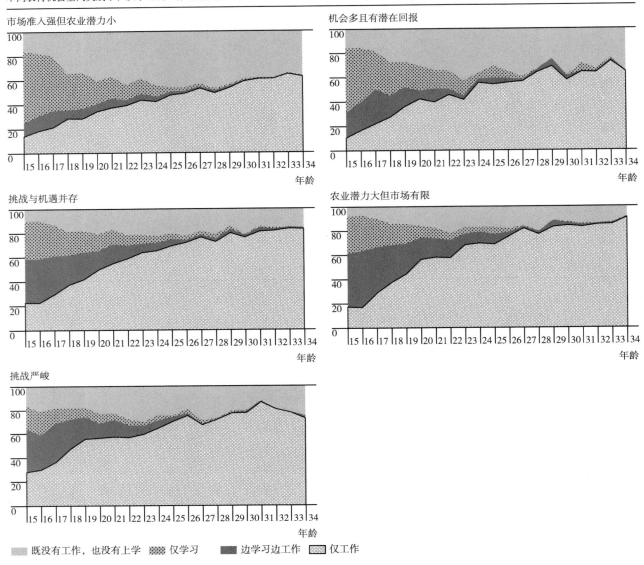

图 2.10   在从学习过渡到工作方面，商业潜力的积极影响要大于农业潜力

注：由于问卷设计的问题，全部样本中孟加拉国有关从学习过渡到工作的数据被删除。

资料来源：作者基于在撒哈拉以南非洲、亚洲和太平洋地区以及拉丁美洲和加勒比地区进行的住户调查数据计算而得。

　　第二个方面是挑战与机遇并存的空间和农业潜力大但市场准入有限的空间的差异。从前者到后者，农业潜力提高了 1/3，但商业潜力不变。同时，青年的学习和工作模式没有明显变化：15 岁青年的入学率仍在 70％左右，其中大多数人边上学边工作（与市场准入强但农业潜力小的空间形成鲜明对比）。

　　第三个方面是市场准入强但农业潜力小的空间和机会多且有潜在回报的空间的差异。从前者到后者，15 岁青年的入学率仍在 70％左右，但边上学边工作的学生的比例实际上有所上升。显然，相对而言，与农业潜力大的地区相比，在人口相对密集的地区（商业潜力更大），有更多青年全身心投入学习当中。

　　福利指标所受影响的模式与教育相同。仍从刚刚提到的三个方面（不同空间内，学习和工作转变的差异）进行讨论。在图2.11中，我们可以清楚地看到商业潜力和农业潜力对福利指标影响的差异。从挑战与机遇并存空间到市场准入强但农业潜力小的空间，商业潜力提高了1/3，家庭人均收入（按日常开支衡量）平均增加了40%（从3.02美元增至4.31美元），青年贫困率下降了40%（从47%降至27%），青年中等教育入学率不变，获得信贷的家庭比例上涨了50%（从21%增至31%）。

　　如果是从挑战与机遇并存空间到农业潜力大但市场准入有限的空间，农业潜力提高了1/3，家庭人均收入几乎不变，青年贫困率仅下降了15%（从47%降至40%），青年中等教育入学率和获得信贷的家庭的比例均有所下降。

　　最后，从市场准入强但农业潜力小的空间到机会多且有潜在回报的空间，农业潜力上升，商业潜力保持不变。空间的移动带来了好坏参半的结果：家庭人均收入略有下降，青年贫困率下降了35%（从27%降至20%），青年中等教育入学率上涨25%（从27%上涨至33%），但获得信贷的家庭比例有所下降。

不同农村机会空间的收入和福利指标

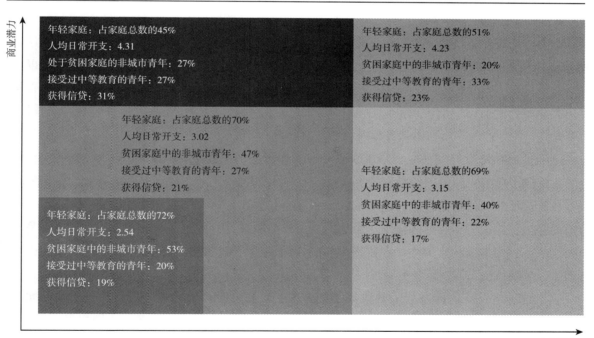

图2.11　在家庭和青年的收入和福利方面，商业潜力的积极影响要大于农业潜力，商业潜力增大，收入和福利提高

　　注：样本仅包括至少有一名青年的家庭。年轻家庭是指青年在家庭主要劳动力中的比例高于全国平均水平的家庭。

　　资料来源：作者基于来自三个地区（撒哈拉以南非洲、亚洲和太平洋地区以及拉丁美洲和加勒比地区）12个国家的住户调查数据计算而得。

虽然不是分析性的结论，但这些结果表明，从广泛的指标来看，商业潜力（以人口密度为代表）对家庭及其青年的积极影响要大于农业潜力。这并不是个新发现。实际上，它和聚集经济的形成在很大程度上是一致的（World Bank，2009；Spence，Annez and Buckley，2009），但它还与政策有很大关联。如何帮助青年提高生产力，加强与各界的联系并掌握自己未来？我们在思考这个问题时，一定要把政策纳入考虑范围。

在投资农村青年之前，我们要先进行评估，了解农村青年所在地的机遇与挑战，以及他们的家庭状况。

第一，多元化是常态。即使在挑战严峻的空间，生活在自给自足家庭的农村青年也只有12%（只略高于专业农户的青年比例）。甚至在撒哈拉以南非洲，处于这类家庭的农村青年的比例也只有10%。

第二，对于大多数农村家庭来说，非农业经济的多样化很可能会走向非农业活动的专业化。拉丁美洲和加勒比地区以非农业家庭为主。事实上，在撒哈拉以南非洲，20%的青年也生活在这一类家庭，并且在按顺序排列的农村机会空间类别中，住在此类家庭的青年的比例都急剧上升，表明非农业活动走向专业化。不到3%的农村青年（不论其农村机会空间、地区或他们所处环境的结构转型水平和农村转型水平）生活在多元经营的兼业农村家庭，对于这一类家庭，情况也是如此。此外，在发展中世界，农村非农业收入的福利更高，这一强有力的证据再次证明了这一结论。

第三，尽管在整个发展中世界，农村非农业活动增多的趋势愈加明显，但无论是现在还是未来的很长一段时间，农业对数百万农村青年来说仍然非常重要。拉丁美洲和加勒比地区仍以农业活动为主，至少80%的农村青年的家庭主要以务农为生。非洲更是如此，绝大多数的农村青年生活在农业潜力大但市场有限的空间。由于与市场联系不强，该空间还有大量农业潜力未被发掘。如果提高农业生产力，短期内得到的效益将非常显著。

第四，边缘地区的问题似乎是可以解决的。除转型水平最高的国家外，不到3%的农村青年生活在挑战严峻的空间，但即使在这类空间，近90%的青年生活在多元经营的兼业农村家庭，而不是自给自足的农村家庭。农村地区的人口密度不断提高，边缘地区的基础设施不断完善，移动连接日益普及，这三种因素加强了边缘地区与市场的联系，有助于福利的增加。在转型水平最高的国家，有1/10的农村青年生活在挑战严峻的空间，解决他们的发展问题所面临的主要挑战是政治意愿，在某些情况下，还要克服种族分裂的问题。

鉴于这种情况，国家采取的政策需要更全面。对农业生产力的投资仍将十分重要，尤其是在农业潜力大的地区。在所分析的三个亚洲国家中，身份为专业农户的青年比例相当高（15%左右），这也体现出对农业生产力的投资的重要性。然而，制定政策时必须认识到，随着这些投资使收入提高，大量农村青年将寻找机会从事非农业活动。这也更加强调了整合投资的必要性，既要投资增强专业农户青年的联系性，也要进行整体投资以改善福利。投资对农业生态潜力的影响较小（投资回报周期长，因此较少受政策的关注），但通过投资基础设施、提供更多的市场准入途径和信息渠道，我们可以提高商业潜力。在农业潜力较小的地区，投资农业技术会收获更大的回报，因为农业技术可以提高恶劣条件下的抵御能力和生产力。因此，良好的农村发展政策是为农村青年提供更多发展机会和就业机会的先决条件。

聚焦：受冲突局势和脆弱局势影响的农村青年

如果生活在冲突局势或脆弱环境中，农村青年的机会较少。当今社会冲突蔓延、社会不平等现象加剧、自然灾害频发、百姓流离失所，加剧了农村青年面临的挑战和制约（见第一章）。因此，采取措施来干预青年的发展、使之适应特定环境尤为重要。仅在2016年，保守估计至少有3.5亿农村青年生活在受冲突影响的地区，全球近1/3的农村青年直接经历了冲突（Baliki et al.，2018）。[①]基于世界银行的《脆弱局势清单》，低收入和中等收入国家约5000万非城市青年目前生活在脆弱局势中，社会缺乏制度或制度极端脆弱，政府无力提供安全、福利和司法等必要的社会服务。[②]

一旦陷入冲突或脆弱局势，该地区的现有工作的数量和质量都会受到打击，个人也无法有效地完成工作任务，进而还会影响农村青年的政治、社会和经济参与，并有可能进一步加剧不稳定局势。处在冲突或脆弱局势的青年可能没有上过小学或小学没毕业，因此实际上无法接受中等教育。与此同时，鉴于劳动市场的竞争越来越大，青年接受教育也愈发重要。最近的证据表明，青年的教育还受性别因素的影响，在冲突或脆弱局势中，女孩辍学的概率比男孩更大。更为复杂的是，在经历暴力的创伤后，青年掌握非认知技能的情况更加糟糕。

冲突和脆弱性还有可能扩大农村青年与其他青年群体间的志向和技能差距。在受冲突影响和脆弱地区，这些差距的存在尤其令人担忧，因为这些地方的农村青年的机会空间已经十分

有限了。另外，冲突会破坏实物资本，减少投资并打击创业精神。因此，经济可能不会对青年获得的技能提出要求，也不会提供他们想要的就业机会（Rebosio et al.，2013）。人们的期望长期未能得到满足，这种社会环境会造成人们排斥心理和边缘心理的增加，进一步加剧冲突和暴力的风险（OECD，2018）。

冲突和脆弱性还会切断农村地区与价值链和市场的联系，减少农村青年的就业机会，逆转农业食物系统转型进程的方向（使其从转型阶段回到传统模式）。如果再征用土地，那么农村青年获得土地的可能性将再次降低，导致冲突地区农村青年的机会进一步减少，这通常会导致流离失所和永久迁移到城市地区。然而，我们的社会还需要青年和正常运转的农业系统来加强粮食安全、补救冲突和脆弱性造成的影响（Baliki et al.，2018）。

冲突和脆弱性对男性和女性劳动力市场参与率的影响是不同的。有趣的是，根据冲突的性质和背景，研究报告得出了不同的结论。在脆弱和冲突的局势中，因为家人担心她们的安全，女性青年往往退学并无法外出工作。此外，正如辛德勒和布鲁克（Schindler and Brück，2011）所述，因为需要增加人口来补充失去的孩子，女性的生育率会上升。这进一步降低了女性农村青年原本已经很低的劳动力市场参与率（见第三章）。尽管一些研究表明，流离失所的农村女性会比农村男性更有可能在城市劳动力市场找到工作，但这只是一种迫不得已的、暂时的结果，不会引起传统性别角色和观念的长期变化（Calderón，2011）。

为增强处于脆弱或冲突后局势的农村青年对社会、经济和政治的参与，并打破脆弱性

---

①　这些作者将乌普萨拉冲突数据库/和平研究所的武装冲突数据集与世界银行的人口估计值进行了匹配。

②　使用来自85个低收入和中等收入国家的世界人口密度数据，根据城乡梯度计算得出。

和冲突的恶性循环，国家必须采取综合全面的政策。跨部门的方案应寻求同时加强农村青年对社会、经济生产和政治的参与，以帮助他们提高生产力，加强与外界的联系并掌握自己的未来（DIIS，2008）。这些方案干预的重要目标包括：

- 重新建立与市场和城市地区的联系：政府、政策制定者和发展机构需要进行基础设施投资，以重新建立与价值链的联系，加强粮食安全并在农村食物系统中创造对处于冲突后环境中的农村青年而言有吸引力的机会。同时，通过推广创新手段，如数字资源和移动培训设施的使用，我们还可以提高青年的联系性、生产力和能动性（UNCDF，2018）。

- 促进教育和技能发展：在脆弱局势下，让农村青年获得认知和非认知技能以适应快速变化的劳动力市场，重建教育系统并提供（职业）培训至关重要。然而，只专注于供应方的行动不足以做到这一点；需求方的关切，如期望和性别问题也需要得到解决（Baliki et al.，2018）。学校和培训课程中应纳入非认知技能的发展，因为它们会影响经济的长期表现和企业的成功，并能帮助减少犯罪活动。此外，为获得认知和非认知技能，农村青年需要社会心理支持，特别是对那些处于冲突后环境、经历过暴力的青年来说，社会心理支持至关重要。

- 提高青年能动性并加强对青年的赋权：在青年发展方案和解决地方冲突的干预措施中，我们要把青年放在中心位置。服务交付系统要将参与性和协商性要素纳入所有计划和方案的主流功能，努力使人们在脆弱和冲突后局势中参与到公共服务的设计和提供当中（见第四章）。

- 完善土地所有权制度：为赋权农村青年，并在农业中提供有吸引力的可持续机会，我们需要建立有效的土地所有权市场。这些市场要与农村青年获得融资、信息和培训的渠道相结合，以确保他们有效地参与到经济和社会发展当中来。

- 放松资本约束：在脆弱和冲突后局势中，特别是在农村地区，需要实物资本资产和信贷补贴，以帮助青年创办和经营企业，并提高他们的长期收入潜力（Blattman and Ralson，2015）。最近在冲突后的乌干达进行的一项研究表明，尽管向青年提供启动资金使他们的收入在四年后提高了38%，但启动资金带来的红利无法持久，未来终将消失。然而，对资产和技术性工作的影响将持续存在。这表明，放松资本约束可以为农村青年提供更多的长期机会（Blattman，Fiala and Martinez，2014 and 2018）。

专栏2.5　尼泊尔冲突后的技能发展

在冲突后，尼泊尔的政治和社会失衡，劳动力市场竞争日益加剧，经历过冲突的16~35岁的青年缺乏就业相关的技能和知识。为解决这些问题，国际农业发展基金与国际劳工组织尼泊尔办事处合作，为青年提供培训并引导他们持续参与经济活动。职业技能提升项目（SEEP）的总体实施办法主要基于国际劳工组织农村经济赋权培训（TREE）方法，该方法建立在社区培训原则的基础上。农村经济赋权培训包括一系列主题鲜明的、连贯的培训项目，用于指导经济发展过程。从国家和地方各级伙伴组织之间的体制安排规划开始，这些培训项目侧重于系统地确定社区或地方一级的就业和创收机会、设计和提供适当的培训方案，并提供必要的培训后支持服务。这些支持服务包括一系列支持措施，以帮助目标受益人办理信贷和存储业务。

到2020年收官之时，该项目已经在尼泊尔西部五个目标地区促进了青年创收和地方经济发展：

+ 总计1252名青年参加了39个不同的能力发展和职业培训项目；毕业率为96%。

+ 通过培训后支持服务，70%的青年找到了工作。

+ 为了提高创业技能，约250名想要创业的项目受益人接受了创业和企业发展培训。

+ 约150名受训青年创立了合作企业，企业运行良好。

+ 技术培训提供者、非政府组织和其他利益攸关方参与了能力建设活动。

聚焦：近东、北非、欧洲和中亚

近东、北非、欧洲和中亚地区的青年人口激增，但青年失业率高，意味着该地区的机会没有得到充分开发。在近东、北非、欧洲和中亚地区的国家中，青年占总人口的比例高，约为20%。同时，该地区的农村青年是低收入和中等收入国家农村青年总人口的7%。近东、北非、欧洲和中亚地区包括两个不同的次区域[1]：近东和北非，以及中欧、东欧和新独立国家。其中，近东和北非地区曾经人口中的青年占比最大，但最近撒哈拉以南非洲成为青年占总人口比例最高的地区。"青年膨胀"代表着大量的机会。

然而，近东、北非、欧洲和中亚地区也是世界青年失业率最高的地区之一（2016年约为30%）波黑的这一比例最高，为54%（2016年），其次是巴勒斯坦（2017）和亚美尼亚（2016），分别为43%和36%（ILO，2017）。城市地区的青年失业率普遍较高，在某些情况下，比相应的成人失业率高2.5倍（ILO，2017）。当青年刚毕业进入社会时，失业的概率非常大，在该地区尤其如此，因为该地区的教育系统未能教会青年认知技能和非认知技能，从而让他们在劳动力市场中缺乏竞争力（Salehi-Isfahani，2012；Assaad et al.，2017）。因此，尽管该地区的教育得到普及，但实际上34.1%的男性青年和25%的女性青年会提前辍学。[2]调查结果表明，在埃及，近2/3的失业青年需要花一年或更长的时间找工作（被归为长期失业者）。在黎巴嫩，46.5%的失业青年的失业时间超过一年（25.3%超过两年）（ILO，2016）。在中欧、东欧和新独立国家[3]，亚美尼亚38%的青年失业者被归类为长期失业者，而阿塞拜疆的这一比例为72%（ILO，2017）。

农村青年劳动力市场的特点是劳动力分配效率低下，对于女性青年而言尤其如此。在近东、北非、欧洲和中亚的多数地区，就业机会主要由农业部门提供。在中欧、东欧和新独立国家，尽管农村地区的失业率（19.7%）高于

---

① 基于国际农业发展基金对地区的分类。

② 国际劳工组织定义的近东和北非地区包括巴林，但不包括阿尔及利亚、吉布提、利比亚、摩洛哥、索马里、苏丹、以色列、厄立特里亚、突尼斯和土耳其。

③ 国际劳工组织定义的中欧、东欧和新独立国家包括塞尔维亚和乌克兰，但不包括克罗地亚、塞浦路斯、格鲁吉亚、马耳他和黑山。

城市地区（9.5%），但青年主要在农业部门就业，其次是在零售业、酒店和餐饮业。同时，家庭工人所占比例较高，在亚美尼亚、阿塞拜疆、格鲁吉亚和吉尔吉斯斯坦，这一比例尤其高。绝大多数自营职业者和家庭工人从事生产效率低下的工作，并且通常没有任何社会保障。在近东和北非，农业地区的失业率（22.8%）低于城市地区（29.3%），但一半以上的青年在服务业就业，主要是批发和零售贸易以及制造业。约旦服务业的就业率高达82.1%（ILO，2016）。但这两个次区域都面临着技术不匹配的问题。该区域的国家无法为受过教育的青年提供效益较高的工作机会，因此很多青年会发现自己接受的教育在工作中无用武之地。因此，近东、北非、欧洲和中亚地区效益高的私营部门缺乏就业机会，这对青年的就业需求构成巨大挑战。事实上，私营部门投资对该区域经济增长的贡献为全球最低，大多数投资都流向了资本密集型和低技能劳动密集型行业（Gatti et al.，2013）。为解决就业需求问题，国家要采取干预措施，如改善职业培训，使其更直接地面向劳动力市场，同时在上学阶段增加对青年的在职培训。

该地区女性青年获得合适工作的机会有限。事实上，近东和北非地区女性青年的劳动力参与率为15%，是全球（35%）最低的（ILO，2017）；中欧、东欧和新独立国家的情况较好，女性青年的劳动力参与率约为30%。该地区女性青年的失业率较高，在某些情况下，是男性青年的近两倍。社会上存在的早婚等保守社会态度，以及传统文化规范和性别陈规扰乱了女性的教育和就业前景，限制了她们的工作选择范围。在近东、北非、欧洲和中亚的一些地区，女性青年倾向于从事几乎专为女性提供的职业，如护理、教育和卫生服务。这种受限的就业机会削弱了女性青年的潜力，同时将女性排除在男性主导的高薪工作之外，限制了她们的未来前景（UNDP，2016）。

持续的冲突和政治动荡严重影响着农村青年，使他们被边缘化，从而增加了移民压力。

近东、北非、欧洲和中亚地区发生过的冲突的影响延续至今，影响着冲突国家及其邻国。叙利亚冲突已迫使500万叙利亚人逃到其他国家，另有700多万人在境内流离失所（Kabbani，2019）。当人们关注发生在诸如阿勒颇等大城市中心的冲突时，农村地区也饱受冲突的蹂躏，人们流离失所。也门是一个以农村为主的国家，也门内战导致300多万人流离失所，严重扰乱了大多数民众的生计。当青年在走向社会和经济独立之际，冲突一旦爆发，会对青年产生长期的消极影响。

除了冲突的负面影响外，该地区许多国家由独裁政权领导，这些政权往往使农村地区和青年边缘化。投资往往流向与政权及其政治基础相一致的地区，如首都和其他城市地区。因此，在经济、社会和政治方面，农村地区特别容易被排除在外，女性、青年和移民人口这些"外部"群体特别容易被边缘化。近东、北非、欧洲和中亚地区的青年渴望在经济、公民和政治参与方面实现其抱负，并一直在为之奋斗。农村青年进入公共机构的机会有限，在试图发挥主动性时受到的限制更大，处境更为不利。该地区多数国家的农村劳动力参与率低于城市地区，比如，埃及农村地区15~24岁的劳动力的参与率仅为2%，相较于城市地区（13%）低了11个百分点；巴勒斯坦农村地区要比城市地区低18.6个百分点（Kabbani，2018）。

无法得到社会和经济的支持，为了养活自己，青年被迫移民以寻求更好的机会。然而，一旦移民，他们在侨居国又不得不面对歧视和边缘化问题。难民经常被当地工人视为新的竞争对手，随之而来的是社会紧张和不稳定的加剧。这限制了他们找到与其技能相称的工作的机会。但移民劳动力会给接受国带来巨大的经济潜力。特别是在地中海盆地，劳动力萎缩，移民劳动力的流入可能有助于西欧应对将面临的挑战。区域间移民的有效管理对接受国和输出国都有好处：于接受国而言，移民可以为劳动力市场补充新鲜血液，降低抚养比，进而可以缓解人口老龄化带来的负面影响；于输出国而言，移民可以减少人口金字塔中的青年膨胀，减轻劳动力市场的压力（Koettl，2009）。为实现这些好处，接受国要重新制定政策，扩大难民和移民劳动力的机会空间，为其提供与技能相匹配的就业岗位，以促进他们的经济参与。

参考文献

Assaad, R., Krafft, C., Salehi-Isfahani, D. 2018. Does the Type of Higher Education Affect Labor Market Outcomes? Evidence from Egypt and Jordan. Higher Education, 5 (6): 945-995.

Baliki, G., Brück, T., Ferguson, N.T.N. and Stojetz, W. 2018. Rural Youth in the Context of Fragility and Conflict. Background paper for the Rural Development Report 2019, Rome: IFAD.

Barsoum, g., Wahby, S. and Sarkar, A. 2017. Youth and Employment in North Africa: A Regional Overview. Report prepared for the Conference on Youth and Employment in North Africa, 26-27 September. Geneva: International Labour Organization.

Bilsborrow, R.E. 1987. Population Pressures and Agricultural Development in Developing Countries: A conceptual framework and recent evidence. World Development, 15 (2): 183-203.

Blattman, C., Fiala, N. and Martinez, S. 2018. The Long Term Impacts of Grants on Poverty: 9-Year Evidence from Uganda's Youth Opportunities Program. NBER Working Paper 24999 (available at SSRN: http://dx.doi.org/10.2139/ssrn.3223028).

—. 2014. Generating Skilled Self-Employment in Developing Countries: Experimental evidence from Uganda. Quarterly Journal of Economics, 129 (2): 697-752.

Blattman, C. and Ralston, L. 2015. Generating Employment in Poor and Fragile States: Evidence from labor market and entrepreneurship programs (available at SSRN: http:// dx.doi.org/10.2139/ssrn.2622220).

Calderón, V., Gáfaro, M. and Ibáñez, M.A. 2011. Forced Migration, Female Labor Force Participation, and Intrahousehold Bargaining: Does conflict empower women? Documentos CEDE 008912, Universidad de los Andes.

Canning, D., Raja, S. and Yazbeck, A.S. (eds.) 2015. Africa's Demographic Transition: Dividend or disaster? Africa Development Forum series. Washington, D.C.: World Bank (available at: doi:10.1596/978-1-4648-0489-2).

Center for International and Regional Studies. 2016. Youth in the Middle East. Working Group Summary Report No. 15. Georgetown University Qatar.

Chaaban, J. 2013. Expanding Youth Opportunities in the Arab Region. Arab Human Development Report Research Paper Series. United Nations Development Programme (UNDP).

Chivasa, W., Mutanga, O. and Biradar, C. 2017. Application of Remote Sensing in Estimating Maize Grain Yield in Heterogeneous African Agricultural Landscapes: A review. International Journal of Remote Sensing, 38: 23, 6816-6845 (available at: doi: 10.1080/01431161.2017.1365390).

DIIS (Danish Institute for International Studies). 2008. Youth Employment in Fragile States. DIIS Policy Brief: Fragile Situations. Copenhagen, Denmark: DIIS.

Dimova, R., Elder, S. and Stephan, K. 2016. Labour Market Transitions of Young Women and Men in the Middle East and North Africa. International Labour Office. Geneva: ILO.

Education for Employment. n.d. Challenges and Opportunities for Youth Employment in the Middle East and North Africa.

Fox, L. 2018. Economic Participation of Rural Youth: What matters? Background paper for the Rural

Development Report 2019, Rome: IFAD.

Gatti, R., Morgandi, M., Grun, R., Broadmann, S., Angel-Urdinola, D., Moreno, J.M., Marotta, D., Schiffbauer, M. and Mata Lorenzo, E. 2013. Free to Prosper – Jobs in the Middle East and North Africa: Overview. Washington, D.C.: World Bank

Ghani, E. (ed.) 2010. The Poor Half billion in South Asia: What is holding back lagging regions? New Delhi: Oxford University Press.

Haggblade, S., Hazell, P.B. and Reardon, T. 2007. Transforming the Rural Nonfarm Economy: Opportunities and Threats in the Developing World. Washington, D.C.: International Food Policy Research Institute.

IFAD (International Fund for Agricultural Development)/World Bank Group. 2017. Rural Youth Employment. An input document prepared for the G20 Development Working Group.

IFAD (International Fund for Agricultural Development). 2011. Unleashing the Potential of Young Rural People in the Near East and North Africa. Prepared by the Near East and North Africa Division of IFAD for the 2011 Governing Council, Rome.

ILO (International Labour Organization). 2017. Towards Policies Tackling the Current Youth Employment Challenges in Eastern Europe and Central Asia. ILO Decent Work Technical Support Team and Country Office for Eastern Europe and Central Asia. Moscow: ILO.

ILOStat (International Labour Organization statistical database) (available at: https://www.ilo.org/ilostat/faces/ilostat-home/home?_adf.ctrl-state=2svbrv43i_4&_afrLoop=1241336397918337.Accessed 30 June 2018).

Jaafar, H. H. and Ahmad, F. A. 2015. Crop Yield Prediction from Remotely Sensed Vegetation Indices and Primary Productivity in Arid and Semi-Arid Lands. International Journal of Remote Sensing, 36: 18, 4570-4589 (available at: doi: 10.1080/01431161.2015.1084434).

Jones, A., Acharya, Y. and Galway, L. 2016. Urbanicity Gradients Are Associated with the Household- and Individual-Level Double Burden of Malnutrition in Sub- Saharan Africa. Journal of Nutrition, 146 (6).

Kabbani, N. and Kothari, E. 2005. Youth Employment in the MENA Region: A situational assessment. World Bank Social Protection Discussion Paper No. 534. Washington, D.C.

Kabbani, N. 2019. Investing in Rural Youth in the Near East, North Africa, Europe and Central Asia Region. Background paper for the Rural Development Report 2019. Rome: IFAD.

Kaufmann, D., Kraay, A. and Mastruzzi, M. (2010). The Worldwide Governance Indicators: Methodology and analytical issues. World Bank Policy Research Working Paper No. 5430. Washington, D.C.: World Bank.

Koettl, J. 2009. Prospects for Management of Migration between Europe and the Middle East and North Africa: Demographic trends, labor force projections, and implications for policies of immigration, labor markets and social protection. Washington, D.C.: World Bank.

Lerner, A.M. and Eakin, H. 2010. An Obsolete Dichotomy? Rethinking the ruralurban interface in terms of food security and production in the global south. Geographical Journal, 177 (4): 311-320.

Malouche, M.M., Plaza, S. and Salsac, F. 2016. Mobilizing the Middle East and North Africa Diaspora for Economic Integration and Entrepreneurship. Washington, D.C.: World Bank.

Mabiso, A. and Benfica, R. 2018. The Narrative on Rural Youth and Economic Opportunities in Africa: Facts, myths and gaps. Background paper for the Rural Development Report

2019. Rome: IFAD. OECD (Organisation for Economic Co-operation and Development). 2018. The Future of Rural Youth in Developing Countries: Tapping the Potential of Local Value Chains. Development Centre Studies, Paris: OECD Publishing (available at: https:// doi. org/10.1787/9789264298521-en).

O'Higgins, N. 2010. Youth Labour Markets in Europe and Central Asia. IZA Discussion Paper No. 5094. Bonn.

Pieters, J. 2013. Youth Employment in Developing Countries. IZA Research Report No. 58.

Rebosio, M., Romanova, E., Corman, C. and Christophe, D. 2013. Understanding Youth Violence: Cases from Liberia and Sierra Leone. Washington, D.C.: World Bank Group.

Roudi, F. 2011. Youth Population and Employment in the Middle East and North Africa: Opportunity or challenge? United Nations Experts Group Meeting on Adolescents, Youth and Development. New York.

Salehi-Isfahani, D. 2012. Education, Jobs, and Equity in the Middle East and North Africa. Comparative Economic Studies, 54 (4).

Schindler, K. and Brück, T. 2011. The Effects of Conflict on Fertility in Rwanda. World Bank Policy Research Paper. Washington, D.C.: World Bank.

Sebastian, K. 2007. GIS/Spatial Analysis Contribution to WDR 2008: Technical notes on data & methodologies. World Development Report background papers. Washington, D.C.: World Bank.

Simon, D., 2008: Urban Environments: Issues on the peri-urban fringe. Annual Review of Environmental Resources, 33:167-185 (available at: https://www. annualreviews. org / doi / pdf / 10.1146 / annurev.environ. 33. 021407. 093240).

Simon, D., McGregor, D. and Thompson, D. 2006. Contemporary Perspectives on the Peri-Urban Zones of Cities in Developing Countries. In: The Peri-Urban Interface: Approaches to sustainable natural and human resource use. McGregor, D., Simon, D. and Thompson, D. (eds.). London, UK, and Sterling, VA: Earthscan.

Spence, M., Annez Clarke, P. and Buckley, R.M. 2009. Urbanization and Growth. Commission on Growth and Development. Washington, D.C.: International Bank for Reconstruction and Development (IBRD).

UNCDF (United Nations Capital Development Fund). 2018. Decent Jobs for Youth Initiative: Youth in fragile situations (available at: https:// www.decentjobsforyouth. org/theme/youth-in-fragile-situations, accessed 26 September 2018).

UNDP (United Nations Development Programme). 2016. Arab Human Development Report 2016: Youth and the prospects for human development in changing reality. New York.

United Nations Population Division. 2015. Youth Population Trends and Sustainable Development. Population Facts No. 2015/1.

van der Geest, K. 2010. Rural Youth Employment in Developing Countries: A Global View. Rome: FAO.

Webster, D. 2002. On the Edge: Shaping the future of peri-urban East Asia. Discussion Papers, Stanford, CA: Stanford University Asia/Pacific Research Centre.

Wood, L. J. 1974. Population Density and Rural Market Provision. Cahiers d'études Africaines, 14 (56): 715-726.

World Bank. 2009. World Development Report 2009: Reshaping Economic Geography. Washington, D.C..: World Bank.

World Bank. 2014. Gender and Development in the Middle East and North Africa: Women in the public sphere. Mena Development Report. Washington, D.C.: World Bank.

第三章
为女性青年实现高效生计赋权

在提高生产力、增强与外界的联系以及掌握自己未来方面，女性往往比男性面临更多的限制。性别方面的社会规范会影响青年在成年后的生计选择。在很多情况下，这种社会规范对女性的限制更大。在农村地区，尤其是较为封闭的农村地区，这种限制会更明显。年轻、农村身份以及女性身份一直是女性农村青年背负的三重压力，限制着她们积累人脉和实物资本，导致其劳动参与率低、生产力落后、享有的福利也更少。

在转型水平最高的国家，女性青年的受教育程度往往要高于男性，虽然这一点并没有反映在劳动参与上。这类国家需要关注女性的发展，让女性可以充分体现她们的生产价值，而非生育价值，让她们获得人力资本回报。

在转型水平最低的国家，女性青年在受教育程度、经济参与和生产力方面都还很落后。这些国家在进行投资时需要提高女性的人力资本赋权，让女性转向生产性生计。有证据表明，在转型水平最低的国家，受过中等教育的女性的回报非常高。因此，国家应该加大对女性的投资力度，提高女生升学率并延长其受教育的时间、提高女性就业率、改善她们的健康状况。

放宽对女性青年的限制，增强她们和同龄人、社区以及市场的联系，以实现对女性的赋权非常重要，原因有三。第一，女性青年对经济的积极参与以及生产力的提高可以显著加快农村转型的进程。第二，被赋权的女性青年很有可能会选择晚婚少生，这样她们能为自己和孩子提供更健康、更富足的生活条件。第三，低生育率可以加快人口结构转型，实现人口红利（见第五章）。因此，如果要对女性赋权，不仅要投资生产领域，还要投资有关女性生活的生育领域。要成功落实对女性赋权的项目，需要女性自己的努力，同时还需要她们的父母、兄弟姐妹、朋友和社会团体的支持，共同推动社会的变革。

年龄、农村身份和女性身份给女性农村青年面临的三重挑战

如果想要改善生活质量，尤其是想要参与经济获取报酬，女性农村青年必须面对年龄、农村身份和性别三大挑战。这三种因素共同作用，阻碍了资本的积累，降低了流动性，妨碍了女性拓宽人际关系和业务，从而限制了女性找到心仪工作的途径，也因此导致女性往往从事收益较低的工作（Doss et al.，2018）。

积累资本以转向生产性生计时，女性农村青年比男性面临更多的限制

人力资本、实物资本以及社会资本的不平等积累往往源于一系列不合理因素的存在，如鼓励家长有区别地投资儿女的社会规范和习俗、传统的土地继承规则，以及歧视女性青年参与的社会、政治和经济关系圈。尽管农村改革进程让人们能更多地接触人力资本、实物资本和社会资本，但性别差异仍普遍存在，这在农村地区尤为明显。

首先，尽管长期存在的人力资本积累方面的性别差异在不断缩小，但在很多国家，尤其是农村地区，这种差异仍未消失。很多时候，出于对女性家庭责任的社会规范和对男性教育更高的预期回报，家长会更偏爱儿子。在较为偏僻的农村，学校和卫生服务机构离家很远，女性在上学或看病途中遇到风险的概率更大（WHO，2013）。

其次，在农村地区，男女在获得和积累生产性资产方面仍存在很大差距。女性在获取经济

机会时仍处于并将长期处于不利地位。虽然按性别和年龄对资产所有权和控制权进行划分的数据很少，但在有此类数据的国家，有证据表明男性掌握了更多的价值更大的资产（Deere and Doss，2006）。例如，在加纳和埃塞俄比亚，女性农村青年拥有的主要是耐用消费品，而男性拥有的则更多的是生产性资产（Doss et al.，2018）。由于拥有的生产性资产少、价值低，女性无法通过抵押资产来获取金融服务，无法实现收入自由，更无法通过资产来提高收入（Dupas and Robinson，2013；Meinzen-Dick et al.，2014）。然而，有证据表明，女性掌握资源对孩子的健康和教育更有利；同时，女性能动性的提高也能增强她们自身的福祉（Quisumbing，2003）。

土地是发展中国家农村地区最重要的生产性资产之一。拥有土地及其保有权意味着进入市场和社会的机会更大，能获得的自然资源更多，同时也意味着应对冲击的能力更大，投资农业和其他生产性活动的鼓励力度也更强（World Bank，FAO and IFAD，2009）。在撒哈拉以南非洲，不管年龄多大，所有权怎样定义，女性拥有的土地都少于男性（Doss et al.，2015）。在拉丁美洲，拥有土地的女性比男性更少，且拥有的土地面积更小（Deere and Doss，2006）。这些都反映出女性所处的不利地位。

农村女性独自拥有土地的概率是男性的一半

图3.1显示的是以性别和国家转型类别为变量，单独或共同拥有土地的农村青年的百分比。如图所示，国家转型水平对青年男女单独拥有土地所有权的差异影响似乎并不大。在转型水平最低的国家，女性青年拥有的土地比男性多，但主要是与他人共同拥有，因为这个年龄段的女性结婚的可能性很大。

从目前正在发生的若干动态发展来看，性别限制对获得土地的影响越来越大。首先，父母的预期寿命延长，这意味着子女获得土地继承权的时间更晚。其次，人口密度增大，人均可利用土地减少，土地价格上涨（Yeboah et al.，2018）（见第六章）。即使有了土地，男性对土地的法定继承权也优先于女性（Kosec et al.，2018；Fafchamps and Quisumbing，2005）。此外，性别规范也限制着女性赚取购买土地所需的资金。例如，40%的布隆迪男性青年有土地继承权，但仅有17%的女性有望获得这一继承权（Berckmoes and White，2014）。最后，气候变化也会进一步限制农村青年获得土地所有权，从而可能加剧女性农村青年面临的挑战（见第七章）。土地租赁市场有助于青年获得土地，但关于女性青年在这些市场是否会面临歧视的问题，目前还无法确定（Yeboah et al.，2018）（见第六章）。

性别规范限制着女性青年发挥联系性和能动性

首先，由于性别原因，女性青年，尤其是女性农村青年的流动性受限，与各界联系不强，从而工作选择也有限。原因之一在于社会上仍存在很多对女性不友好的态度，比如认为女性应该在年长女性或男性亲戚或丈夫的陪同下才能外出。由于基于性别的暴力普遍存在，女性青年在上学、上班的途中或在享有公共服务和私人服务的时候还面临着安全风险（WHO，2013）。

通过移徙，女性青年可以摆脱基于性别角色的限制，追求更高水平的教育。但移徙途中的风险以及所需的资金限制了她们的这一选择。海地的证据显示，相比男性移徙者，女性青年很少能获得原生家庭的资金支持（Heckert，2015）。这种人口流动限制在各种文化背景中都十分常见。

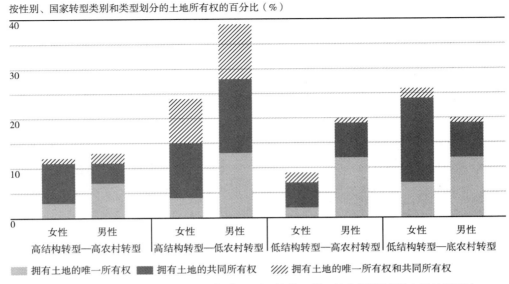

按性别、国家转型类别和类型划分的土地所有权的百分比（%）

图 3.1　女性青年单独拥有土地的概率不到男性的一半，这与国家转型水平关系不大

注：该图显示了按所有权类型、性别和国家转型类别绘制的土地所有权份额。

* 使用的人口和健康调查（DHS）数据集包括以下国家：哥伦比亚（2015 年）、多米尼加共和国（2013 年）、埃及（2014 年）、加纳（2014 年）、危地马拉（2014/2015 年）、洪都拉斯（2011/2012）年、印度尼西亚（2012 年）、吉尔吉斯斯坦（2012 年）、纳米比亚（2103 年）、秘鲁（2012 年）、菲律宾（2013 年）。高结构转型和低农村转型类别（high ST-low RT）包括以下国家的相关数据集：孟加拉国（2014 年）、喀麦隆（2011 年）、冈比亚（2013 年）、印度（2015/2016 年）、莱索托（2014 年）、塞内加尔（2016 年）、赞比亚（2013/2014 年）。低结构转型和高农村转型类别（low ST-high RT）包括科特迪瓦（2011/2012 年）、乍得（2014/2015 年）、尼日利亚（2013 年）、巴基斯坦（2012/2013 年）、塔吉克斯坦（2012 年）。低结构转型和低农村转型类别（low ST-low RT）包括阿富汗（2015 年）、贝宁（2011/2012 年）、布基纳法索（2010 年）、布隆迪（2010 年）、柬埔寨（2014 年）、埃塞俄比亚（2016 年）、几内亚（2012 年）、肯尼亚（2014 年）、马拉维（2015/2016 年）、马里（2012/2013 年）、莫桑比克（2011 年）、缅甸（2015/2016 年）、尼泊尔（2016 年）、尼日尔（2012 年）、卢旺达（2014/2015 年）、塞拉利昂（2013 年）、坦桑尼亚（2015/2016 年）、多哥（2013/2014 年）、乌干达（2016 年）。因为没有其他男性青年的数据，孟加拉国、埃及、塔吉克斯坦和秘鲁的数据仅用于估计已婚青年的比例。

资料来源：Doss et al.，2018，基于人口与健康调查（DHS）数据。

　　其次，由于人口流动受限，女性青年很少能建立自己的人脉，对经济、社会和政治的参与度不高，从而能动性大大降低。如果关于合同履行的制度薄弱，雇主更倾向于口头推荐，因此，缺乏人脉的人很难能证明他们的技能。在经济领域之外，人口流动受限还意味着女性农村青年在社会中的发声机会很少，这可能会妨碍她们的诉求得到倾听和满足。这些模式往往导致女性青年在青年项目中的参与度很低（Chakravarty，Das and Vaillant，2017；Doss et al.，2018）。

　　最后，在享有的公共服务不足的同时，女性青年还承担着由性别规范赋予的"女性工作"，使其时间负担进一步加重（Dey de Pryck and Termine，2014）。在多数国家，性别分工要求女性承担家务和护理工作。例如，在加纳的农村地区，人口流动限制和家务负担对女孩学业成绩的负面影响大于男孩（Porter et al.，2013）。拥有公共水道和电力能极大地节省这些工作的时间。在农村地区，这些基础设施还不完善，因此为了完成家务，女性必须走很远的路（Porter，2008；Porter et al.，2011）。人口流动受限更是加大了女性青年获得这些基础服务的难度。因此，如果公共基础设施得到完善，女性农村青年可能会得到高回报。

由于面临各种限制，女性青年从事的工作收益低，而这种情况在封闭的地区往往更为突出

女性的职业选择通常是在社会规定和法律允许的范围内。即使在今天，世界上仍有104个国家颁布法律禁止女性从事某种职业（World Bank，2018）。

在农业方面，既定的性别规范是，男性被分配的工作往往对体力要求较高，但分配的土地更肥沃，作物经济效益更高。例如，在埃塞俄比亚，男性主要负责耕地、播种和脱粒，而女性主要负责照管家庭菜园、清洁畜圈和给牲畜挤奶。即使女性可能会和男性一同在田间工作，但她们往往被视为"帮手"，而不是工人（Gella and Tadele，2014）。因此，女性，尤其是女性青年很难提高她们的农业生产率（Meinzen-Dick et al.，2014；Peterman，Behrman and Quisumbing，2014；Oseni et al.，2015；Kilic，Winters and Carletto，2015）。

农村非农行业也存在类似的性别差异。女性更多地从事食品准备和运送工作，而男性从事的则是劳动生产潜力较高的机械和技术密集型工作（Dey de Pryck and Termine，2014）。由于女性在获取土地和其他生产性资产时面临更大的限制，青年人口中的性别生产率差距可能更大。虽然这些制约因素在联系性较强的地区（二级城市和农村城镇附近、机会多且有潜在回报的空间以及市场准入强但农业潜力低的空间）可能不那么明显，但需求侧对女性青年的歧视可能会限制女性在农村非农行业的参与度和职业选择（见第一章和第二章）。

农村经济快速转型，女性青年经济参与机会增多，受到的限制减少。如果女性青年受教育程度越高、经济参与越多，家长就会加大对女儿的投入，女性青年也会减少生育，从而受雇的机会也会更多（虽然这一影响可能会滞后）。如果女性拥有自己的收入，不仅能赋权自身，还有利于下一代的发展（Quisumbing，2003；Chari et al.，2017）。这些结果相互关联，推动了农村转型进程，形成一个良性循环，极大改善了女性农村青年的经济和社会前景。

农村转型和农村机会空间影响女性农村青年的生计

结构转型的推进有助于缩小教育方面的性别差距，但农村转型进程本身不会产生这一影响

通过影响教育、婚姻、生育选择和职业选择，结构转型和农村转型影响着女性农村青年的生计。在转型水平低的国家，青年的受教育程度普遍较低，其中女性的受教育程度低于男性（见图3.2）。在转型水平较高的国家，农村青年受教育程度普

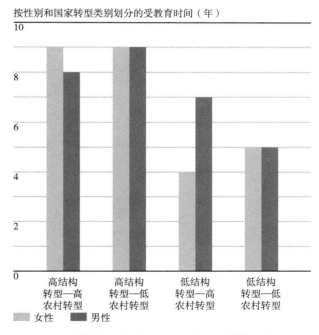

按性别和国家转型类别划分的受教育时间（年）

图3.2　结构转型有助于缩小教育方面的性别差距，但农村转型本身不会产生这种影响

资料来源：Doss et al.（2018），基于人口与健康调查数据的计算。

遍较高，其中女性农村青年的受教育程度并不比男性低。在结构转型和农村转型水平都较高的国家，女性的受教育程度甚至高于男性。相比之下，农村转型水平对缩小教育方面的性别差距并无影响。事实上，相较于转型水平最低的国家，这种差距在结构转型水平低但农村转型水平高的国家更大。如果使用统一的学习成果来衡量受教育程度，尽管农村转型水平最高，存在的性别差距很小，但这类国家在教育方面存在的性别差距还是比转型水平最低的国家要大（Fox，2018）。

家庭转型类别同样与女性农村青年的受教育程度有关。第二章中介绍的来自拉丁美洲和加勒比地区、亚洲和太平洋地区以及撒哈拉以南非洲的13个低收入和中等收入国家的家庭数据表明，教育方面存在的性别差距和家庭转型类型有着相似的关联。在从自给自足的农业经营转向商品农业，但还未发展到经营非农业活动的家庭，中等教育方面的性别差距很大。在收入主要为非农业收入的家庭，这种差距缩小，因为收入来源反映了国家的结构转型的作用。

结构转型的推进有助于减少早婚女性的数量，但农村转型进程本身不会产生这一影响

早婚是女性农村青年受教育程度低的原因之一。18岁前结婚在结构转型水平低的国家较普遍，但无论其国家转型水平如何，在农村，女性青年的结婚年龄都早于青年男性。在撒哈拉以南非洲，这些现象尤为普遍。在所有国家18~24岁的女性农村青年中，60%已婚（见图3.3），而已婚男性的比例仅为20%。这表明女性农村青年会嫁给比她们大的男性（24岁以上）。15~17岁农村女性青少年已婚的较大比例也可证明这一点，因为在这个年龄段结婚的男孩几乎没有。在法定结婚年龄前结婚的现象在结构转型水平低的国家较为普遍，但这很大程度上取决于文化背景。

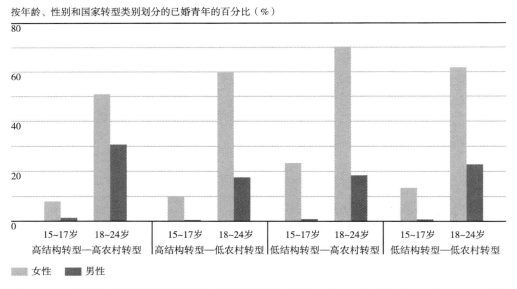

图 3.3　结构转型的推进有助于降低农村女孩早婚的比率，但农村转型本身不会产生这一影响

资料来源：Doss et al.（2018），基于人口与健康调查的数据的计算。

在绝大多数文化背景中，婚姻与生育相关。社会规范对女性生育有很大影响，如生第一胎的时间、生育间隔、期待的生育数量、为女性服务的机构、计划生育知识和接受度，以及婴儿和儿

童的预期寿命。15~24岁的女性青年期待的生育数量要少于女性平均期待生育的数量；此外，人口密度越大，期待的生育数量越少（见图3.4）。然而，撒哈拉以南非洲的情况与之相反。即使是城市女性青年也表示希望生育更多的孩子，她们期待生育的子女数量甚至高于其他地区的农村女性。撒哈拉以南非洲的出生率高，部分原因可能是该地区的婴儿死亡率高，尤其是年轻妈妈生育的婴儿的死亡率高（见第五章）（Stecklov and Menashe-Oren，2018；De la Croix and Gobbi，2017）。

按年龄组别、区域和城乡梯度划分的女性理想的子女数量（个）

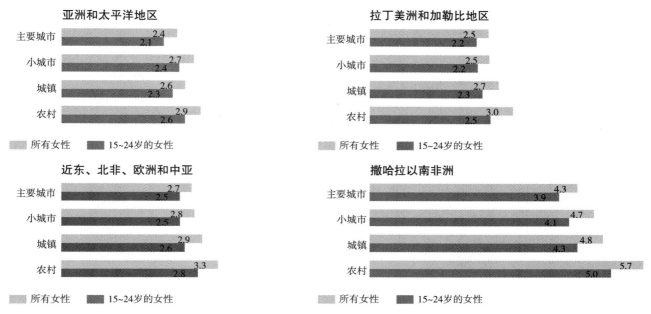

图3.4 农村女性期望生育的子女数量高于城市女性，撒哈拉以南非洲的女性的这一数量高于其他地区的女性

资料来源：人口与健康调查数据；Stecklov and Menashe-Oren（2018）。

综上，我们得出以下两个结论。第一，撒哈拉以南非洲的公共卫生投资并没有覆盖偏远的农村地区：在很多国家，为实现计划生育的避孕药仍然供应不足（Bradley et al.，2012）。第二，女性教育水平越高，劳动参与越多，生育子女的数量就越少（Martin，1995；Bongaarts，2010 Keats，2014；Cannonier and Mocan，2014；Lavy and Zablotsky，2011）。虽然各国的情况都证明了这一论点，但撒哈拉以南非洲的女性青年接受教育和参与劳动只是为了获取小额报酬，并不会减少生育子女的数量。

女性农村青年的劳动参与率远低于男性，并且不因农村转型和农村机会空间的类型而有系统性的变化

过早地结婚和生育会阻碍女性农村青年参与劳动。从学生到劳动力的转变是向成人过渡的一个重要组成部分。因为青年一生的经济状况将由两个因素决定，一是他们的学历，二是他们毕业后找工作的难易程度（Fox，2018）。学历越高通常意味着就业机会更多，薪酬更高。

农村青年男性和女性就业差距的缩小并不一定与结构转型有关。在所有转型阶段，都会存在农村青年男性和女性由学生过渡到劳动力的两种转变（见图3.5）。在所有转型中，已就业的农村

青年多为男性，处于未就业、未接受教育和培训（NEET）状态的多为女性。究其原因，主要是在这个年龄段的女性大多已经结婚并（或）生育。在绝大多数国家的农村地区，既没有结婚也没有生育的、处于NEET状态的女性青年的比例与青年男性的比例相当。然而，在印度，即使并没有结婚或抚养小孩，仍有25%的女性农村青年既未就业，也未接受教育和培训（见图3.5高结构转型—低农村转型类别中以浅灰色显示的女性比例）。这一数据表明，印度还存在对女性参与经济和社会的结构性歧视（Doss et al., 2018）。

按性别和国家转型类型划分的农村青年在不同活动中的比例（%）

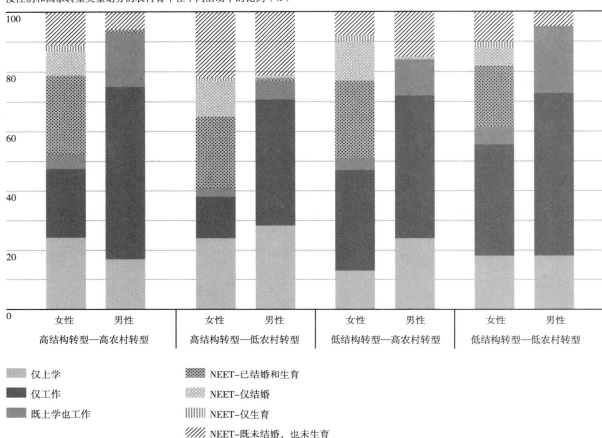

图 3.5　女性农村青年中有很大比例为啃老族，结婚和抚养小孩是这一结果的主要原因

注：该图显示了按性别和国家类型划分的 15~24 岁农村青年的活动状况。NEET：未就业、未接受教育和培训。

资料来源：Doss et al.（2018），基于人口与健康调查数据的计算。

在国家内部，在人口密度大的地区，与市场、信息和观念的联系潜力更大，但这并不意味着女性青年的劳动参与率也更高。图3.6显示的是对女性青年仅上学、既上学也工作、仅工作，以及既不上学也不工作这四种可能性的估计，这一结果基于来自13个国家的家庭数据进行的计算。女性青年仅上学，或既不上学也不工作的可能性更大，青年男性仅工作或仍上学的可能性更大。上述可能性在城乡梯度方面略有不同，但既不工作也不上学的人的比例在各地区都很高。在城市周边地区，女性青年既不在工作也不上学的可能性比男性高出近30个百分点，而在其他地区，这一可能性高出12~15个百分点。

　　同时，就业女性的雇主也是一个值得关注的问题。如果在农场工作的女性农村青年主要是为她们的家庭成员工作，那她们可能无法掌握劳动所得的收入（见图3.7）。研究表明，女性的非农业就业收入在多数情况下有利于提高她们的经济赋权（Buvinic' and Furst-Nichols，2014）。例如，在尼日利亚，女性青年更喜欢从事非农业工作，因为这样她们可以掌握自己的收入，相反，当她们在家庭农场工作时，她们的收入支配权掌握在家庭成员手上（Bryceson，2002）。因此，在从事非农业活动时，女性青年可以加强对自己收入的支配权，加强在家庭内部谈判的地位，进而加强她们的能动性。

在城乡梯度上男性青年和女性青年相关情况的百分比差异

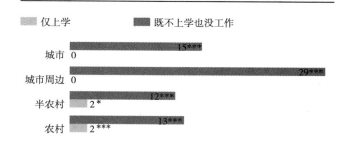

图3.6　女性青年，尤其是在城市周边地区的女性青年既不工作也不上学的可能性更大

　　注：本图显示了女性和男性青年从上学到工作这两类状态的概率之间的差异。显著性水平：* = 10%；** = 5%；*** = 1%。

　　资料来源：作者基于在拉丁美洲和加勒比地区、撒哈拉以南非洲以及亚洲（不包括孟加拉国）进行的12次家庭调查数据的估计。

　　在转型水平较低的经济体，在农场从事自营职业的女性农村青年约占20%。我们需要对这类群体进行更多的研究，以评估她们面临的挑战。相关文献表明，男性和女性在农业生产力方面还存在显著的差距，而这一差距主要是由结构性问题引起的（Kilic，Winters and Carletto，2015）。鉴于女性青年在获取土地资源和其他生产性资产方面面临更多限制，青年人口中存在的生产力性别差距可能会更大。然而，我们目前还没有针对这一问题的研究结果。

按工作部门、雇主类型以及国家转型类别划分的女性青年就业百分比（%）

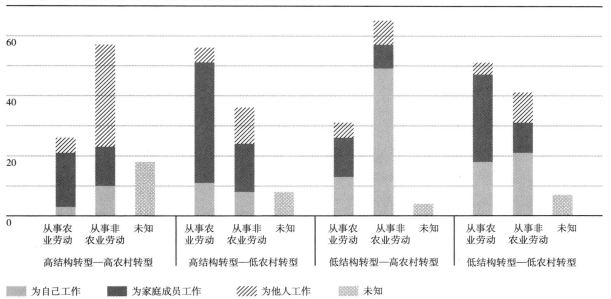

图3.7　在农场工作的女性农村青年主要为其家庭成员工作，而在从事非农业活动时，她们主要为他人或自己工作

　　注：本图显示了按工作部门、雇主类型以及结构转型水平划分的女性农村青年（15~24岁）的就业百分比。

　　资料来源：Doss et al.（2018），基于人口与健康调查数据的计算。

各国城乡梯度上受教育程度不同的女性的就业形式不同

在发展中国家，工薪就业通常是一种热门的就业形式，尤其是较为正式、更为稳定且提供社会福利的工作更受欢迎。因此，是否获得非农业工资是衡量青年工作质量的一个重要指标。来自13个发展中国家的数据显示，获得这类工作的机会差别很大，取决于女性农村青年的受教育程度和农村机会空间内的城乡梯度。从图3.8中我们可以看到，有两点非常突出。

第一点，中等教育与女性农村青年非农业有薪工作机会的增多有很大关联。农村地区和半农村地区与教育有关的差异达10个百分点及以上，城市周边地区达7个百分点。[①]因此，在大多数工薪就业机会较少的农村地区[②]，如果青年受过中等教育，那他们获得有薪工作的可能性就更大。

第二点，在所有地区，中等教育对女性的影响都大于男性。这一点并不奇怪，因为

在城乡梯度上，受过中等教育的青年与受教育程度较低的青年能成为工薪劳动者的概率的百分点差异

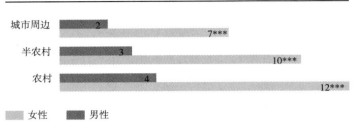

图 3.8　中等教育增加了女性农村青年从事有薪劳动的机会

注：本图显示了在城乡梯度的每一类别中，受过中等教育的青年从事有薪工作的可能性与仅受过初中及以下教育的青年从事有薪工作的可能性之间的差异。显著性水平：*=10%；**=5%；***=1%。

资料来源：作者基于在拉丁美洲和加勒比地区、撒哈拉以南非洲以及亚洲进行的13项家庭调查的数据的差异计算而得。

即使没有受过中等教育，男性也比女性更易于找到有薪工作。

虽然图中没有显示，但分析表明，商业潜力大的区域（以人口密度为代表）有薪就业机会多，即使没有受过中等教育，青年从事有薪工作的比例也更高。小学以下学历的女性青年在城市周边地区从事全职有薪工作的比例是农村地区的三倍以上（分别为约9%和约33%）。

在对五个非洲国家进行的调查中，范德布勒克和基利克（Van den Broeck and Kilic，2018）发现2010~2016年农村地区非农业有薪就业方面的性别差距缩小。调查表明，结婚后，女性的非农业就业减少，而男性的非农业就业则增多。这反映出家庭内部的动态变化和社会规范在女性的经济参与方面的决定性作用。出乎人们意料的是，农村地区提供最多非农业就业机会的行业部门并不属于农业食物系统。在本报告研究的13个国家中，即使在农村地区，青年在农业食物系统从事有薪工作的比例也相对较低（见图3.9）。然

按性别和部门划分的青年在城乡梯度上从事有薪工作的比例（%）

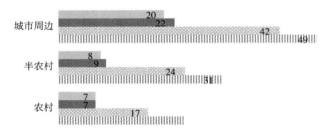

图 3.9　女性青年在农业食物系统的就业机会和男性相同

注：本图显示了分别在农业食物系统和非农业食物系统从事有薪工作的15~24岁的青年在城乡梯度上的比例。

资料来源：作者基于在拉丁美洲和加勒比地区、撒哈拉以南非洲以及亚洲进行的13项家庭经济和社会调查的数据计算而得。

---

①　因为调查没有充分控制可能与获得有薪工作有关的其他未观察到的因素，因此，在解释这些结果时要谨慎对待。

②　如第二章所述，"农村"一词指关于农村/城市的四个分类中所有三个人口密度较小的地区。另外两个非城市地区是半农村和城市周边地区。

而，女性青年在农业食物系统工作的机会和男性一样，这表明，随着这一行业部门的发展，女性农村青年也将有更多的就业机会（Tschirley et al.，2015）（见第六章）。

赋权女性青年的方案议程

过去二十年来，女性青年的教育和健康指标有了显著改善。结构转型和农村转型不断推进，农村地区的机会增多。但限于前面所提到过的多重排斥，女性农村青年通常仍处于劣势地位，有时甚至处于非常不利的地位。如果要改变这一局面，我们需要设计一个完善的方案，不仅解决女性农村青年面临的具体限制，还着力于解决她们在生产生活中遇到的问题。

有证据表明，现有的大多数青年就业方案未能以足够有效的方式解决性别方面的制约因素

这些就业方案并非专门为促进女性农村青年就业而设计，因为评估表明，大多数干预措施并不针对这类群体。低收入和中等收入国家的青年就业举措中，涉及农村地区的很少。总体而言，职业培训在提高青年就业率方面似乎并不十分有效（Fox and Kaul，2018；Fox，2018）。此外，在增强女性青少年经济赋权的方案（Baird and Özler，2016）和针对女性青年就业的方案（Chakravarty，Das and Vaillant，2017）中，大多数涉及的都是城市地区。但有一项同时在城市和农村地区实施的方案在赋予女性青年生产能力和生殖能力方面取得了成功，这一方案就是孟加拉国乡村发展委员会（BRAC）的青少年赋权和生计方案（ELA），见专栏3.1。

专栏3.1 孟加拉国乡村发展委员会关于青少年赋权和生计的方案

青少年赋权和生计方案包括一系列干预措施，由非营利组织孟加拉国乡村发展委员会实施，旨在从多个方面改善女性青少年的生活。该方案为女孩提供职业技能和生活技能方面的培训，并为其提供一个与其他同龄女孩见面和社交的安全场所。该方案主要在世界上童婚率和青少年怀孕率最高的几个国家（乌干达、坦桑尼亚、孟加拉国、阿富汗、南苏丹、海地和塞拉利昂）实施。干预措施的目标是通过教育、生活技能和谋生机会，释放女孩的潜力，增强其权能。

这一方案的特别之处和成功的主要原因之一是其具有多层面性。该方案的干预措施同时兼顾生产领域和生殖领域。基于前者，为女孩提供"硬"职业技能的培训，使其能够开展小规模创收活动；基于后者，为女孩提供"软"生活技能的培训，旨在使其积累知识，从而能够面对性、生殖和婚姻做出知情选择。该方案的另一个新颖之处在于，它不是通过学校，而是通过指定的"女孩俱乐部"开展工作。这些俱乐部离家近，为女孩们参与活动提供了一个安全场所。辍学者和在校女孩可以在这里以小组形式和同龄人讨论问题，并建立自己的社交网络，远离家庭和以男性为中心的社会的压力。

乌干达在实施该方案四年后，女孩从事创收活动的可能性增加了48%，其中大部分为自我雇佣形式；青少年怀孕率下降了34%，早婚/同居率下降了62%。据报告，在相关社区，过去一年中被迫发生性行为的青少年女性比例比对照社区低5.3个百分点，同时，生活在这些社区的女孩也表示更愿意晚婚晚育（Bandiera et al.，2018）。此外，该方案的成本仅为每个参与者100美元，具有很高的成本效益，可广泛推广，且适用于各个国家（Kashfi，Ramdoss and MacMillan，2012）。因此，该方案有助于在潜在相互关联的层面增强对女性青少年的赋权，这可能产生良性的收益循环。

资料来源：http://www.bracinternational.nl/en/what-we-do/empowerment-livelihood-adolescents-ela/。

现有证据表明，相对于年轻男性和年长女性，女性青年面临的处境更糟糕。她们的起点更低，所受限制更多，无法参与有薪工作和进行自主创业（Chakravarty，Das and Vaillant，2017；Doss et al.，2018）。如本章前面提到的，农村地区的女性青年受到的限制可能更多。大多数现有方案都没有解决针对性别的制约因素，比如方案活动地点远离参与者所在地、儿童照看服务以及获得信贷的途径短缺，而这些都是女性青年面临的主要限制因素。以上这些疏漏导致这些方案未能产生较大的影响，参与者的辍学率高。因此，为女性农村青年设计方案时，我们需要仔细评估她们的具体处境和所受限制。

在农业方面，已经有越来越多的干预措施着力解决女性普遍面临的限制因素，但女性青年面临的额外限制还很少被注意到。将性别纳入主流考虑因素是农业发展倡议在中长期关注的焦点，某些地区在解决性别问题方面取得了很大成功（World Bank，2011）。例如，肯尼亚、坦桑尼亚和乌干达的农民田间学校成功培养了女性农民（一半的参与者是女性），提高了女性的收入，其中乌干达女性的收入增长幅度相对较大（Davis et al.，2010）。有些地区在农田耕作的女性劳动力多于男性，但男女之间却仍存在生产率差距，此时提高女性所耕种土地的生产率尤为重要。那些使生产率降低的限制因素是否严重影响了女性农村青年，以及如何影响？弄清楚这些问题的意义重大。例如，在一些转型国家，土地租赁市场发展迅速，如何通过这一市场来有区别地解决青年男女的土地限制问题？但目前尚未有足够的研究来对此进行评估（见第六章）（Yeboah et al.，2018）。

女性农村青年生育率的降低和就业率及劳动参与率的提高相互促进，这两种目标的实现有助于赋权女性农村青年、加快农村转型的步伐

女性农村青年参与生产性经济活动可以显著加快农村转型进程。如果要提高女性农村青年的劳动参与率以及在农业领域或其他领域的生产力，我们需要进行投资，直接改善她们的人力资本（特别是在转型水平较低的国家），解决她们特有的制约因素，并辅以有针对性地干预措施来加快农村地区的整体发展。

小学教育几乎实现了全民普及，但在中等教育方面还存在较大的性别差距，女孩的受教育机会还很少。针对这一现象，我们需要采取以下两种干预行为：一是增加农村地区中学的数量，并同时招收男女学生；二是增强家校间的联系，提高女孩独自往返学校的安全性。例如，非洲的有条件现金转移项目（CCT）为农村女孩提供自行车，节省了她们上下学的时间，提高了安全性，使中学的入学率提高了 30%（Muralidharan and Prakash，2013）。此外，在学校建造单独的女厕也有助于提高女孩的入学率（Adukia，forthcoming）。

通过土地改革和土地租赁市场，我们可以增强女性获得生产性资产的机会，尤其是获得土地资产的机会，因为前者对性别问题非常敏感（Ali，Deininger and Goldstein，2014）；而对于后者，可以放宽土地限制（Yeboah et al.，2018）。这些干预措施在挑战性别规范的同时，如果不谨慎实施，可能会弄巧成拙。例如，印度曾进行过一项土地改革，旨在增加女性获得土地的机会，结果却加剧了父母对男婴的偏爱，使女婴堕胎率增加（Bhalotra，Brulé and Roy，2018）。

女性教育水平和劳动参与率的提高能有效降低生育率（Heath and Jayachandran，2017）。如乌干达的青少年赋权和生计方案所示，生育是女性青年的一个重要的人生选择，对女性青年的教育

和就业等都有重要影响（Bandiera et al.，2018）。多米尼加共和国曾采取过一项干预措施，帮助人们建立更强的非认知技能，结果激起了女性青年的愿望，极大地促进了她们的就业，降低了她们的生育率（Acevedo et al.，2017）。虽然该干预措施是在城市地区进行的，但非认知技能在农村地区同样重要，因为它可以提供认知技能，因此此类教育干预措施在农村地区也不可或缺。劳动力市场机会的扩大似乎对女性青年的生计选择有着重大影响。据詹森（Jensen，2012）报告，数年来，印度坚持为农村女性提供就业岗位，这一举措成功降低了15~24岁女性结婚或生育子女的比例，提高了女性青年在婚后继续工作的可能性。

结构转型和农村转型的推进带来了大量的就业机会，这些机会主要集中在"软"制造业和服务业。在这些行业，女性在应聘时比男性更具优势。农业食物系统有望为女性提供大量就业机会，比如在离家较远的地区（Tschirley et al.，2015）（见第六章）或新兴商业农场（Maertens and Swinnen，2012），女性可以从事食物预加工工作。在孟加拉国，因为服装行业的低技能就业岗位增多，女性就业率提高，国内女性结婚和生育的年龄得以推迟（Heath and Mobarak，2015）。由此可知，结构转型和农村转型有助于增加女性农村青年的就业机会；反过来，女性生产力的提高和生育率的降低又能加快转型进程，从而促进人口红利的实现。

然而，我们还要注意的是，女性劳动参与率的增加可能带来消极影响。例如，希斯（Heath，2014）发现，家庭暴力发生率的提高与女性外出参加工作有关。此外，普遍存在的现状是，很多女性在工作的同时还要兼顾家务，承担了更大的工作量。因此，加强对工作场所的健康和安全管理对女性尤其重要（Fox，2015）。

投资应加强女性农村青年与市场和社会网络的联系，减少性别限制，提高她们的生产力和能动性

在转型水平低和最为封闭的地区，投资应该主要放在改善基础设施方面。除修路和建港口外，对水资源和能源供应设施以及配电系统的建设也不容忽视。要加强投资，以减轻女性农村青年的时间负担（World Bank，2011）。在提供更完善的医疗护理，提高婴儿存活率，保障母亲的健康，同时也要保障女性选择计划生育的权利（Bhalotra，Venkataramani and Walther，2018；Ito and Tanaka，2018；Bradley et al.，2012）。在转型水平更高的国家，能减轻女性农村青年时间负担的额外服务（除水和能源以外的其他紧缺的服务）如果能得以完善，将产生很大影响。虽然低收入国家可能无法将儿童照看作为一项公共服务，但在塞内加尔农村地区，那些在园艺种植园工作的女性也会有自己的对策，她们通常会签订合同来与他人分时工作，以便有时间照看孩子（Maertens and Swinnen，2012）。在基础设施较为完善的国家，我们可以尝试在农村地区也提供儿童照看服务，或提供时间更灵活、以家庭为单位的自雇形式的工作机会。此外，我们要充分利用信息通信技术的变革潜力，扩大迄今在农村地区提供的移动电话和互联网接入方面取得的进展，同时还要解决部分地区在获得这一资源过程中存在的性别不平等问题（Bertini，2011）。

次级城市和乡镇涌现出大量的非农业就业机会，女性的就业率和生产力有望提高。女性农村青年能否抓住这些机会还取决于她们的受教育水平、拥有的生产性资产，以及制约她们进入价值链和市场的文化背景。

除实体基础设施外，我们还要进行其他投资，帮助女性农村青年加强与经济和社会网络的联系。一些田间学校具有性别包容性，但尚未证实它们是否有能力以同等条件招收男女学生（Davis et al.，2010）。实践表明，商业技能方案对女性有积极影响（尽管尚未就这一具体问题进行评估）。因为于女性而言，尤其是与外界联系较少、较为保守地区的女性而言，商业技能有助于她们进入社会，加强她们与同龄人的互动和学习（De Mel，McKenzie and Woodruff，2014；Valdivia，2015；Field，Jayachandran and Pande，2010）。

投资于赋权女性农村青年，提高她们在生计选择上的能动性，自主选择结婚和生育的年龄

年龄会影响女性青年的生计选择。班迪耶拉等（Bandiera et al.，2018）在一项以乌干达农村为重点的研究中发现，青少年赋权和生计方案对仍在上学的女孩有着积极影响，能提高她们的升学率，激发她们的理想，使她们在职场上取得成功，更多地选择晚育（见专栏3.1）。该项目的成功表明，女性青年参与这类培训的年龄会对她们的生育选择产生重大影响。查理等（Chari et al.，2017）和基松宾（Quisumbing，2003）的研究表明，晚婚、少生以及对女性更多资源的赋权能有效增强儿童的体质，确保儿童所需营养，并为其提供更优质的教育。

在某些条件下，有条件现金转移项目可以显著改变父母对女儿的投资，特别是对她们教育的投资，这样女性的生活前景可以得到改善（Chakravarty，Das and Vaillant，2017）。同时，女性榜样可以激发女性农村青年的理想，激励她们努力学习。在印度，女性有权竞选当地的政治代表，这极大改变了女孩的志向，也改变了父母对她们的期望（Beaman et al.，2012）。

如果要增强女性农村青年的能动性，我们要先改变她们自身的理想，改变她们的父母、丈夫以及整个社会的态度。鉴于文化规范的影响力和改变这些规范的难度，方案必须改变女性农村青年所在的社会和经济环境。与青少年赋权与生计方案一样，自2001年以来，埃及（该国的性别规范非常保守）的Ishraq（启蒙）方案一直致力于增加上埃及农村地区女性青少年的教育、健康和社会机会。布雷迪（Brady et. al.，2007）认为，这一项目提高了参与者的识字率，帮助她们培养了生活技能，建立了自信，提高了她们的流动性和社区参与度。重要的是，该项目涉及保守社会中女性青年的"看门人"（父母、兄弟和社区领导），这才是项目取得成功的关键因素。在项目实施过程中，如果让所有家庭成员都参与进来，我们坚信，性别障碍会以更快的速度消失（有关国际农业发展基金使用的家庭方法的详细信息，请参见专栏3.2）。

专栏3.2 国际农业发展基金的家庭方法：赋权女性青年

国际农业发展基金是采用家庭方法改善家庭内部性别关系和挖掘农村家庭潜力的主要发展机构之一。该方法将参与式方法应用到家庭层面，涉及每个家庭成员，尤其是女性和青年。在家庭内部，女性通常是受歧视的一方。如前所述，女性承受着三重负担，这往往使她们的需求从属于父母和其他男性家庭成员的需求。该方法旨在明确家庭内部在责任和决策权方面的不平等，以加强所有成员的整体福祉。

家庭方法包含两个步骤。第一步是家庭愿景的提出，即家庭成员共同决定他们2~3年后所能取得的成就。在这一阶段，青年获得发言权，他们能和其他家庭成员分享他们所期待的愿景。第二步是行动计划。在这一阶段，家庭成员需要明确为实现家庭愿景所需要的机会和采取的行动。如此，可以重新界定家庭内部关系，而青年也能获得机会，在实现家庭愿景方面发挥自己的作用。在这个过程中，家庭为实现自身的年度目标而努力，各成员既分工又合作，各自肩负特定的职责。当家庭将这两个步骤纳入家庭规划周期中时，可以说家庭方法已经在这个家庭实现。此外，社区的参与至关重要，因为它能为家庭和个人提供一个有利的环境，支持他们发生变化。

自2009年以来，国际农业发展基金在其赠款和贷款融资业务中试行了多种家庭方法，如家庭指导方法和性别行为学习系统（GALS）。吸取以往的经验和教训，国际农业发展基金主要将家庭方法纳入在撒哈拉以南非洲实施的方案当中，同时也部分纳入其他地区的方案当中。截至2015年中，超过10万人受益于含有这些方法的方案。截至2017年7月，已有28个国家的40个方案计划纳入家庭方法或已经实践了该方法。家庭方法的好处是看得见的、摸得着的。男女之间以及与父母与子女之间关系愈加平等，无论男女都能切身体会到这些平等关系带来的经济利益和个人利益。同时，在教育方法实施过程中，他们也认识到性别角色和关系方面的不平等是他们无法脱贫的原因之一。

家庭方法的关键要素

社区层面以及更广泛的层面	服务提供者和服务商系统	家庭层面
·选择社区 ·获得领导层的支持 ·与男性合作 ·确定相关群体及其成员 ·确定提供个人指导服务的家庭 ·建立伙伴关系 ·提供行动支持	·选择方法：基于群体或个人 ·选择服务商并建设其能力	·提出愿景 ·分析现状 ·明确机遇，应对挑战 ·按要求制订行动计划 ·在服务商和同伴的支持下实施 ·监控并保持正常运行 ·实现目标并确保可持续性

参考文献

Acevedo, P., Cruces, G., Gertler, P. and Martinez, S. 2017. Living Up to Expectations: How job training made women better off and men worse off. NBER Working Paper 33 (available at: https://doi.org/10.3386/w23264).

Adukia, A. Forthcoming. Sanitation and Education American Economic Journal: Applied Economics.

Ali, D.A., Deininger, K. and Goldstein, M. 2014. Environmental and Gender Impacts of Land Tenure Regularization in Africa: Pilot evidence from Rwanda. Journal of Development Economics, 110: 262-275 (available at: http://dx.doi.org/10.1016/j.jdeveco.2013.12.009).

Baird, S. and Özler, B. 2016. Sustained Effects on Economic Empowerment of Interventions for Adolescent Girls: Existing evidence and knowledge gaps. CGD Background Paper, (November): 22 (available at: https://www.youtheconomicopportunities. org/resource/8496/sustained-effectseconomic- empowerment-interventionsadolescent- girls-existing).

Bandiera, O., Buehren, N., Burgess, R., Goldstein, M., Gulesci, S., Rasul, I. and Sulaiman, M. 2018. Women's Empowerment in Action: Evidence from a randomized control trial in Africa. London: Economic Organization and Public Policy Programme.

Beaman, L., Duflo, E., Pande, R. and Topalova, P. 2012. Female Leadership Raises Aspirations and Educational Attainment for Girls: A policy experiment in India. Science, 335 (6068): 582-586.

Berckmoes, L. and White, B. 2014. Youth, Farming and Precarity in Rural Burundi. European Journal of Development Research, 26 (2): 190-203 (available at: https:// doi.org/10.1057/ejdr.2013.53).

Bertini, C. 2011. Girls Grow: A vital force in rural economies. A Girls Count Report on Adolescent Girls. Chicago: The Chicago Council on Global Affairs.

Bhalotra, S., Brulé, R. and Roy, S. 2018. Women's Inheritance Rights Reform and the Preference for Sons in India. Journal of Development Economics.

Bhalotra, S., Venkataramani, A. and Walther, S. 2018. Fertility and Labor Market Responses to Reductions in Mortality (mimeo).

Bishop-Sambrook, C. 2014. Toolkit: Household Methodologies: Harnessing the family's potential for change. Rome: IFAD.

Bongaarts, J. 2010. The Causes of Educational Differences in Fertility in Sub-Saharan Africa. Vienna Yearbook of Population Research, 2010: 31-50.

Bradley, S.E.K., Croft, T.N., Fishel, J.D. and Westoff, C.F. 2012. Revising Unmet Need for Family Planning. DHS Analytical Studies No. 25, Calverton, MD: ICF International.

Brady, M., Assaad, R., Ibrahim, B., Salem, A., Salem, R. and Zibani, N. 2007. Providing New Opportunities to Adolescent Girls in Socially Conservative Settings: The Ishraq Program in rural upper Egypt. Cairo, Egypt: Population Council.

Bryceson, D.F. 2002. The Scramble in Africa: Reorienting rural livelihoods. World Development, 30 (5): 725-39 (available at: https://doi.org/10.1016/ S0305-750X (02) 000 06-2).

Buvinic', M. and Furst-Nichols, R. 2014. Promoting Women's Economic Empowerment:

What works? The World Bank Research Observer, 31 (1): 59-101.

Cannonier, C. and Mocan, N. 2014. Empowering Women Through Education: Evidence from Sierra Leone (mimeo).

Chakravarty, S., Das, S. and Vaillant, J. 2017. Gender and Youth Employment in Sub-Saharan Africa. A review of constraints and effective interventions. Policy Research Working Paper No. 8245. Washington, D.C.: World Bank.

Chari, A., Heath, R., Maertens, A. and Fatima, F. 2017. The Causal Effect of Maternal Age at Marriage on Child Wellbeing: Evidence from India. Journal of Development Economics, 127: 42-55.

Davis, K.E., Nkonya, E., Kato, E., Mekonnen, D.A., Odendo, M., Miiro, R. and Nkuba, J. 2010. Impact of Farmer Field Schools on Agricultural Productivity and Poverty in East Africa. IFPRI Discussion Paper No. 00992, Washington, D.C.: International Food Policy Research Institute (IFPRI).

De la Croix, D. and Gobbi, P.E. 2017. Population Density, Fertility, and Demographic Convergence in Developing Countries. Journal of Development Economics, 127: 13-24.

De Mel, S., McKenzie, D. and Woodruff, C. 2014. Business Training and Female Enterprise Start-Up, Growth, and Dynamics: Experimental evidence from Sri Lanka. Journal of Development Economics, 106 (1): 199-210.

Deere, C.D., Alvarado, G.E. and Twyman, J. 2011. Gender Inequality in Asset Ownership in Latin America: Female owners vs. household heads. Unpublished manuscript. University of Florida at Gainesville.

Deere, C.D. and Doss, C. 2006. The Gender Asset Gap: What do we know and why does it matter? Feminist Economics, 12 (1-2): 1-5.

Dey de Pryck, J. and Termine, P. 2014. Gender Inequalities in Rural Labor Markets. In: Gender in Agriculture. Closing the Knowledge Gap. Quisumbing, A.R., Meinzen-Dick, R., Raney, T.L., Croppenstedt, A., Behrman, J.A. and Peterman, A. (eds.) Rome and Dordrecht, NL: Food and Agriculture Organization of the United Nations and Springer Science + Business Media B.V.

Doss C., Kovarik, C., Peterman, A., Quisumbing, A. and van den Bold, M. 2015. Gender Inequalities in Ownership and Control of Land in Africa: Myth and reality. Agricultural Economics, 46: 403-434.

Doss, C., Heckert, J., Myers, E., Pereira, A. and Quisumbing, A. 2018. Gender, Rural Youth, and Structural Transformation. Background paper for the Rural Development Report 2019. Rome: IFAD.

Dupas, P. and Robinson, J. 2013. Savings Constraints and Microenterprise Development: Evidence from a field experiment in Kenya. American Economic Journal: Applied Economics, 5 (1): 163-192.

Fafchamps M. and Quisumbing, A.R. 2005. Marriage, Bequest, and Assortative Matching in Rural Ethiopia. Economic Development and Cultural Change, 53 (2): 347-80 (available at http://dx.doi.org/10.1086/425373).

Field, E., Jayachandran, S. and Pande, R. 2010. Do Traditional Institutions Constrain Female Entrepreneurship? A field experiment on business training in India. American Economic Review Papers and Proceedings, 100 (2): 125-129.

Fox, L. 2018. Economic Participation of Rural Youth: What matters? Background paper for the Rural Development Report 2019. Rome: IFAD.

Fox, L. 2015. Will Women in Low-Income Countries Get Lost in Transformation? Supporting Economic Transformation (SET), Overseas Development Institute and

Department for Overseas Development.

Fox, L. and Kaul, U. 2018. The Evidence Is In: How should youth employment programs in low-income countries be designed? Policy Research Working Papers. World Bank. (available at: https://doi. org/10.1596/1813-9450-8500).

Gella, A.A. and Tadele, G. 2015. Gender and Farming in Ethiopia: An exploration of discourses and implications for policy and research. Ethiopian Journal of the Social Sciences and Humanities, 11 (2): 1-28.

Heath, R. 2014. Women's Access to Labor Market Opportunities, Control of Household Resources, and Domestic Violence: Evidence from Bangladesh. World Development, 57: 32-46.

Heath, R. and Jayachandran, S. 2017. The Causes and Consequences of Increased Female Education and Labor Force Participation in Developing Countries, NBER Working Paper 22766, Cambridge, MA: National Bureau of Economic Research.

Heath, R. and Mobarak, A.M. 2015. Manufacturing Growth and the Lives of Bangladeshi Women. Journal of Development Economics, 115 (2015): 1-15.

Heckert, J. 2015. New Perspective on Youth Migration: Motives and family investment patterns. Demographic Research, 33 (27): 765-800 (available at: https://doi. org/10.4054/DemRes.2015.33.27).

ICF. 2010-2016. Demographic and Health Survey datasets (various). Rockville, MD: ICF [Distributor].

IFAD (International Fund for Agricultural Development). 2018. Household Methodologies. Rome: IFAD.

Ito, T. and Tanaka, S. 2018. Abolishing User Fees, Fertility Choice, and Educational Attainment. Journal of Development Economics, 130: 33-44.

Jensen, R. 2012. Do Labor Market Opportunities Affect Young Women's Work and Family Decisions? Experimental evidence from India. Quarterly Journal of Economics, 127 (2): 753-792.

Kashfi, F., Ramdoss, S. and MacMillan, S. 2012. BRAC's Empowerment and Livelihood for Adolescents: Changing mind-sets and going to scale with social and financial skills for girls. UNICEF Child Poverty Insights.

Keats, A. 2014. Women's Schooling, Fertility, and Child Health Outcomes: Evidence from Uganda's free primary education program (mimeo).

Kilic, T., Winters, P. and Carletto, C. 2015. Gender and Agriculture in Sub-Saharan Africa: Introduction to the special issue. Agricultural Economics, 46: 281-284.

Kosec, K., Ghebru, H., Holtemeyer, B., Mueller, V. and Schmidt, E. 2018. The Effect of Land Access on Youth Employment And Migration Decisions: Evidence from rural Ethiopia. American Journal of Agricultural Economics. 0(0): 1-24 (available at: doi: 10.1093/ajae/aax087).

Lavy, V. and Zablotsky, A. 2011. Mother's Schooling, Fertility, and Children's Education: Evidence from a natural experiment. NBER Working Paper 16856. National Bureau of Economic Research.

Maertens, M. and Swinnen, J. 2012. Gender and Modern Supply Chains in Developing Countries. Journal of Development Studies, 48 (10): 1412-1430.

Martin, T.C. 1995. Women's Education and Fertility: Results from 26 Demographic and Health Surveys. Studies in Family Planning, 26 (4): 187-202.

Meinzen-Dick R., Johnson, N., Quisumbing, A.R., Njuki, J., Behrman, J.A., Rubin, D., Peterman, A. and Waithanji, E. 2014. The Gender Asset Gap and Its Implications for Agricultural and

Rural Development. In: Gender in Agriculture. Closing the Knowledge Gap. Quisumbing, A.R., Meinzen-Dick, R., Raney, T.L., Croppenstedt, A., Behrman, J.A. and Peterman, A. (eds). Rome and Dordrecht, NL: Food and Agriculture Organization of the United Nations and Springer Science + Business Media B.V.

Muralidharan, K. and Prakash, N. 2013. Cycling to School: Increasing secondary school enrollment for girls in India. NBER Working Paper 19305. National Bureau of Economic Research.

Oseni G., Corral, P., Goldstein, M. and Winters, P. 2015. Explaining Gender Differentials in agricultural Production in Nigeria. Agricultural Economics, 46: 285-310. Peterman, A., Behrman, J.A. and Quisumbing, A.R. 2014. A Review of Empirical Evidence on Gender Differences in Nonland Agricultural Inputs, Technology, and Services in Developing Countries. In: Gender in Agriculture. Closing the Knowledge Gap. Quisumbing, A.R., Meinzen-Dick, R., Raney, T.L., Croppenstedt, A., Behrman, J.A. and Peterman, A. (eds). Rome and Dordrecht, NL: Food and Agriculture Organization of the United Nations and Springer Science + Business Media B.V. Porter, G. 2008. Transport Planning in Sub-Saharan Africa II: Putting gender into mobility and transport planning in Africa. Progress in Development Studies, 8 (3): 281-289.

Porter, G., Hampshire, K., Abane, A., Tanle, A., Esia-Donkoh, K., Obilie Amoako- Sakyi, R., Agblorti, S. and Asiedu Owusu, S. 2011. Mobility, Education and Livelihood Trajectories for Young People in Rural Ghana: A gender perspective. Children's Geographies, 9 (3-4): 395-410.

Quisumbing, A. (ed.) 2003. Household Decisions, Gender, and Development: A synthesis of recent research. Washington, D.C.: International Food Policy Research Institute (IFPRI).

Stecklov, G. and Menashe-Oren, A. 2018. The Demography of Rural Youth in Developing Countries. Background paper for the Rural Development Report 2019. Rome: IFAD.

Tschirley, D.L., Snyder, J., Dolislager, M., Reardon, T., Haggblade, S., Goeb, J., Traub, L., Ejobi, F. and Meyer, F. 2015. Africa's Unfolding Diet Transformation: Implications for agrifood system employment. Journal of Agribusiness in Developing and Emerging Economies, 5 (2): 102-136.

Valdivia, M. 2015. Business Training Plus for Female Entrepreneurship? Short- and medium-term experimental evidence from Peru. Journal of Development Economics, 113 (2015): 33-51.

Van den Broeck, G. and Kilic, T. 2018. Dynamics of Off-Farm Employment in Sub-Saharan Africa. A gender perspective. Policy Research Working Paper No. 8540, Washington, D.C.: World Bank.

WHO (World Health Organization). 2013. Global and Regional Estimates of Violence against Women: Prevalence and health effects of intimate partner violence and non-partner sexual violence. Geneva: World Health Organization.

World Bank. 2018. Women, Business and the Law 2018. Washington, D.C.: World Bank.

World Bank. 2011. World Development Report 2012: Gender equality and development. Washington, D.C.: World Bank.

World Bank, FAO and IFAD. 2009. Gender in Agriculture Sourcebook. Washington, D.C.: World Bank, Food and Agriculture Organization of the United Nations and International Fund for Agricultural Development.

Yeboah, F.K., Jayne, T.S., Muyanga, M. and Chamberlin, J. 2018. The Intersection of Youth Access to Land, Migration, and Employment Opportunities: Evidence from sub-Saharan Africa. Background paper for the Rural Development Report 2019. Rome: IFAD.

第四章
农村青年的社会政治参与

农村青年的参与具有重要意义

生产力、联系性和能动性是以青年为中心的转型的三个基础，如果要将其有效地融入农村发展政策，农村青年必须获得参与他们所在社区和国家的社会、经济和政治生活的机会。农村青年参与决策既是达到目的的手段，也是一种目的。农村青年的参与可以使制定的干预措施更符合青年的需求、达到的效果更明显。此外，若干国际公约和宣言，包括《世界人权宣言》《世界青年行动纲领》和《儿童权利公约》，已认定参与权为一项基本权利（Trivelli and Morel，2018）。或许更具意义的是，青年的参与可以使他们建立和增加自己的社会和人力资本，培养技能，增强自信，进而增强能动性（SPW–DFID–CSO，2010）。

要确保农村青年积极和有效地参与政策和方案决策过程，国家和地方层面必须建立参与性机制和战略。机制的建立既可由国家牵头（例如，地方议会）也可由利益攸关方牵头（例如，国际机构或地方青年组织管理的发展方案中的青年咨询小组）。重要的是，作为政策和方案服务的对象，农村青年能参与这些政策和方案的制定、设计、执行、监控和评价。随着青年与外界的联系更加紧密，接触的人和观念更多，青年的生活方式会越来越多样。同时，这也使决策者在妥善解决有关青年福祉的问题时面临更大挑战（UNDESA，2003；YouthPower，2017a）。

如果要将青年发展政策纳入更宏观的农村发展战略，那么青年参与机制也应具有更广泛的适用性。政府通常只在"与青年有关的问题"上（如志愿服务和体育运动）才允许青年参与其中，正如詹宁斯等（Jennings et al.，2006）所说，青年应参与有意义的活动，即与他们的生活有关的活动，在活动中受到激励，切实体会真正参与的挑战。要做到这一点，可以创造一个有利的环境，在提高他们获得成功所需的社会和情绪能力的同时，鼓励青年、认可青年（YouthPower，2017a）。这对农村青年特别重要，因为他们在提高生产力和拓宽人际关系时还面临着很多限制。

为什么农村青年的参与具有重要意义

农村青年向往更美好的生活

在发展中地区，青年的期望常常与他们所处的社会和经济现实不相匹配，可将其称为"期望—现实"差距。这种情况下，农村青年的参与和融入至关重要（见 White，2012；Leavy and Smith，2010；OECD，2017a）。应用广泛的数字技术加速了信息的流通，这也使农村青年的期望进一步提高。这一点可以在德国联邦经济合作与发展部最近通过短信进行的一项调查中清楚地看到。在调查中，21 个非洲国家的 10000 名 18~35 岁农村青年被问及他们对未来的展望、愿景和价值观（BMZ，2017）。调查结果显示，93% 的农村青年期望自己的生活在未来五年内有较大的改善。

近日，经济合作与发展组织（OECD，2018）进行的另一项调查的结果也清楚地表明了农村青年的期望差距。调查发现，绝大多数农村青年（76%）渴望从事高技能职业，但实际上能从事这类职业的人很少，仅有 13%。城市青年（82.4%）同样渴望从事高技能职业，但相较于农村青年，他们从事这类职业的人更多，约 21.3%。此外，不到一半的农村青年（39%）具备当前职业所需的技能（OECD，2018）。调查报告指出，技能不匹配是农村青年（与城市青年相比）的一个主要问题，有 17.9% 的农村青年被大材小用，42.7% 的农村青年却力不能及。调查报告还指出，与其他行业部门相比，农业部门的不匹配问题更为突出（OECD，2018）。

即使在低收入国家，尤其是转型水平较低的国家，经济结构仍以家庭农场为主，企业生产的外部劳动力供应有限，而入学率的提高也导致农村青年的期望提高，更加渴望找到一份薪酬更高、更稳定的工作（Fox，2018）。因此，农村青年对能发挥其所学才能的工作的期望与实际的工作机会形成了反差。青年男女都面临着"期望—现实"差距。当他们难以实现自己的梦想，别无选择，只能在家庭农场工作时，他们的理想就会破灭（Elias et al.，2018）。无可否认，部分青年渴望过农耕生活，但这种生活的空间是与外界联系更紧密、更可持续的；然而，他们却发现自己无权参与这些空间的创建（Giuliani et al.，2017）。

青年对社会政治决策的更多参与有助于他们实现自己的期望，并为与青年相关的农村发展政策和项目提供信息。农村青年参与自身未来的建设，能帮助他们更好地融入社会，从而缩小期望差距，减少贫困（Rajani，2000；Ibrahim，2011）。因此，农村青年的参与不应只是一个微不足道的附加因素，而应被视为更宏观的发展战略的核心要素。

农村青年的有效参与受阻

尽管农村青年的期望很高，但他们仍是参与政策决策过程最少的一个群体，原因有二。一是，随着结构转型和农村转型的深入，发展中国家的农村环境日益多样化，农村青年想要获得更多的参与权还面临着极大的挑战。二是，偏见和壁垒的存在限制，甚至阻碍了农村青年的积极有效参与。

在偏远地区（特别是面临严峻挑战机会的农村机会空间），参与机制更为复杂，执行起来成本更高，因为所需的资产和技能缺乏，与城市中心、政府和其他决策者的联系薄弱。在这些地区，农村青年仅在社区一级具有发言权。对36个非洲国家进行的一项调查显示，相较于成人，青年参与各类政治活动（包括投票和公民活动）的机会更少。农村青年参与社区会议的概率比城市青年高15%（见图4.1），但他们在国家层面上的参与要落后于城市青年（尽管这一点还缺乏实证）。为提高农村青年在各级决策方面的参与，我们需要采取各种干预措施以制定机制，而这些干预措施又有助于培养青年的非认知技能，帮助他们得以制定影响其生活的政策。

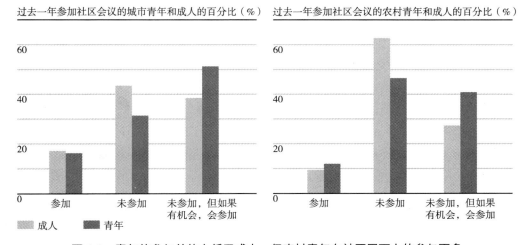

图 4.1　青年的参与总体上低于成人，但农村青年在社区层面上的参与更多

资料来源：作者基于覆盖36个国家的非洲民主动态调查数据集计算而得。

"排斥层次"使得农村青年难以参与公共事务。居住地为偏远农村是第一层次的排斥，再加上其原住民或其他少数群体的身份、较小的年龄和/或性别，农村青年可能会受到更大的排斥。这些排斥因素的不同组合加剧了参与的难度。例如，即使是想赋予偏远农村地区的一位女性农村青年任意一种参与权，都需要耗费大量的努力和资源（Trivelli and Morel，2018）。

性别因素可能是农村地区排斥层级中最常见的因素，正如第三章讨论的，性别是压迫女性农村青年的三大负担之一。此外，人口流动受限、识字率低、缺乏自信、社会规范以及家庭中的男女不平等也会减少女性农村青年在社会中的发声机会，减少其参与的机会。比如，在拉丁美洲，尽管女性农村青年的基本福利指标有所改善，但因为体制框架的偏见，18~22 岁的农村女性仍然面临着挑战，比如法律规定男性的土地继承权优先于女性；农村地区的女性的受教育和培训权利缺乏保障（Trivelli and Asensio，2014）。为了得到发展，女性农村青年也在采取积极措施应对这些挑战。特里韦利和阿森西奥（Trivelli and Asensio，2014）发现，拉丁美洲有四个国家的农村地区正在经历"去女性化"，即农村地区的女性（特别是女性青年）迁往城市地区。二十年前，"去女性化"进程就开始了，女性为了抵制现状，会选择迁往有更公平机会的地区（Sumberg et al.，2018）。

排斥层级与城市偏见有关，在关于促进将青年纳入公共政策的文献中有所讨论，这种偏见正日益受到政策制定者和专家的质疑。[①]事实上，在设计参与机制时，很少会考虑以下因素：农村转型的水平、农村机会空间中的参与机会和相关挑战，以及青年的家庭类型。

经济、社会和制度方面的障碍极大地限制了青年的参与。恩勒鲁姆和奥科里（Nlerum and Okorie，2012）发现，在尼日利亚，经济资源的缺乏是限制青年参与发展项目的主要障碍。具体而言，青年的参与还受年龄、婚姻状况、教育水平和农村发展经验的影响。此外，农村青年的经济状况的脆弱性也可能会限制他们参与志愿者协会的能力（OECD，2018），与其他社会组织、政府、发展伙伴以及捐助者（其中大多数位于城市地区）的联系也有限。然而，这却是最为常见的一种现象。

同时，有关农村青年的现有政策在实施过程中还会面临制度方面的限制。如前所述，其中最大的限制，是许多青年方案中存在的城市偏见（OECD，2017b）。此外，青年政策往往是"以青年为目标"，而不是"以青年为主导"。换句话说，他们往往视青年为公共政策的对象，[②]而不是主人公。在设计和执行与青年相关的政策时，他们的关切和观点得不到重视（Nova Scotia Health Promotion and Protection，2009）。对农村青年而言，情况更加严峻（Vargas-Lundius and Suttie，2014）。

成人中心主义是阻碍青年参与的又一障碍。例如，在南非，青年无法参与有关艾滋病项目，主要出于以下几种因素：一是，在社区中，部分成人不愿承认青年的投入，以及青年在项目结构框架内的平等地位；二是，参与这个项目的卫生和福利机构也不支持青年的参与；三是，这些项目未能提供有意义的激励措施来鼓励青年的参与（Campbell et al.，2009）。

这些制度因素还会加剧其他社会问题。正如联合国经济和社会事务部发布的第一份《世界青

---

①　有关就业中的城市偏见的详细信息，请参见 Microlinks（2017）。其中指出："美国国际开发署首席经济学家路易斯·福克斯强调，因为青年的就业被习惯性地归类为城市问题，导致农村对解决青年就业问题缺乏根据。如果忽视农村青年所面临的挑战，规划就业方案时就会出现盲点。今后，政府和捐助机构的方案中应更加重视青年，确保农村、半城市和城市周边地区的青年的生计得到改善。因此，进一步了解青年在农村经济发展中的作用十分必要"。

②　经常使用"目标群体"或"受益人"等词。

年报告》中所述，在青年群体内部存在明显的等级差异（UNDESA，2004）。报告指出，青年活动的主导者往往是那些善于表达、积极参与社会活动的成员，而那些来自边缘地区的青年仍然被排斥在外（UNDESA，2004）。也就是说，这种参与以牺牲他人利益为代价，换取那些敢于发声的人的利益，而这是一种很危险的现象（Matthews，2001）。实际上，赫德（Head，2011）发现，就澳大利亚为青年参与提供的平台而言，只有那些非常自信的青年才有可能参与其中，而弱势群体则被忽视了。以新西兰为例，一项研究发现，农村和城市地区地方议会的参与机制通常只允许那些表现出两极分化行为的青年（即"成就者"或有潜力成为领导的青年，以及"麻烦制造者"或惹出社会事端的青年）的参与。而这些人选是由成人决定的，剩余的"普通人"（作者称其为"被排斥的平凡人"）则失去了参与的权利。事实上，很多青年甚至都不知道地方议会提供了参与的机会（Nairn，Judith and Freeman，2006）。这些例子表明，参与机制造成的影响可能不是我们所期待的，比如产生了精英和普通人的阶层差异。

　　总而言之，参与性机制还存在缺陷，可能带来负面影响。撇开一些口惠而实不至的政策，政府在促进青年参与决策时还可能会采用任命机制，以及出现采取的政策出现流于表面（Hart，1992）[1]和"工具化发展"[2]的现象，这将带来严重的危害。在农村，居民（包括青年）之间的邻里关系更为和睦，政治家经常会利用这一点，因为他们认为这些"乡民"比那些更以自我为中心、思想独立的各城市居民群体要更容易动员（Bratton，Chu and Lagos，2010）。

　　尽管还存在上述挑战，还缺乏农村青年成功参与的项目的全面研究（部分原因在于农村的青年参与项目还很少），但与过去相比，如今的农村青年能参与更多活动，从而获得了更多的提高能动性和增加赋权的机会。此外，今天农村青年的受教育程度也更高。他们能接触到以往青年接触不到的信息、通信方式和技术，通过这些媒介，他们与城市地区的联系更紧密（无论是物理联系，还是通过通信技术实现的虚拟联系）。最后，今天农村青年所在的时代更重视公众的决策参与和透明度，同时这两种因素也是促进以青年为中心的农村转型进程的必要因素。

青年参与的层次与机制

　　公众参与机制可以依据两个因素来进行分类：一是该机制的目的，二是市民在政策决策的全过程中的参与度。一些国际组织和专家常用公众参与国际协会（IAP2）建立的公众参与谱来衡量公众参与的程度（Head，2011；OECD，2017c）。[3]从仅向公众发布通知的参与机制到向公众赋权让其

---

　　①　哈特（Hart，1992）将其定义为："从表面上看，儿童有了发言权，但实际上他们并没有权利选择发言的主题或方式，且很少有机会表达自己的观点"。

　　②　怀特（White，2018：64）将其定义为："在人力资本"和"青年膨胀或青年红利"的框架内，确实存在一种政策倾向，即视青年为政策的对象和发展工具，而非真正的行为主体和享有权利的公民。这种工具化青年的方式与另一备受批评的倾向相似，即为了经济效率而非社会正义而主张男女平等。

　　③　IAP2即国际公众参与协会。其他针对青年参与的分类标准包括哈特（Hart）将青年参与分为八个阶段的"阶梯理论"：操纵；装饰；象征性地表示；成人为青年指派任务，但告知青年；成人与青年商量并告知信息；成人提案，并与青年共同做决定；青年提案，成人指导；青年提案，并共同做出决定（Hart，1992：8）。卡尔斯腾（Karsten，2012）对1969~2012年形成的36种分类模式进行分类，其中就包括哈特和国际参与协会的分类标准。更多有关青年参与分类的信息可见兰斯多恩和奥凯恩（Lansdown and O'Kane's，2014）关于"救助儿童会"的系列研究。

参与最终决策的参与机制，该公众参与谱描述了公众渐进参与的层次。[①]就青年而言，参与机制可被分为以下几个层次：

（1）通知。告知青年由成人构思和设计的政策、项目或其他措施。青年由此可以得知政策和措施背后的理由、目标和决策。根据定义，通知机制建立了信息的单向流动。

（2）协商。青年的观点得到采纳，政府就与青年参与协商将如何影响其决定提供反馈。这是一种双向互动，如果协商是由青年发起的，那么这就是主动的协商；如果是由决策者发起的，则是被动的协商。

（3）合作。青年是积极的伙伴，他们会与成人共同承担决策责任。虽然合作机制仍以成人为主导，但青年可以采取自主行动，影响和挑战决策过程和结果。这些机制允许反复对话。

（4）赋权。青年提出倡议，并就他们确定的问题开展项目。现有结构、系统和程序空间向青年主导的决策开放。最终决策作为公共政策，由政府强制执行。

公众参与谱为每一层次的参与设定了目标，并清楚地告知公众不同层次的参与是怎样的（见表4.1）。正如赫德（Head，2011）所述，公共参与谱的说明详细，一一列明了不同参与层次的青年参与的平台和参与所需的技术手段。这些层次表明青年的参与有不同的等级，阿恩斯坦（Arnstein，1969）称之为"公民参与阶梯"的梯级，梯级越往上，公民对决策的影响力就越大（Arnstein，1969）。

表 4.1　　　　　　　　　　　农村青年的参与层次

	公众参与的层次			
	通知	协商	合作	赋权
公众参与目标	告知公众全面客观的信息，以帮助他们了解问题、备选方案、机会和/或解决方案	听取公众对分析、备选方案和/或决策的反馈意见	在决策的每个方面都与公众合作，包括替代方案的制定和首选解决方案的确定	将最终决策权交给公民
对公共的承诺	我们会随时向您通报情况	我们会向您通报情况，听取您的意见和建议，并就公众意见对我们决策的影响提供反馈	我们期待您在解决方案的制定方面提出的意见和创新，并尽最大可能将您的意见和建议纳入决策中	我们会执行您的决定
可以考虑的模范方法	·开放日 ·议会中的青年核心小组和观察员 ·与决策者的透明沟通 ·网站 ·信息发布文件	·公众评价机制 ·小组讨论 ·调查 ·公开会议 ·研讨会 ·公开听证会 ·青年理事会	·公民咨询委员会 ·达成共识 ·参与式决策 ·青年顾问委员会 ·实习/研究学院职位 ·方案	·青年发起和领导的协商或宣传 ·青年议会 ·青年组织和管理的小规模方案
参与的优秀做法	·斯里兰卡全国青年服务理事会 ·菲律宾国家青年委员会	·区域组织会议 ·南方共同市场家庭农业专门会议（REAF）和南方共同市场研讨会 ·农发基金向"慢食"组织提供赠款，以赋权当地青年和社区来保护和发展其饮食文化	·联合国人口基金青年咨询小组 ·农发基金在马里的农村青年职业培训、就业和创业支持项目	·全球青年创新网络 ·不停歇发展协会（塞拉利昂） ·斯里兰卡青年议会 ·农发基金的社区为基础的自然资源管理方案（CBNRM）

---

① 第一个层次是参与形式，即公民以自上而下的方式与官员合作，以确保公民的意见得到采纳，且政府向公众解释说明其决策和行动。

　　在设计与农村青年有关的政策或方案时需要考虑多方面的因素，其中至关重要的一点就是对参与层次的考虑。我们要思考不同层次最适宜的相关政策或项目的目标、所涉及的具体情况，以及参与群体。表4.1中列出了不同参与方法的例子，但对此存在一些质疑：农村青年可以（或能够）参与这些机制的程度如何？在某些情况下，公民咨询委员会或公民陪审团并不支持农村青年的参与，特别是在农村机构受成年男性掌控的发展中国家。此外，如果农村青年的参与要依赖互联网和数字技术，那么简单的信息机制是无法满足要求的。这与凯莱赫、西摩和哈尔彭尼（Kelleher，Seymour and Halpenny，2014）提到的"很少被听到的青年"的定义有关，即那些在协商和参与活动中发声与他人不同、受到的关注不足的人（Community Network for Manchester，2011）。

参与机制的优缺点

　　对参与机制的优缺点做出评价时，我们要先仔细回顾一下涉及农村青年的现有参与方案和举措。尽管促进农村青年参与的举措很多（如研讨会、委员会、议会等），但没有一项是以农村青年为主的。尤其是"参与弱势群体"，尽管文献中都认为他们的参与很重要，但实际上以他们为主的举措非常少。因此，这里提出的评估是基于在其他领域促进参与和整体干预的具体体制安排的回顾，以此可以确定能够促进青年参与的因素。

　　特里维利和莫雷尔（Trivelli and Morel，2018）对南亚、撒哈拉以南非洲以及拉丁美洲的54项有关青年参与的机制进行了回顾。他们发现，虽然发展中世界有许多可供青年参与的机制（其中很多是由区域或国际机构以及发展机构推动的），但绝大多数都缺乏针对农村青年的具体办法。然而，根据世界银行的最新资料（2018），一些农业大国的国家或地区制度允许青年的参与，如巴布亚新几内亚、阿富汗、斯里兰卡、尼泊尔、柬埔寨、肯尼亚的相关制度。尤其是对于那些经历过武装冲突的国家，国际组织也在努力促进其青年参与决策。[①]撒哈拉以南非洲、南亚、太平洋群岛以及加勒比地区在这方面的经验非常丰富。

　　我们找不到最好的参与机制，因为在不同参与层次上，人们对参与的期望不同，对参与机制的要求也不同，此外这些不同的机制既有它的优点，也存在不同的缺陷。以下将对不同参与层次的机制的优缺点进行讨论。[②]

　　第一，通知机制。该类机制的重点在于信息分享，信息和通信技术的传播极大地促进了农村青年的公众参与，即使是最封闭地区、最受排斥的群体也能受益（见第八章）。一项对拉丁美洲农村女性的研究发现，尽管在互联网使用方面还普遍存在性别歧视，女性农村青年在接受新技术时并不会有任何心理障碍。这表明女性农村青年的年龄可以作为应对性别歧视的一个突破口（Asensio，2012）。一些国家政府已就这个方向做出努力。例如，在斯里兰卡，联合国开发计划署（UNDP）与全国青年服务理事会、思科和花旗集团合作，在20个地点开设数字（化）学习方案，旨在加强青年对信息与通信技术的技能掌握。[③]

---

① "National Youth Parliament Holds First National Sitting" Daily Observer，Monrovia，13 July 2017.

② 更多详细讨论，见Trivelli and Morel，2018。

③ 见联合国开发计划署（UNDP）斯里兰卡办事处，"青年技术创新推动社会变革"：http://www.lk.undp.org/content/srilanka/en/home/presscenter/pressreleases/2018/04/25/youthtechnopreneurship-for-social-change.html（最新更新时间为2018年7月4日）。

虽然有些群体推荐面对面分享信息（如开放日、参加青年小组讨论），但由于交通、住宿和时间成本高，农村地区的青年难以负担。如果信息分享的目标群体是封闭地区的青年，口头、书面和数字通信手段也存在局限性，因为封闭地区的互联网接入少，青年识字水平低。此外，在促进原住民社区和少数群体的参与时，语言障碍也是一大难题。

第二，协商机制。地方组织在和青年进行协商时往往会选择面对面交流。国家青年代表会议和国际青年代表会议常见于一些国际组织和群体，如英联邦、非洲联盟、东南亚国家联盟（ASEAN）、南亚区域合作联盟（SAARC）以及太平洋岛屿国家。然而，这类协商机制要求农村青年在特定时间到特定地点参与线下活动，这和信息分享机制一样，都对偏远、封闭地区的农村青年构成了挑战。

青年理事会为青年提供了另一种参与协商的途径，即制度化的论坛。在此，青年可以向政府发表自己的意见。经济合作与发展组织（OECD）将其描述为代表和协调特定国家青年组织的伞状组织（OECD，2017c）。斐济、卢旺达和冈比亚等国设立了国家级的青年理事会，巴基斯坦、菲律宾和秘鲁等国设立了省部级的青年理事会，其中许多理事会的职能与部委或青年机构相似。然而，这些协商机制极易受到政治不稳定、所依附机构缺乏自主权和预算受限的影响。此外，参与活跃的往往是城市青年，或者家境好的农村青年，他们并不一定能代表其他农村青年的意见。不过青年理事会分支机构的设立或许可以帮助弱势青年更多地参与其中。

此外，在较为传统、较为封闭的农村地区，如果要为农村青年提供一个公共参与场所，即使这种参与仅限于协商，也可能会遇到原先负责这些对话的群体（即成人、男性和优势群体）的抵制。但在与外界联系更强、部门协调更密切的农村地区，这种参与平台的设立会更顺利。

另外，需要注意的是，虽然经常举行开放日和会议让青年参与协商，但这些活动只是一次性的，除非它们隶属于那些能锻炼青年领导力的长期项目，否则往往起不到实质性的作用。接下来要介绍的长期协商机制是家庭农业专业会议（REAF）（西班牙家庭农业专门会议）。在国际农业发展基金和联合国粮食及农业组织等若干机构的支持下，家庭农业专业会议设立了自己的青年领导人工作组，讨论有关家庭农业方面的问题。该会议通过国际会议开设课程，在培训青年领袖的同时，不仅能明确阻碍农村地区青年可持续参与的因素，还能发现制定指导公共行动议程中所要克服的挑战（REAF，2016）。家庭农业专业会议称，在这一项目中，青年扮演领导的角色，并就农业发展和本国新老政策的交替发表自己的看法。

第三，合作机制。这类机制涉及政府和青年群体之间的联合工作关系，青年和政府可以密切配合，共同执行某项政策。这类参与机制在农村地区面临的最大挑战（让全体农村青年参与）是，由于人力资本不足，青年在参与过程中无力与成人或其他人力资本充足的青年竞争。这很可能导致参与机制被更有权势、更为自信的精英俘获的现象。为此，合作机制需要进一步完善，确保所有群体的代表权得到充分保护和发挥。

成人对优秀青年的偏见也是合作机制面临的另一挑战。因为成人更愿意与在小组、委员会和公众活动中表现优异的人合作，而不愿意与在他们所排斥的青年群体中表现优异的人合作。因此，让这类机制中的成人参与者意识到参与机制面临的挑战很有必要，让他们谨慎对待这些挑战，诚心与受排斥的农村青年进行合作。正如上述提到的参与机制一样，青年参与合作机制所需的成本也会阻碍青年的参与，这一问题也亟待解决。

除以上这些不足外，合作参与机制还有其优点。该机制建立了长期平台，让青年得以发声，得以表达他们的喜好，从而促进青年的参与。国际组织一直致力于这类参与机制的建立，并适时引入一些保障弱势群体参与的具体规定。例如，联合国人口基金（UNFPA）建立了自己的全球青年咨询小组（GYAP），与各青年组织和青年网络进行建设性对话，从而更好地满足青年的需求。在保障弱势青年的参与方面，全球青年咨询小组也做了详细的安排。[1]2007年，联合国人口基金—巴基斯坦青年咨询小组从17名农村青年中选拔出10名加入其组织，任期两年。[2]

> **专栏4.1　萨尔瓦多青年网络（Youth network）**
>
> 　　因为农村青年参与决策具有重要意义，国际农业发展基金支持萨尔瓦多成立了第一届农村青年全国大会。萨尔瓦多青年网络（Youth network）为3000名青年获得政治和经济赋权创造了条件。萨尔瓦多农村青年全国大会（现称"AREJURES"）正在推进青年民主参与和获取经济机会的国家议程，为青年提供合作、培训和创业机会。AREJURES在全国有13个网络，是这个人口大国的主要青年网络，同时还是国家青年研究所（INJUVE）网络的一部分。AREJURES中60%的成员为女性，其组成机构还包括萨尔瓦多土著青年全国理事会委员会（CONAJIS）。国际农业发展基金不仅资助建立该网络后，还帮助其维持运行。萨尔瓦多不平等问题突出，为赋权其公民，AREJURES侧重于提高公民的能力，倡导青年在社区协会和市政部门的参与。通过实施一系列措施，若干个国家委员会已经增设了青年代表（IFAD Annual Report，2017）。

　　第四，赋权机制。赋权机制下，青年的参与最为全面，主人翁意识油然而生。但这类复杂项目对参与者的要求很高，并不是所有青年都能达到它所需的社会、人力和金融资本水平。所以在实行这类参与机制前和/或过程中要采取干预措施，增加农村青年，特别是偏远地区农村青年的人力资本，以便他们能克服障碍，有效、积极地参与到这类参与机制当中。此外，各部门密切协调、与外界联系更紧密的农村地区进一步发展。在城市化发展的过程中，也出现了一些边缘化问题，这可能会阻碍青年的参与。

　　在发展中国家，青年议会常用于促进青年的参与，然而它们大多数并没有明确解决农村问题。部分议会只是向青年通知一些信息，并没有赋权青年；换句话说，它们只是告诉青年真正的议会是如何运作的，而不是创建一个新的结构，让青年参与其中，为决策出谋划策。[3]在项目规划方面，联合国农业发展基金等国际组织也建立了赋权农村青年的机制（见专栏4.2）。

---

　　① https://www.unfpa.org/sites/default/files/jahia-events/webdav/site/global/shared/documents/events/2009/ gyap_09.pdf（于2018年5月16日访问）。

　　② 联合国人口基金，《青年参与指南》，http://nmd.bg/wp-content/uploads/2013/02/UNFPA-YOUTHPARTICIPATION-GUIDE-11-Nov-08-_email_.pdf。

　　③ 正如克劳利（Crowley）在谈到青年对英国和印度决策机制的影响时所说的那样："一些案例研究了提高青年话语权的过程。一项提高青年在参与机制中话语权的审查表明，在传统的青年结构中，正式的参与结构和机制（特别是英国的结构和机制）更多的是让青年能实践良好公民身份，培养负责任的态度，了解公共政策，而不是让他们参与公共服务的完善、担任服务提供者和政策决策者"（Crowley，2013）。

专栏4.2　联合国农业发展基金项目对农村青年的赋权

联合国农业发展基金认识到，投资农村青年能有效激发农村经济的活力，促进其发展。其投资组合的重点也日益放在农村青年身上。因此，它们致力于青年在地方和国家政策过程中的参与，认可青年在其业务中发挥的决策作用。

例如，全球青年创新网络（GYIN）是西非和中非地区的一个由青年主导的、为青年企业家和农村微型企业提供的参与平台。它旨在建立一个全球农村青年和城市青年企业家网络，为青年企业家提供培养创新和创业精神、锻炼领导力和自我创业的机会，从而达到减贫的最终目标（Vargas-Lundius and Suttie，2014）。

此外，联合国农业发展基金在尼日利亚的社区自然资源管理方案（CBNRMP）也为建立一个具有广泛代表性的青年领导的论坛指明了方向。它促进了青年团体的建立或发展，如青年论坛"青年农业基金会"（YIAF）的建立。青年农业基金会是尼日利亚的第一个农业创业青年网络，它的理事会由9名成员构成，每位成员代表一个州。作为一个网络平台，它能促进和支持青年可持续的农业综合经营，为青年企业家开展同行审议以及青年参与和政府及其他机构的政策对话提供场所。截至该方案完成之日，青年农业发展基金已扩大到880名成员（IFAD，2018）。

在推动青年参与国家变革和发展方面，塞拉利昂的不停歇发展协会自称是主要的青年领导的发展机构。促进公众的参与是其具体目标之一，因为青年的参与能使政府出台既有利于青年的发展，又有利于全体公民的政策。[①]该协会一直致力于解决农村青年问题和参与问题，并发现塞拉利昂的主要问题是青年人才的流失。[②]

---

① 见https://www.oecd.org/derec/unitedkingdom/17_Resteless Development Sierra%20Leone%20 sYouthReproductiveHealthProgramme%2020072012.pdf。

② 见 http://restlessdevelopment.org/file/youth-participation-in-council-decision-making-narrative-pdf。

以上谈及的机制都可以有效地帮助青年参与政策决策过程的不同阶段。然而，这并不能确保农村青年的积极有效参与，特别是住在与外界联系很少的地区的农村青年以及属于少数群体或原住民群体的农村青年。如果想要制定投资、战略和方案以促进农村青年在其社区、国家和地区的公共事务中的参与，也必须考虑一些其他因素。

除了特定的参与机制外，一些跨部门的干预措施也促进了农村青年的参与。这些干预措施的目的不在于促进农村青年的参与，而是培养他们的技能，增加他们的资本，但在整体战略的推进过程中，这两种因素将会提高农村青年的能动性、生产力以及与外界的联系性，使青年得到更多的机会。此外，干预措施对农村青年非认知技能和代际合作伙伴关系的培养也会促进他们的公共参与。

"非认知技能"一词指的是能让人们快速适应环境、与他人友好合作、表现出色和实现目标的众多技能、行为和个人品质（Lippman et al.，2015）。这些技能适用于各个行业，有助于人们获得其他技能（Bentaouet Kattan，2017），此外还有助于人们的升学和就业（Gates et al.，2016）。

农村地区的教育系统至关重要，它能通过培养青年的非认知技能来提高其参与水平。在理想情况下，15~20岁的青年能通过学校的培养，顺利进入社会、开始就业。然而，公办学校，特别是农村地区的公办学校，入学率低、与城市地区的教学质量差距大，为青年提供这类技能的培训时，还需要外界的额外支持（见图4.2）。

专栏 4.3　阿根廷的青年参与式预算——通过赋权发展技能

当前，青年的生活方式更加多样、节奏加快，青年参与预算机制有望解决青年的关切和福祉问题。

为了让青年主导当地青年服务的设计和执行，阿根廷罗萨里奥市承办了青年参与式预算年度活动 Joven de Rosario（PPJoven），让其六个区的青年参与，选出代表并决定青年服务的预算分配。在会上，由 13~18 岁的人确定投资优先事项，推选代表制定项目提案，并在地区大会上介绍该提案和优先事项。接着，再由当地青年投票决定执行哪项提案。在整个项目制定过程中，政府的技术部门会提供定期反馈，评估会上提出的项目的可行性和成本。[①]

参与式预算的远大目标之一就是扩大青年的能力，以促进他们的参与。该活动为参加预算分配的代表进行了一整天的培训，使其能够熟悉与决策者和同侪定期互动的流程，让新技能、知识和观点得到广泛传播和发展。

参与式预算有多种好处，乌拉圭等国家[②]也采取了类似的办法，加强青年与政府官员的协作。这使双方加深了互相理解，让公共支出更加公平和有效。

然而，要让转型水平最低、与外界联系最少的社区，以及农村青年和原住民青年等被社会排斥的群体参与进来，面临的挑战还很大的。参与式预算不仅要求青年代表具备一定的人力资本和技能，还要求政府提供召开定期集会和会议的基础设施。此外，还要留意精英俘获等问题（SPW and DFID-CSO，2010）。

———————————

①　见 https://participedia.net/en/cases/youth-participatory-budgeting-rosario-argentina。

②　见 https://www.municipios.gub.uy/sites/default/files/buenaspracticas/publicaciones/SAN%20CARLOS_presupuest%20participativo%20joven.pdf。

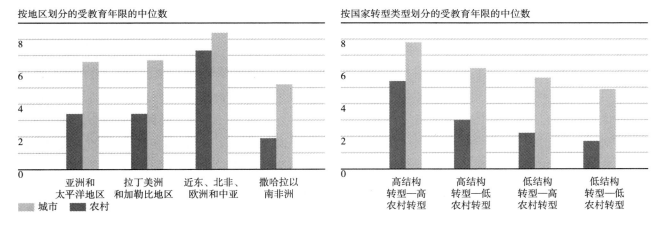

按地区划分的受教育年限的中位数　　　　　　按国家转型类型划分的受教育年限的中位数

图 4.2　在撒哈拉以南非洲和转型水平最低的国家，城乡教育差距最大

资料来源：DHS Statcompiler，最近年份的数据。数据集涵盖 65 个低收入和中等收入国家（基于世界银行定义和 2018 年的数据）。

农村教育系统面临的困难使得培养非认知技能的难度加大。政府是否应该将软技能融入基础教育当中，以及教育和卫生等其他部门对教育系统的参与程度如何？这些都还不清楚（Microlinks，2017）。如果农村青年想要更多地参与协商机构等论坛，他们还需要掌握一些软技能，而这是农村教育无法提供的（YouthPower，2017b）。因此，各方（不仅是农村教育系统）应该制定专项举措或更全面的发展干预措施，加大对农村青年认知技能的建设和培养。如果这些措施得以落实，青年会增强对公共生活的参与，同还会实现更全面的发展。

目前，体制中还存在很大的偏见，决策权一般掌握在成人（主要是男性成人）手中，如果能取得有效的跨代合作伙伴关系，这种偏见可以得到解决，青年和成人可以进行积极有效的协作。用切克维（Checkoway）的话来说，推动青年参与的关键是"让青年自己选择，让成人认可青年在社区机构的参与，以及让青年和成人进行代际合作"。

目前，已有一些组织制定了框架来促进青年与成人的代际合作。例如，青年力量组织（YouthPower）在其执行方案的积极青年发展做法清单中就包含了与成人榜样和同龄人建立良好联系（YouthPower，2017a）。万事达卡基金会的青年前进倡议（Youth Forward Initiative）采用了另一种方法。虽然该倡议的核心是解决加纳和乌干达农业和建筑业的青年失业问题，但在整体推进过程中，同样会对青年提供指导和辅导，并与青年机构保持密切合作。此外，为农村青年创造机会联盟（CORY）建立了一个指导组织，以培养青年的创新能力、促进同行学习并为青年提供补充性业务发展服务。

参与机制的有效落实需要综合考虑更多因素

参与机制成功落实的第一个条件是政治支持。虽然技术手段能在一定程度上促进农村青年的参与，但很明显，为农村青年的有效参与创造有利环境需要政治的支持。然而，在大多数农村地区，这种政治支持往往有限且不稳定。这种有利环境是必要的，不仅是为了解决青年的问题，而且在某种意义上，也许更为重要的是为了推进更宏观的发展议程。

第二个条件是明确界定邀请农村青年参与政策周期的目的，并确定在政策周期的特定阶段使用的机制（即通知、协商、合作或赋权机制）。虽然公众发挥作用的影响力在本章前面讨论的公众参与谱中是渐进的，但这并不一定意味着每一次公众参与都应赋予农村青年权利。不同情况下，各国政府需要决定哪一层次的青年更适合参与有关公共决策。

此外，要成功落实参与机制，我们要考虑的因素还包括经济转型的程度、农村空间的联系性以及农村青年在特定环境中所具有的能动性。这三种因素在影响青年经济参与的同时，也会影响他们对其他不同机制的参与。实际上，在转型水平较低的国家，那些与外界联系较弱的地区由于缺乏干预措施所需的资产和技能，参与机制的实施更为复杂，耗费成本也更高。例如，通知机制和协商机制的实施面临着信息闭塞和社会规范僵化带来的挑战。在城市周边地区，这些因素的制约力度可能没那么大，但与城市相关的其他类型的边缘化可能会带来相应挑战。因此，必须加大对硬基础设施和软基础设施的投资力度，加强农村地区、半农村地区以及城市周边地区的联系，以便促进信息交流，为农村青年参与政治、社会和经济生活创造新的机会。

同时，政府和各组织还应认识到，青年群体内部是有差别的。因此，在促进青年的参与时，对农村青年，特别是农村地区的弱势群体，如女性青年和原住民群体，应采取特别措施。如果要促进农村女性青年参与，我们可以采取以下措施：减轻她们的工作量、加强她们的软技能、支持妇女组织、在某些组织中为女性青年提供领导职位，以及提高地方领导对女性青年参与的重要性的认识。如果要促进原住民青年的参与，那么必须考虑当地的语言、文化特性和传统等因素（Dockery，2013）。

近年来，信息与通信技术日益普及，人们的交流更加便利，极大增加了农村青年的参与机会。过去，青年需要线下参与，但现在信息与通信技术提供了一种新途径，农村青年可以利用它获取和传达信息，并在决策过程中发表自己的观点。因此，信息与通信技术的发展具有重要意义，它可以克服一些阻碍农村青年参与的限制因素，特别是与高交易成本有关的限制因素。

总之，借助参与机制，青年人可以实现农村变革潜力，并在此过程中锻炼和加强自己的能动性。但要体现参与的意义，必须让青年持续地参与。一些参与机制的门槛非常高，只有资产丰富的青年才能持续参与，但大多数农村青年都没有这个能力。对他们而言，参与只不过是空中楼阁，没有任何实际作用，并不能帮助他们增加社会、经济和（或）人力资本。因此，参与机制必须体现宏观的发展，确保农村青年的可持续参与。[1]

聚焦：原住民青年

农村青年在提高生产力、增强与外界联系以把握自己未来时面临着众多限制，而原住民青年，除了这些限制外，还面临着更多挑战。原住民青年生活的地方往往更为封闭，与外界联系更少，生产资源和公共服务都非常有限。拉丁美洲和加勒比经济委员会（ECLAC）（2008）指出，在拉丁美洲，原住民青年的贫困线要低于青年的平均水平。

在农村地区，原住民青年的受教育水平和年限普遍要低于非原住民青年（World Bank，2015）。大多数教育系统中缺乏原住民人民的文化和历史，特别是缺乏原住民语言课程，老师授课也不用原住民语（Trucco and Ullmann，2015）。所以原住民青年的入学率低、辍学率高，而这又进一步导致了他们文盲率高、就业机会少、贫困率高（ECLAC，2014）。过高的失业率迫使原住民青年外出寻找就业和上学机会（ECLAC，2018）。

资源开采行业剥夺了原住民的土地，造成生产性资源匮乏，这进一步迫使原住民青年迁往城市地区寻找就业（ECLAC，2014）。但由于背井离乡和文化不适，原住民青年很容易患上心理疾病，自杀率随之上升（ECLAC，2014）。城市环境中对原住民的结构性歧视也加大了原住民青年融入社会的难度（ECLAC，2014；World Bank，2015）。

此外，在青年中，意外怀孕、孕产妇死亡和慢性病的发生率非常高，但由于经济、地理、语言和文化等因素，他们接受性健康和生殖健康服务受阻（ECLAC and PAHO，2011）。证据表明，在15个拉丁美洲国家，即使考虑了教育水平，原住民青年的青少年怀孕率也始终高于非原住民青年（在拉丁美洲，这一差距为12%~31%）。这是我们必须关切的一个问题，因为早育会增加孕产妇死亡和其他健康风险（Conde-Agudelo et al.，2004；Patton et al.，2009），还会影响到青少年女性的长期教育和经济前景（见第三章）。此外，由于早婚早育是一些原住民根深蒂固的观念，他们并不认为过早的青少年生育是一个问题（Trucco and Ullmann，2015）。

---

[1]　相关实例可见青励的积极青年发展方法。

原住民青年往往在国家和国际上，甚至是在其社区都没有发言权。拉丁美洲和加勒比经济委员会（2014）指出，青年的期望受到传统体制的限制，反过来传统体制又受到了青年的挑战。原住民社区内，很多职务历来都是由年长者担任，青年缺乏在领导层的职位，在社区决策中并没有发言权（ECLAC，2014）。原住民青年的赋权、能力发展以及政治、社会和经济决策的参与都因此受到阻碍（UNDESA，2013）。

在保护和管理自然资源、促进农村的整体和可持续发展方面，原住民青年扮演着非常重要的角色。全球大约有 6700 万原住民（UN，2015），他们的领地拥有 80% 的全球生物多样性（IFAD，2016）。他们非常了解大自然，采用传统的土地利用方式，对生态系统的管理和保护作出了极大贡献（IFAD，2016）。原住民始终秉承可持续原则，合理利用当地环境和生态系统发展经济，同时，他们对生物资源的可持续利用也使他们免受作物歉收、生物多样性减少、土壤肥力下降等其他威胁（Kelles-Viitanen，2008）。因此，我们必须加大投资力度，解决原住民群体面临的制约，促进他们的社会、文化和生物持续性，确保原住民青年的需求和权利得到保障。为此，决策者需要做到以下几点：

（1）赋权原住民青年。要实现全面脱贫和共同繁荣的目标，必须建立一个体制、结构和过程完善的社会，能够赋权所有社会群体，如包含原住民青年在内的历来被边缘化的群体（World Bank，2013）。因此，建立认可原住民青年的制度、提供充足的资金，以及确保青年对各级公共决策的参与，是确保青年的参与权、实现包容性发展的重要步骤。可喜的是，国际社会愈加认识到原住民青年的重要性，有关原住民青年组织的活动也越来越多（ECLAC，2014）。

（2）提高原住民青年教育的文化包容性。大量研究表明，接受跨文化和双语教育的儿童在母语和第二语言上都会有更好的表现（IASG，2014）。如果在课堂上使用原住民语，教授原住民知识，原住民学生及其家庭的兴趣都会得到激发，他们渴望进一步了解他们过去以及当前，并获得未来学习和发展的机会（IFAD，2016）。原住民社区应提供这类基础教育教学，培养原住民学生的认知技能和非认知技能，促使他们融入农村发展进程，提高自身就业能力。

（3）改善原住民青年的（生殖）医疗服务。由于文化不同，在制定卫生政策时要综合考虑，必须尊重原住民的知识和做法，如发展他们的医学。卫生教育、护理教育以及性教育和生殖权利教育对原住民青年尤为重要，但在推广过程中必须尊重当地文化，使用恰当的语言（ECLAC，2014）。

（4）投资农村基础设施。为寻找就业、生计以及教育机会，大量原住民青年会移徙到城市地区（ECLAC，2014）。在投资加强农村互联互通、提高信息流通、加强市场和金融服务时，必须利及原住民青年，以便农村转型实现包容和可持续的发展，增加原住民青年的创收机会，缓解他们的移民压力。

（5）与私营部门就合作。高度转型国家的成功施政提高了其原住民青年的升学率、就业率，促进了他们的创业和民主参与。这些政策的亮点在于结合了公共投资和私人投资，体现出公私合作（PPP）在推动原住民青年可持续参与方面的重要性（UBC，2018；Westpac Group，2014；Prosper Canada，2015）。

专栏4.4　国际农业发展基金

　　国际农业发展基金在印度提供就业安置培训和求职培训的奥里萨部落赋权和升级方案提高了原住民青年的能力。培训对象共有3044名青年，其中1100人在工商企业参加培训。此外，该项目还特别强调求职培训的参与者中，女性必须占1/5。在阿根廷、巴西、哥伦比亚、墨西哥和肯尼亚，国际农业发展基金与国际慢食协会合作，促进原住民青年的社会和经济赋权。培训对象为15~24岁的农村原住民青年，国际农业发展基金在他们生活的社区资助项目，利用价值链提高传统食物产品的经济价值。项目旨在通过提供政策对话和知识交流的平台，培养原住民青年的领导能力，促进参与，从而增强原住民青年的社会赋权。

参考文献

Arnstein, S. R. 1969. A Ladder of Citizen Participation. Journal of the American Planning Association, 35 (4): 216-224.

Asensio, R. 2012. Nuevas (y viejas) historias sobre las mujeres rurales jóvenes de América Latina. Instituto de Estudios Peruanos. Lima.

Bentaouet Kattan, R. 2017. Non-cognitive skills: What are they and why should we care? World Bank Blog on Education for Global Development (available at: http://blogs. worldbank.org/ education/non-cognitive-skills-whatare- they-and-why-should-we-care).

BMZ (German Federal Ministry for Economic Cooperation and Development). 2017. One World – No Hunger: Future of the rural world. International G20 Conference, Berlin 27-28 April 2017. Bonn: Ministry for Economic Cooperation and Development (available at: https://www.bmz.de/en/ publications/ type_of_publication/ information_flyer/flyer/ Conference_ Documentation_OneWorld_ NoHunger.pdf).

Bratton, M., Chu, Y., Lagos, M. 2010. Who Votes? Implications for new democracies. Taiwan Journal of Democracy, 6 (1): 107-136.

Campbell, C., Gibbs, A., Maimane, S., Nair, Y. and Sibiya, Z. 2009. Youth Participation in the Fight against AIDS in South Africa: From policy to practice. Journal of Youth Studies, 12 (1): 93-109 (available at:https:// doi.org/ 10.1080/ 13676260802345757).

Checkoway, Barry, 2011. What is Youth Participation? Children and Youth Services Review, 33(2): 340-345 (available at: https:// doi.org/10.1016/j.childyouth.2010.09.017). Community Network for Manchester. 2011.

Seldom Heard Groups and Engagement in Manchester – Emerging trends and future priorities. A rapid research report. January.

Conde-Agudelo, A., Belizan, J.M., Lammers, C. 2004. Maternal-Perinatal Morbidity and Mortality Associated with Adolescent Pregnancy in Latin America: Crosssectional study. American Journal of Obstetrics and Gynecology, 192: 342-349.

Crowley, A. 2013. Is Anyone Listening? Children' participation in public decision-making, turning "voice" into "influence". International Journal of Child Health and Human Development, 6 (4).

DFID (Department for Overseas Development). (2010). Youth Participation in Development – A guide for development agencies and policy makers. Youthpolicy.org (available at: http:// www.youthpolicy.org/library/documents/ youth-participation-in-development-aguide-for-development-agencies-and-policymakers/. Retrieved 29 December 2017).

Dirven, M., 2016. Juventud Rural y Empleo Decente en América Latina. Santiago: FAO.

Dockery, AM. 2013. Cultural Dimensions of Indigenous Participation in Vocational Education and Training: New perspectives. National Vocational Education and Training Research Program Research Report. Adelaide.

ECLAC (Economic Commission for Latin America and the Caribbean). 2008. Juventud y Cohesión Social en Iberoamérica: Un modelo para armar. Santiago, Chile: United Nations.

ECLAC (Economic Commission for Latin America and the Caribbean). 2014. Guaranteeing Indigenous People's Rights in Latin America. Progress in the past decade and remaining challenges. Santiago, Chile: United Nations.

ECLAC (Economic Commission for Latin America and the Caribbean). 2018. The Rural Youth Situation in Latin America and the Caribbean. Background paper for the Rural Development Report 2019. Rome: IFAD.

ECLAC and PAHO (Economic Commission for Latin America and the Caribbean and Pan American Health Organization). 2011. Salud de la Población Joven Indígena en América Latina: Un panorama general (LC/R.2171). United Nations: Santiago.

Elias, M., Mudege, N., Lopez, D.E., Najjar, D., Kandiwa, V., Luis, J., Yila, J., Tegbaru, A., Ibrahim, G., Badstue, L., Njuguna-Mungai, E. and Bentaibi, A. 2018. Gendered Aspirations and Occupations among Rural Youth, in Agriculture and Beyond: A cross-regional perspective. Journal of Gender, Agriculture and Food Security, 3 (1): 82-107.Fox, L. 2018. Economic Participation of Rural Youth: What matters? Background paper for the Rural Development Report 2019. Rome: IFAD.

Gates, S., Lippman, L., Shadowen, N., Burke, H., Diener, O. and Malkin, M. 2016. Key Soft Skills for Cross-Sectoral Youth Outcomes. Washington, D.C.: USAID YouthPower.

Giuliani, A., Mengel, S., Paisley, C., Perkins, N., Flink, I., Oliveros, O. and Wongtschowski, M. 2017. Realities, Perceptions, Challenges and Aspirations of Rural Youth in Dryland Agriculture in the Midelt Province, Morocco. Sustainability, 9 (6): 871 (available at: https://doi.org/10.3390/su9060871).

Hart, R.A. 1992. Children's Participation: From tokenism to citizenship. Florence: UNICEF International Child Development Centre. (available at: https://www. unicef-irc.org/ publications/pdf/ childrens_participation.pdf).

Head, B.W. 2011. Why Not Ask Them? Mapping and promoting youth participation. Children and Youth Services Review, 33 (4): 541-547 (available at: https://doi. org/10.1016/ j.childyouth.2010.05.015).

Hewad, G. and Johnson, C. G. 2014. A Rough Guide to Afghan Youth Politics. United States Institute of Peace.

IASG (United Nations Inter-Agency Support Group on Indigenous Peoples Issues). 2014. Education and Indigenous Peoples: Priorities for inclusive education. Thematic paper towards the preparation of the 2014 World Conference on Indigenous Peoples.

Ibrahim, S. 2011. Poverty, Aspirations and Well-Being: Afraid to aspire and unable to reach a better life – voices from Egypt. Brooks World Poverty Institute Working Paper No. 141 (available at: SSRN: https:// ssrn.com/ abstract=1747798 or http:// dx.doi.org/10.2139/ ssrn.1747798).

IFAD (International Fund for Agricultural Development). 2018. IFAD's Engagement With Rural Youth: Case studies from IFAD loans and grants.

IFAD (International Fund for Agricultural Development). 2017. Indigenous Peoples' Collective Rights to Lands, Territories and Natural Resources. Lessons from IFAD-supported projects.

IFAD (International Fund for Agricultural Development). 2016. Rural Development Report 2016. Fostering inclusive rural transformation. Rome: IFAD.

Jennings, L. B., Parra-Medina, D. M., Hilfinger-Messias, D. K. and McLoughlin, K. 2006. Toward a Critical Social Theory of Youth Empowerment. Journal of Community Practice, 14 (1-2): 31-55 (available at: https:// doi. org/10.1300/J125v14n01_03).

Karsten, A. 2012. A Potpourri of Participation

Models (available at: http://www. youthpolicy. org/wp-content/uploads/library/ Participation_ Models_20121118.pdf).

Kelleher, C., Seymour, M. and Halpenny, A. M. 2014. Promoting the Participation of Seldom Heard Young People: A review of the literature on best practice principles. Research Development Initiative Scheme of Children and Youth Affairs, Irish Research Council and Department of Children and Youth Affairs (available at: https:// arrow.dit.ie/cgi/ viewcontent.cgi?referer= https://www.google. com/&httpsredir= 1&article=1026&context=aa schsslrep).

Kelles-Viitanen, A. 2008. Custodians of Culture and Biodiversity: Indigenous peoples take charge of their challenges and opportunities. Rome, IFAD.

Lansdown, G. and O'Kane, C. 2014. A Toolkit for Monitoring and Evaluating Children's Participation. London: Save the Children UK (available at: https://resourcecentre. savethechildren.net/taxonomy/term/11712).

Leavy, J. and Smith, S. 2010. Future Farmers: Youth aspirations, expectations and life choices. Discussion Paper 13. London: Future Agricultures Consortium.

Lippman, L.H., Ryberg, R., Carney, R., and Moore, K.A. 2015. Key "Soft Skills" that Foster Youth Workforce Success: Toward a consensus across fields. Workforce Connections. A Child Trends Publication.

Matthews, H. 2001. Citizenship, Youth Councils and Young People's Participation. Journal of Youth Studies, 4 (3): 299-318 (available at: https://doi. org/10.1080/13676260120075464).

Microlinks. 2017. What We Know About Rural Youth's Entry Into Employment (available at: https://www.marketlinks. org/blog/what-we-know-about-ruralyouth% E2%80%99s-entry-employment).

Nairn, K., Judith, S. and Freeman, C. 2006. Polarizing Participation in Local Government: Which young people are included and excluded? Children, Youth and Environments, 16 (2): 248-271.

Nlerum, F.E. and Okorie, N.U. 2012. Youth Participation in Rural Development: The way forward. Spanish Journal of Rural Development, 61-70 (available at: https:// doi. org/10.5261/2012.GEN1.05).

Nova Scotia Health Promotion and Protection. 2009. On Being Youth Centred: A guideline for individuals and organizations. Government of Nova Scotia, Department of Health and Wellness (available at: https://novascotia. ca/dhw/ healthy-development/documents/ On- Being-youth-Centred-A-Guideline-for-Individuals-and-Organizations.pdf).

OECD (Organisation for Economic Co-operation and Development). 2018. The Future of Rural Youth in Developing Countries: Tapping the potential of local value chains. Paris: OECD Publishing (available at: https:// doi. org/10.1787/9789264298521-en).

OECD (Organisation for Economic Cooperation and Development). 2017a. Youth Aspirations and the Reality of Jobs in Developing Countries: Mind the gap. Development Centre Studies, Paris: OECD Publishing.

OECD (Organisation for Economic Co-operation and Development). 2017b. Estudio de Bienestar y Políticas de Juventud en el Perú. OECD/EU Youth Inclusion Project. Paris.

OECD (Organisation for Economic Co-operation and Development). 2017c. Evidence-Based Policy Making for Youth Well-Being: A toolkit. Paris: OECD Publishing.

Patton, G.C., Coffey C., Sawyer, S.M., Viner, R.M., Haller, D.M., Bose, K., Vos, T., Ferguson,

J. and Mathers, C.D. 2009. Global Patterns of Mortality in Young People: A systematic analysis of population health data. Lancet, 374: 881-892.

Prosper Canada (2015). Financial Literacy and Aboriginal Peoples (available at: http://prospercanada.org/getattachment/f988e655-6033-40b1-8445-cd539bfdcf09/Financial-Literacy-and-Aboriginal-Peoples.aspx).

Rajani, R. 2000. Promoting Strategic Adolescent Participation. Discussion paper. Adolescence Education Newsletter, 3 (2): 20-22. New York: UNICEF.

REAF (Reunión Especializada en Agricultura Familiar). 2016. REAF/Southern Commmon Market (MERCOSUR). Una Década de Coproducción de Políticas Públicas entre el Estado y la Sociedad Civil. Rome: FAO (available at: http://www.fao.org/ family-farming/detail/es/c/423018/).

SPW (Students Partnership Worldwide) and DFID-CSO (Department for Overseas Development-Civil Society Organization) Youth Working Group. 2010. Youth Participation in Development. A guide for development agencies and policy makers. London (available at: http://www. youthpolicy.org/wp-content/uploads/ library/2010_Youth_Participation_ in_Development_Guide_Eng.pdf).

Sumberg, J., Chamberlin, J., Flynn, J., Glover, D. and Johnson, V. 2018. Landscapes of Rural Youth Opportunity. Background paper for the Rural Development Report 2019. Rome: IFAD.

Trivelli, C. and Asensio, R. (eds.), 2014. La Revolución Silenciosa: Mujeres rurales jóvenes y sistemas de género en América Latina. Lima: Instituto de Estudios Peruanos.

Trivelli, C. and Morel, J. 2018. Rural Youth Inclusion, Empowerment and Participation. Background paper for the Rural Development Report 2019. Rome: IFAD.

Trucco, D. and Ullmann, H. (eds.), 2015. Juventud: Realidades y retos para un desarrollo con igualdad. Santiago, Chile: ECLAC.

UBC (University of British Columbia). 2018. Impact Investing in the Indigenous Context. Centre for Social Innovation and Impact Investing (available at: https://www.sauder.ubc.ca/Faculty/ Research_Centres/Centre_for_ Social_Innovation_and_Impact_Investing/ Core_Themes/Impact_Investing/Impact_ investing_in_the_indigenous_context).

UN (United Nations). 2015. United Nations Permanent Forum on Indigenous Issues. Indigenous Peoples and the Development Agenda: Beyond 2015. Briefing paper. New York: United Nations.

UNDESA (United Nations Department of Economic and Social Affairs). 2013. International Expert Group Meeting on Indigenous youth: identity, challenges and hope: articles 14, 17, 21 and 25 of the United Nations Declaration on the Rights of Indigenous Peoples, Concept Note.

UNDESA (United Nations Department of Economic and Social Affairs). 2004. World Youth Report 2003: The global situation of young people. New York: United Nations Publications.

UNDESA (United Nations Department of Economic and Social Affairs). 2003. World Youth Report. Chapter 10: Youth participation in decision making. New York (available at: http://www.un.org/esa/ socdev/unyin/documents/ch10.pdf).

UNICEF (United Nations Children's Fund). Leaflet No. 9: Indigenous Children and Youth. United Nations World Programme of Action for Youth to the Year 2000 and Beyond/United Nations Children's Fund/Office of the United

Nations High Commissioner for Human Rights (OHCHR) (available at: https://www.ohchr.org/documents/ publications/guideipleaflet9en.pdf).

Vargas-Lundius, R. and Suttie, D. 2014. Investing in Young Rural People for Sustainable and Equitable Development. Rome: IFAD.

Westpac Group (2014). Enabling Prosperity: Success Factors For Indigenous Economic Development.

White, B. 2018. Rural Youth, Today And Tomorrow. Background paper for the Rural Development Report 2019. Rome: IFAD.

White, B. 2012. Agriculture and the Generation Problem: Rural youth, employment and the future of farming. IDS Bulletin 43. London.

World Bank, 2018. DataBank: United Nations Population Division's World Urbanization Prospects: 2018 Revision. Washington, D.C. (available at: http://databank.worldbank. org/data/reports.aspx?source=1228).

World Bank. 2015. Indigenous Latin America in the Twenty-First Century. Washington, D.C.: World Bank.

World Bank. 2013. Inclusion Matters. The foundation for shared prosperity. Washington, D.C.: World Bank (available at: doi:10.1596/978-1-4648-0010-8).

YouthPower, 2017a. Does your Program Reflect Gender-Transformative or Positive Youth Development Practices? A Checklist. USAID-PEPFAR-YoungPower.

YouthPower, 2017b. A Systematic Review of Positive Youth Development in Low- and Middle-Income Countries: Findings on workforce readiness & employability. YoungPower Learning Brief.

第五章
为农村青年抓住人口红利

城镇化、农村过密化和人口结构转变这三个人口统计层面的发展过程相互联系、相互作用，深刻地影响着农村生计。联合国经济和社会事业部2017年发布的数据显示，农村人口自20世纪50年代以来已增长了大约4倍，但是如今在低收入和中等收入国家，有超过一半的人口居住在城镇地区。人口流动性不断增强，人们越来越多地向城镇地带迁移，包括二级城市扩张在内的城镇化、农村过密化和乡镇的发展大大减少了城乡差距，同时也为农村地区创造了更多机会，农村青年因此能与市场建立更紧密的联系。

斯特克洛夫和梅纳什·奥伦在2018年的人口结构研究中指出，人口结构转变与结构转型核心过程密切相关，还会对农村青年的生活和机会造成重大影响。因此人口结构的转变过程中，初期的死亡率下降（主要是婴儿和儿童的死亡率）会导致快速的人口增长和人口结构年轻化。在时而迅速、时而缓慢的增长后，生育率开始下降，最终人口进入老龄化进程。

"人口红利"指的是在人口结构转变过程中可能会出现的经济增长现象。在此阶段，通常生育率迅速下降，劳动年龄人口比例上升；每几名劳动年龄人口才要负担1名非劳动年龄人口，即低人口抚养比；人均产出也呈上升趋势（Bloom et al., 2003；Lee and Mason，2010）。如果抓住这一关键时期进行正确的投资，高等教育会取得蓬勃的发展，医疗卫生会获得更好的改善，女性也能享受到更优的就业机会，从而充分发挥第一次人口红利的优势。

因此，红利出现的时期也给经济发展带去一个独特且有时限的机会窗口。当人口抚养比较低时，假使政府进行必要投资以提高劳动力的生产率且人口结构进行快速转变，经济会持续飞速增长。相反，人口结构转变缓慢、必需投资不到位会对经济的长期增长造成不利影响。

农村地区在人口结构转变过程中总体呈落后态势，因此在这些地区将投资落实到位、聚焦于升级医疗卫生、改善优化教育并保证农村青年的就业提质增效是重中之重。通过落实必需投资、推动人口结构转变增速、扩大人口红利的受益规模，有效延长红利的持续期。

撒哈拉以南非洲需要加快人口结构转变进程，以防错失人口红利。在过去的40年中，该地区女性的人均活产率为5.1%，并居高不下，亚洲女性的人均活产率则从6%下降至2%。全球低收入和中等收入国家的青年人口有1/5来自撒哈拉以南非洲，到2100年这一比例将上升至30%~50%。在这一地区，如果生育率没有出现大幅下降，青年人群也积极参与生产活动，更多人群尤其是农村群体将会脱贫致富。近些年来，脱贫率的下降和贫困人口数量的增加就已经从反向印证了这一点（世界银行，2018a）。

要想实现人口红利，在注重生育的同时，实施旨在鼓励农村年轻妇女加入劳动力队伍的投资也是关键一步。女性参与劳动对人口红利的贡献是双重的。首先，妇女加入劳动力大军意味着她们延迟生育，促进了生育率下降。其次，农村部门的生产率提高，加快结构转型进程。总体上，农村女性青年接受教育并参与工作将极大地改善她们的生活质量，促进农村的经济发展。

当劳动人口在总人口占比较高、生育率偏低、退休储蓄增长时，通过实施积极的投资，提高金融机构的绩效以鼓励人们储蓄，有望促使第二次人口红利的出现。总储蓄量大幅上涨将进一步拉动投资水平的提高，推动经济长期发展。想要实现第二次人口红利的国家必须配备能鼓励私人储蓄的运行稳定的金融机构。只要采取措施鼓励帮助青年就业并且建立一套运转良好的金融体系，这些国家即便错失了第一次人口红利期，也有望抓住机会迎来第二次人口红利。一旦金融机构真正落实到位，青年一代定会成为第二次人口红利的贡献者和受益者。

人口结构转型与农村转型相辅相成，密切相关。因此，人口结构转型决定了农村转型持续、包容发展的前景，也影响着我们对这些变化的感知。这一章我们将介绍什么是人口转型，解释两次人口红利的相关概念及其与农村转型进程的关联，回顾发展中国家不同地区的转型现状，探求进程不一的原因。我们还将特别关注非洲地区出现的人口转型进程放缓问题及其引发的各方关切。最后，我们会进行深入探讨，对农村青年进行投资会如何加快那些亟须人口红利的地区的转型进程。

亚洲农村青年人口最多，非洲青年人口增长最快

非洲与亚洲的农村青年人口变化趋势形成鲜明的对比，佐证了经济结构转型、农村转型进程对人口结构转型施加的重大影响。2015年，亚洲容纳了发展中国家60%以上的农村青年，其中有超过20%都来自印度和中国。而撒哈拉以南非洲的这一比例不到20%，近东和北非地区以及拉丁美洲和加勒比地区则拥有不到6%的农村青年。一方面，经济的快速增长、结构转型和城镇化的迅猛发展使得亚洲大部分地区的农村青年在总人口中占比迅速减少（见第二章）。自20世纪80年代中期以来，亚洲农村青年的绝对数量持续下降。另一方面，非洲的转型十分缓慢、成效甚微，生

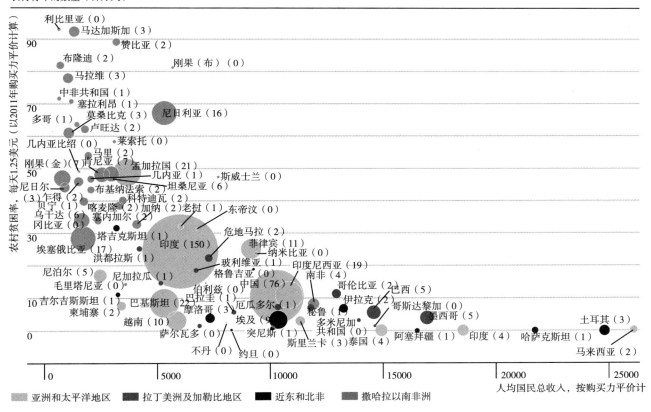

图 5.1　青年人口多的国家通常农村贫困率偏高

资料来源：作者根据《联合国世界人口前景（2017年修订本）》计算。该数据集涵盖75个低收入和中等收入国家（基于世界银行对这些类别的定义和2018年的数据）。括号中的数字代表每个国家的数百万农村青年。零表示农村青年人口少于100万。

育率居高不下，农村青年数量也在迅速增加。到2050年，非洲的农村青年人口预计将增加1倍，至1.8亿；亚洲的农村青年人口将从3.4亿快速下降至2.3亿。

除中国和印度外，大部分农村青年居住在贫困率高的低收入国家（见图5.1）。除孟加拉国和塔吉克斯坦外，其余所有农村贫困率为30%或以上的国家都位于非洲。观察人士从这些基本数据中推算出一个惊人的结论：如果在未来几十年里，亚洲和非洲的经济发展和转型还维持原有速度，到2050年几乎所有的农村贫困青年都将来自非洲。本章其余的部分会解释这种情况的出现原因，并给出如何使非洲避免这个局面的具体方案。

第一次人口红利的宝贵机遇

人口结构转变与结构转型、农村转型相辅相成

死亡率下降（主要是婴儿和儿童）标志着人口结构开始转变，这时人口呈快速增长趋势，人口年龄结构也逐渐年轻化。[①]在现代，城镇地区通常最先出现死亡率下降的情况，随后才是农村地区。生育率经过激增和大规模延长后开始骤降，人口由此进入老龄化进程。同样的，也是城镇地区先出现生育率下降，再扩散至农村地区。

人口结构转变促进结构转型、农村转型的方式如下。城镇地区生育率下降带来劳动生产率和居民收入的提高。相对而言，人们由于收入增加而改变消费模式，不再局限于购买食品，经济结构从而发生变动。城镇居民收入的增加吸引越来越多的农村人群（其中大部分是谋求更好发展机会的青年）到城镇地区发展。[②]青年不断从农村流向城镇地区，农村地区的生育率大幅下降，其人口增长率相对于城镇人口增长率的下降，无论是在农业活动还是在非农业活动中，都可以提高农村地区的劳动生产率和收入。消费模式随后在农村地区发生改变，加快了结构转型的总体进程，对于农村地区而言尤甚。人口结构的转型及其速度保证了结构转型的进展稳定，也确保了经济机会持续发展。

生育率下降是转型的助推剂，主要取决于结构转型过程的关键因素，因此人口结构转型也促进了结构转型、农村转型。女性受益于结构转型推高的收入，其行为也将发生变化，例如生育率不断下降。城镇地区比农村地区更能感知时间机会成本的增加，而且接触的信息、思想和享有的机会更多（尽管数字革命正在改变一切，见第八章）。农村地区收入增长停滞不前，抑或是城镇地区的收入分配处于劣势，将极大地阻碍收入增长并减慢生育率的下降。因此，政府出台的经济政策及其对基本面的投资起着关键作用。

同时，由于收入增加和城镇化现象的普及，男性的态度以及社会准则发生了极大的改变。女性由此享有更多的自由，能够控制自身生活的许多方面（Heath and Jayachandran，2018）。女性青

---

① 在工业革命前的欧洲，卫生条件差导致城市地区成为疾病传播的温床，最初城市地区死亡率高于农村地区。在如今，即使在世界上最贫穷的国家的城市地区，情况也发生了变化。

② 当今发展中世界的人口迁移对城镇发展的贡献要小于欧洲工业化国家，但这主要是由于如今城市地区的死亡率大大降低，这意味着当今城市人口的自然人口增长率要高得多。在整个工业化时期的大部分时间里，发展中国家的绝对移民率等于或高于欧洲。此外，尽管在整个发展中国家，从20世纪60年代到20世纪90年代，农村人口向城市的迁移明显减少，但死亡率也有所下降。这导致国家和地区之间存在差异，人口迁移对城市人口增长的贡献几乎与城市人口自然增长差不多，而将农村地区重新划分为城市地区的贡献则最大。参见Jedwab，Christiaensen and Gindelsky，2017。

年的能动性增加，生育率随之大幅下降。越来越多的女性接受教育，对未来进行规划投资，加入劳动力队伍之后，其在教育上付出的投资也相应地取得了回报。所有的因素产生了合力，构成了集人口结构转变和结构转变、农村变革为一体的良性循环。

人口结构转变带来人口红利，推动经济转型，实现经济增长

人口结构转变、结构转变和农村转型相互紧密联系，既推动了两次人口红利的出现，也是两次人口红利的必然结果。人口结构转变打开的机会窗口期催生了人口红利。一旦青年人群占总人口的比例下降，一个国家中每一个受抚养者将从更多的拥有工作、创造财富的人那里获得依靠和支持（现在这些受抚养者都是儿童）。即便劳动生产率不变（但一直以来都是极不正常的），上述假设也会导致平均收入增加，从而推动消费结构的变化，某种程度上结构转型、农村转型也受到影响发生变化。如果配备适当准确的投资，人口结构转型越快意味着可能获得的人口红利也越多。

第二次人口红利覆盖范围会更广，持续时间会更长。有两个条件：第一，劳动人口的相对规模增加；第二，他们利用储蓄对国家基础设施进行的投资越来越多，人们的储蓄水平也随之增加。如果一个国家成功做到这一点，就能将第一次人口红利中有时限的好处转变为永久的、可持续的经济增长。不过，积累储蓄并进行正确投资需要一个良好的营商环境，公共和私人部门间建立一段建设性关系也是关键。读者会想起前面第二章的讨论，政府的效率是衡量金融机构好坏的有力标杆，在转型更成功、收入更高的国家，政府的效率更高。第一次人口红利推动的经济增长、促进的结构转型和农村转型在第二次人口红利时期起着关键作用，因此第二次人口红利覆盖范围会更广、持续时间会更长，从而对经济和社会带来更具变革意义的影响。

人口红利的窗口期具有时限性，其背后的逻辑十分清晰。假设死亡率下降，生育率也随之急剧下跌。人口会经历快速增长期。最终，生育率下降会赶超人口增长的速度。不过，人口的年龄结构会逐渐年轻化，总人口的快速增长也会对基础设施甚至是社会造成极大的压力。即使生育率不断呈下降趋势，人口结构的低龄化也能保持持续的人口增长。除非生育率骤然下降，否则人口结构转变一直都将缓慢开展：几十年间，青年人口占总人口的比例出现下降趋势，但也仅仅是短暂的下降。每一个不工作的人有较少的几个工作的人照顾支持，这个时间段还不断被延长，第一次人口红利效果甚微，进展缓慢。收入缓慢增长意味着人们的储蓄不能继续增加，政府也无法推动储蓄的增加并从中受益。第二次人口红利覆盖范围更广、持续时间更长、更具变革性的前景也许并不是一片明朗之势。所以，人口结构转变的速度深刻影响着人口红利的规模，乃至最终的长期经济影响。

撒哈拉以南非洲人口结构转变进程远远落后于其他地区，面临错失人口红利的风险

农村青年占总人口的比例能够较为准确地反映出一个国家人口结构转变的进度。中低收入国家转型水平最高，农村青年占总人口比例较小，预计这一比例还会继续下降（见第二章）。相比之下，由于农村地区（但不仅限于农村）的生育率居高不下，转型水平最低的国家中农村青年占总人口的比例下降趋势较为平缓，这些国家有80%都位于非洲。因此，这些国家需要及时采取措施，加快人口结构转变步伐，赶上人口红利期，获得助推力推进结构转型。

亚洲人口红利规模可观，拉丁美洲也相应地受益于人口红利

第一次人口红利极大地推动了亚洲和拉丁美洲许多国家的经济增长。尽管亚洲跟拉丁美洲这两个地区的政策类型相差甚远，它们带来的支持都部分归因于人口红利的助推作用。东亚地区的经济增长是个"奇迹"，受益于开放的贸易、高储蓄率、卫生和教育领域的人力资本累积以及宏观政策，人口结构快速转变（布莱姆和芬莱，2009）也是一大主要因素。生育率下降加上劳动人口占比的相应上升导致了人们的行为变化。越来越多的女性加入劳动力市场以及人们的寿命增加带来储蓄的提高，投资也随之增加。近几年，这类人口结构的变化推动了一些中南亚国家的经济发展。

在拉丁美洲，计划生育、投资妇女儿童医疗卫生推动了人口结构的转变。不过，该地区在教育领域的投资乏力使得可以获得的人口红利大幅缩水。另外，拉丁美洲仍未意识到贸易在经济政策中扮演的重要角色，贸易能极大地推动经济增长。

非洲现今的人口结构和其他发展中国家的人口结构大相径庭

从 2015 年中低收入国家的人口金字塔可以看出，大部分地区目前所处的生育率转变期存在巨大的差异（见图 5.2）。尽管人口结构存在性别差异，这些金字塔都一致反映出了城乡部门存在的

按年龄段和地区划分的城乡人口

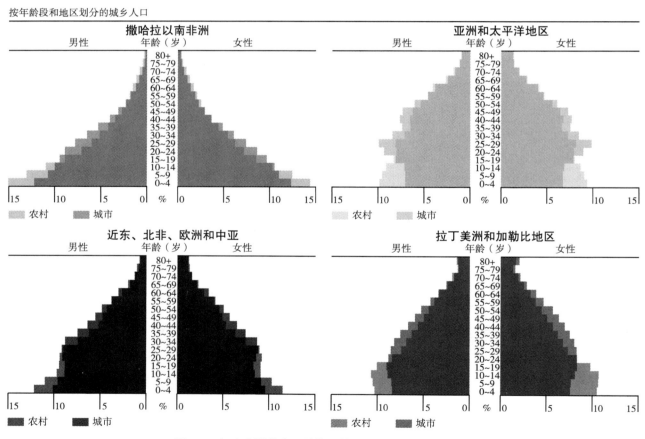

图 5.2   如今非洲的人口结构与其他发展中国家大相径庭

注：这些数字按城乡部门划分，描绘了 2015 年各地区国家的平均人口金字塔。

资料来源：联合国经济和社会事务部，按年龄和性别划分的城市和农村人口；Stecklov and Menashe-Oren，2018。

差异。人口金字塔显示了亚洲和太平洋地区以及拉丁美洲和加勒比地区存在的低生育率现象，25岁以下人群占总人口比例较低，城镇地区尤为显著。在拉丁美洲及加勒比地区以及亚洲和太平洋地区，农村人口中青年人群占比分别为18%和16%，这两个地区的生育率都高于城镇地区。不过亚洲和太平洋地区20～34岁的城镇人口激增尤为显著，这与农村—城镇地区的人口流动以及过去城镇地区生育率的暴跌存在很大关联。

亚洲和太平洋地区与拉丁美洲及加勒比地区的人口金字塔与撒哈拉以南非洲的人口金字塔形成鲜明对比。在撒哈拉以南非洲，所有的人口都较为年轻：农村地区65%的男性年龄都在25岁以下，还有19%的男性年龄在15～24岁这个区间内。近东、北非和欧洲地区15～24岁的农村男性人口比例与撒哈拉以南非洲的比例相近，为19%；但是该地区的平均生育率明显偏低，人口金字塔的基数比撒哈拉以南非洲的要窄。

专栏5.1　韩国的人口红利进程

韩国是一个值得学习的典范，该国成功抓住了人口红利期带来的机遇。20世纪60年代到20世纪90年代，韩国的人均GDP年增长率为6.7%，成功迈入高收入国家的行列，而在这之前它还只是一个接受援助的国家。其人均国民总收入从20世纪50年代早期的67美元，飙升至2012年的22670美元（世界银行，2018b），韩国也随之成为一个低生育率国家。以下几个因素促成了韩国的成功：人口问题的解决；在生育健康和教育领域的投资；奉行旨在建立基础设施、吸引外国投资、增加当地制成品出口的经济政策；设立最低工资以提高人们的生活水平（格里布尔和布莱梅纳，2012b）。韩国当局统筹实施的一系列政策为迎接人口红利的到来奠定了坚实基础。

因此，韩国的总生育率快速下降，从1950年的5.4降至1975年的2.9，到2005年这一数字为1.2（联合国经济和社会事务部，2011）。20世纪60年代已经实行计划生育，但是登记人员频繁上门走访才是生育率大幅下降的原因，这一举措比起诊所提供的服务更能切实地接触女性、了解女性。1950年，韩国有42%的人口年龄都在15岁以下，劳动人口占总人口的比例为55%。到2010年，人口结构发生了巨变，15岁以下的儿童占总人口比例为16%，劳动人口占总人口比例上升到74%（Mason，1997）。

旨在优化升级医疗基础设施的投资到位，人均可获得的医护人员和医疗设施增加，人们越来越多地享受到政府提供的医保服务，经济增长因此能够获得更多的机遇。到2010年，韩国的人均预期寿命为81岁，婴儿的死亡率为4‰（联合国经济和社会事务部，2011），这两个指标都成为全球标杆。

此外，韩国在20世纪50、60年代不再注重发展义务初级教育，转而发展生产导向型教育，注重培养学生掌握经济发展必需的知识和技巧。到1990年，97%的学龄儿童都进入学校接受教育，这一切都归功于韩国发展重心的改变以及教育投入的增加（Mason，1997）。入学儿童数量的下降（国家总生育率的下降是原因）、家庭可支配收入的增加以及对教育的长久投资催生了高学历人群，这类人群就是技巧娴熟的劳动力市场的主力军，推动了经济的快速增长。

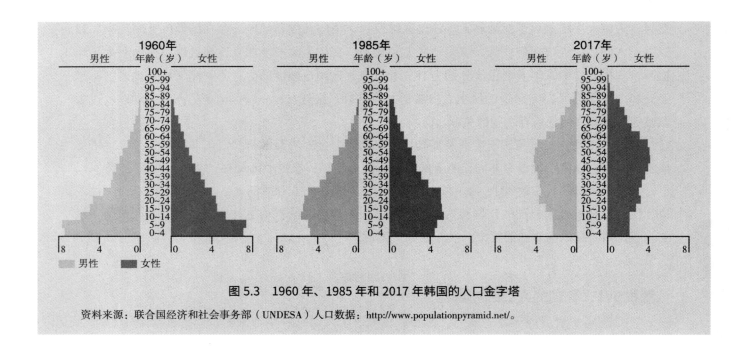

图 5.3   1960 年、1985 年和 2017 年韩国的人口金字塔

资料来源：联合国经济和社会事务部（UNDESA）人口数据：http://www.populationpyramid.net/。

非洲不止偏远农村地区存在高生育率

非洲地区的死亡率已经呈下降趋势，但是生育率仍高于其他地区。图5.4列出了按地区划分、沿城乡梯度发展的具体年龄段的生育率。除了生活在大城市的女性青年，撒哈拉以南非洲从事各种职业、所有年龄段的女性（包括25岁以上的女性）生育率都高于其他地区。农村地区生育率最高，生育率随人口密度呈下降趋势。不过，与其余地区相比，撒哈拉以南非洲的小城镇生育率保持相对较高水平，生育率下降的幅度也远远不及大型城市。因此，撒哈拉以南非洲的儿童和青年占总人口的比例较高，人均收入增长也较为缓慢。

撒哈拉以南非洲的生育率居高不下的原因之一是该地区5岁以下儿童及婴儿的死亡率在全球范围内最高（见图5.5）。在农村地区，每1000名5岁以下儿童中就有150名死亡。从全球范围来看，撒哈拉以南非洲的大城市中这一比例仍然较高，但在小镇和内陆农村地区这一比例就呈显著下降趋势。五岁以下儿童的高死亡率引发了某些特定种类医疗投资的关注，这些投资对儿童1岁以后的生活具有重大的影响。儿童生活在城镇地区更加受益匪浅，其中一部分原因是城镇地区能提供基本甚至更好的医疗卫生服务。因此，尽管城市中贫民窟拥挤不堪的现象随处可见，5岁以下儿童和婴儿的死亡率还是低于农村地区（Fink，Günther and Hill，2014）。在农村投资基础设施大大减少了死亡率，也改善了医疗卫生服务条件。此外，儿童和婴儿的死亡率高于年轻母亲（她们的年龄往往是15~24岁），显然是因为缺乏经验和资源（Stecklov and Menashe-Oren，2018）。

随着结构转型的推进，年轻夫妻往往分隔两地，通常是丈夫前往大城市谋求更好的发展机会，因此农村地区的年轻母亲在组建家庭时面临着不小的挑战，她们往往容易变换角色，成为单亲母亲。不过，所有地区的婴儿和儿童死亡率都呈现下降趋势，年轻母亲的死亡率下降幅度最大（Stecklov and Menashe-Oren，2018）。不只是因为人们未来的发展前景不明，婴儿和儿童死亡率居高不下和高生育率也存在紧密的联系（Bhalotra，Venkataramani and Walther，2018）。因此，要想减少撒哈拉以南非洲的生育率，采取干预措施的时候需要重点关注婴儿和儿童的死亡率。

近几十年里，撒哈拉以南非洲人口从农村向城镇地区的流动保持相对较低水平（Jedwab，Christiaensen and Gindelsky，2017）。尽管城镇地区人满为患及其附带的负面影响引发了与政治有关的担忧，农村地区的人口向城市流动仍是经济转型进程的重要组成部分，因为一旦劳动力涌入城镇地区从事非农活动并促进生产力的发展，农村地区的生产率会出现上升趋势（Harris and Todaro，1970）。如果离开农村的人口比农村人口少，人均收入增长速度将会放缓（de Brauw，mueller and Lee，2014）。不管是农村部门还是城镇部门，高生育率和低流动率都与城市的拥挤不堪和生产率水平低密切相关，这些因素严重阻碍了农村变革和结构变革（Fay and Opal，2000）。

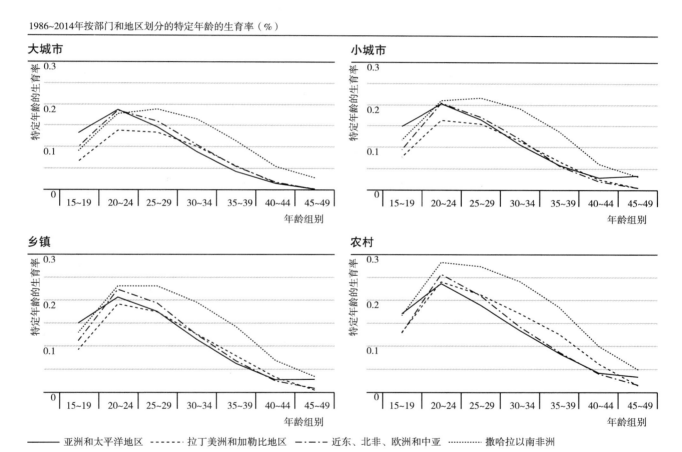

图 5.4　非洲的高生育率不仅限于偏远的农村地区

注：图中显示的每个特定年龄比率代表该年龄组中女性在一年中的预期分娩数。妇女在每个年龄组中度过 5 年，因此总生育率（TFR）由每个特定年龄率乘以 5 的总和得出。

资料来源：《人口与健康调查》（DHS）；Stecklov and Menashe-Oren，2018。

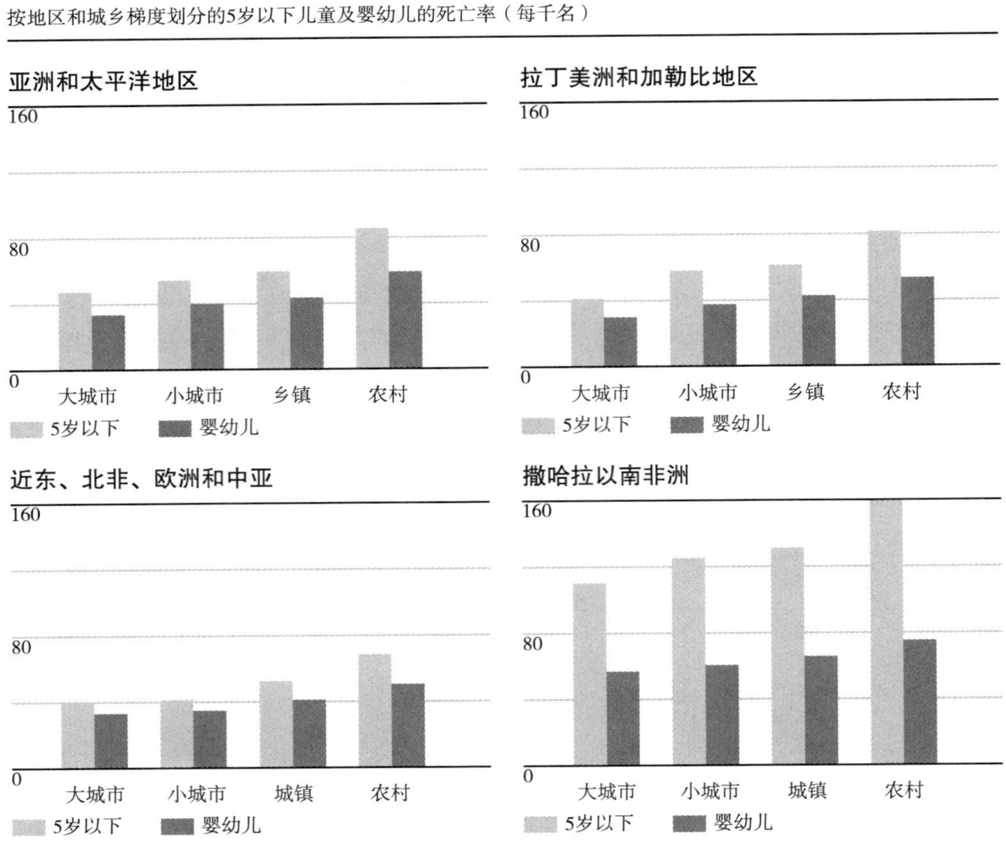

按地区和城乡梯度划分的5岁以下儿童及婴幼儿的死亡率（每千名）

亚洲和太平洋地区

160

80

0

大城市　小城市　乡镇　农村

▨ 5岁以下　■ 婴幼儿

拉丁美洲和加勒比地区

160

80

0

大城市　小城市　乡镇　农村

▨ 5岁以下　■ 婴幼儿

近东、北非、欧洲和中亚

160

80

0

大城市　小城市　城镇　农村

▨ 5岁以下　■ 婴幼儿

撒哈拉以南非洲

160

80

0

大城市　小城市　城镇　农村

▨ 5岁以下　■ 婴幼儿

图 5.5　非洲大城市的儿童和婴儿死亡率高于世界上其他任何农村地区的水平

资料来源：《人口与健康调查》（1986~2014）；Stecklov and Menashe-Oren，2018。

　　但是，撒哈拉以南非洲农村人口的不断增加预计将带动青年不断流向城镇地区。图5.6基于人口预估，按地区列出青年和成人的流动率，人口流动率低于其他地区。不过，因其人口结构，撒哈拉以南非洲是唯一一个青年比成人更容易去城镇地区发展的地方，并且流动率不断上升。但是，这些流动率并不能够反映出农村地区人口在不断增加，因为以绝对值计算的话，撒哈拉以南非洲内部的青年流动率预计将比其他地区高。

　　在撒哈拉以南非洲，青年男性往城镇地区迁移的可能性高于女性，因此形成了文学作品中出现的农村"女性化"现象（Menashe-Oren and Stecklov，2017）。另外，该地区城镇农村性别比高于中低收入国家（见图5.7），居住在城镇地区15岁以上的人口中，有更多是男性。农村和城镇不均衡的性别比影响着就业政策和投资。女性不算作劳动力或是从事其他低生产率活动会影响人口红利的接收。农村地区由于贫困，人们不会进行储蓄，相应地就不会促进第二次人口红利的到来，要想有所改变，除非采取措施改变这一切。如果性别比仍然不平衡，人口结构发生改变也就意味着农村地区的性别贫困日益严重。

1985~2050年按地区划分的青年和成人从农村向城市的迁移率（%）

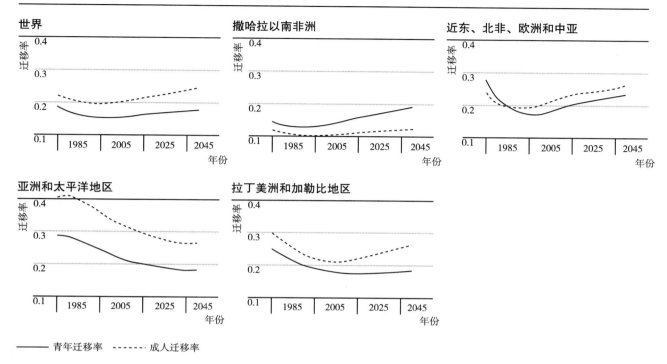

— 青年迁移率　------ 成人迁移率

图5.6　1985～2050年按地区划分的青年和成人从农村向城市的迁移率

注：使用局部加权散点图平滑（LOWESS）方法生成。

资料来源：Arslan，Egger and Winters，2018；联合国经济和社会事务部（UNDESA），按年龄和性别划分的城市和农村人口。

农村和城镇的性别比，按年龄结构划分

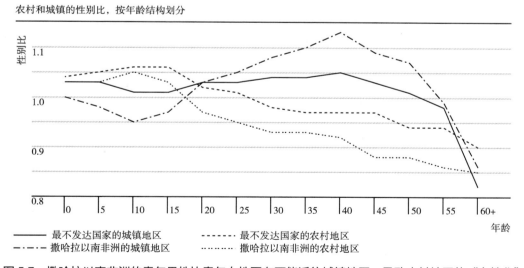

—— 最不发达国家的城镇地区　------ 最不发达国家的农村地区
—·— 撒哈拉以南非洲的城镇地区　······ 撒哈拉以南非洲的农村地区

图5.7　撒哈拉以南非洲的青年男性比青年女性更有可能迁往城镇地区，导致农村地区的"女性化"现象

注：根据2015年的人口数据，该图描述了与最不发达国家相比较，撒哈拉以南非洲按年龄段划分的城乡性别比（男性对女性）。

资料来源：联合国经济和社会事务部（UNDESA），按年龄和性别划分的城市和农村人口；Stecklov and Menashe-Oren，2018。

错失人口红利对非洲地区的农村发展和农村青年未来的经济发展存在长期、深远的负面影响

农村转型和结构转型水平低以及生育率的居高不下限制了非洲对红利的投资。因此，农村青年未来的就业和收入增长前景黯淡。农村青年在人口金字塔中的激增会引发种种问题，使那些按民族划分、资源匮乏的农村地区面临社会动荡的风险（Stecklov and Menashe-Oren，2018）。农村地区的转型尤其缓慢，非洲的农村青年因此面临众多也是最大的挑战。但是，在农村地区实施正确的投资仍然能产生最高的回报。

在城镇地区，在青年无法就业的情况下，如果青年人口继续激增，人们就会担心出现社会动荡并引发犯罪和暴力行为（Cincotta，Engekman and Anastasion，2003；Goldstone，2002;Mesquida and Wiener，1999;Urdal，2004 and 2008）。农村地区冲突频发，越来越多的青年流向城镇地区，因此城镇地区面临着更艰巨的挑战。不过截至目前，尚无任何社会冲突事件发生（Menashe-Oren，2017）。

其他地区的国家尚有机会增加第一次人口红利、抓住下一次人口红利

一些国家和地区已经完成了人口结构的转变，获得了第一次人口红利，但是并未将投资落实到位以获得最大限度的人口红利。以近东和北非为例该地区相当一大部分青年近几年已经达到或即将达到工作年龄，大大减少了抚养比（见图5.2）。另外，还未工作或是没有接受教育青年的比例高于世界上其他地区（ILO，2018）。如果他们参与就业，为发展生产力作出贡献，近东和北非地区会从人口红利中受益匪浅。一旦错失人口红利，结构转型、农村转型进程放缓；同时在那些冲突已经显现的高风险地区，境况堪忧的青年人数众多，带来的风险也不断加大（Kabbani，2018）。

国家之间的人口转型速度各异。以人口大国印度为例，一些邦的生育率已经保持着较低水平，也享受到了第一次人口红利，因此它们比其他仍然保持高生育率的邦取得了更好的社会经济成果（Haub，2009）。在大部分不同的发展中国家之间，农村地区在人口转型过程中进程滞后。要想实现对青年友好的农村转型进程，农村地区必须加快人口结构的转变速度。

许多国家是时候采取行动，迎接第二次人口红利的到来

抚养比不连续保持低水平导致了第一次人口红利持续时间短暂。低生育率、预期寿命更长促进的财富累积推动了第二次人口红利的出现，人们的收入水平会持续保持高水平（Stecklov and Menashe，2018;Mason and Lee，2006）。实施促进稳定、高效的金融市场出现的政策、打造鼓励劳动人口高储蓄率的监管和立法机构，有望推动第二次人口红利的出现（Mason，2005;Mason et al.，2017）。第二次人口红利带来的影响将是长期持久的，因此抓住机会对农村地区进行更高效的投资，会改变农村地区落后的局面。

为获取第二次人口红利，有两大领域需要投资。一是扩大并优化青年的人力资本。劳动人口规模的增加、更多样更优质的技能将提高生产率，推高人均收入，越来越多的人有存款，储蓄率相应提升（Loayza，Schimdt-Hebbel and Servén，2000；Ahmed et al.，2016）。实施教育和医疗卫生投资属于人力资本投资，它们会提高人们的预期寿命，鼓励人们增加储蓄，为老年生活谋求保障。此外，实施教育和医疗卫生投资也将增加第一次人口红利。二是投资稳定和运转良好的机构，鼓

励储蓄。储蓄意味着对经济的长期稳定充满信心，不管是金融市场还是政府的经济政策，都需要保持稳定态势，做到让人们放心（Dupas et al., 2012）。寻租和腐败会耗尽农村部门的储蓄（Bloom, Kuhn and Prettner, 2017）。完善的机制需要付出长期努力，因此我们需要实施具有远见的投资。

为获得人口红利，聚焦农村青年，实施有效投资——女性青年尤为重要

一个地区能不能够获得人口红利，关键在于农村青年，原因有二。第一，全球所有的农村地区（即便是在转型水平更高的国家），在人口转型过程中都严重滞后。因此，加速这些地区的转型将大幅扩大第一次人口红利，并加速第二次人口红利的进程。第二，一旦青年加入劳动力大军，人口红利立即呈现扩大态势。反之，如果青年不工作甚至进行低生产率活动，人口红利规模将维持较小状态。在青年人口占比较大的国家（这些国家大部分位于撒哈拉以南非洲），即使青年生产率出现小幅上升，生产率也会随之大幅上升（Stecklov and Menashe-Oren, 2018）。

农村地区在人口结构转型中严重落后，在这些领域进行投资意义最为深远

加速农村地区的人口结构转变，首先需要降低生育率。要提供更优质、服务范围更广泛的医疗卫生服务，降低儿童和婴儿的死亡率，对于撒哈拉以南非洲尤为如此。1937年，美国开始使用抗生素，儿童死亡率和生育率呈大幅下降趋势（Bhalotra, Venkataramani and Walther, 2018）。南非就是一个例子，母婴医疗卫生费用的取消降低了生育率，改善了儿童的教育（Ito and Tanaka, 2018）。对于计划生育，采取避孕措施是行之有效、必不可少的手段，然而在许多国家，避孕工具还未大规模推广使用（Bradley et al., 2012）。农村地区需要采取措施，更大规模地普及计划生育用品、科普生育健康教育，但是此举并不能改变人们对家庭规模的观念（Miller, 2010; Casterline and Agyei-Mensah, 2017）。通过招录更多的农村女孩进入学校接受教育，提高她们的参与度，鼓励农村女性青年进入劳动力市场，有望大幅降低生育率（Martin, 1995; Bongaarts, 2010; Keats, 2014; Cannonier and Mocan, 2014; Lavy and Zablotsky, 2011）。

为了实施旨在提高农村生产率的投资，需要考虑沿城乡梯度发展的年龄和性别结构的差异。正如在撒哈拉以南非洲，如果一个家庭中的男性离开家乡去城镇地区发展，更多女性就会留守在农村地区。这样一来，女性在参与劳动创造生产力的过程中，就需要不同类型的干预介入帮助发展经济，因为缺乏男性当劳动主力，女性的生产力活动不会那么行之有效。实施农业推广、引进培训项目需要根据特定情况以及男性农民的需求进行调整，不过也需要考虑到不同年龄的男性农民群体的需求也存在差异（Quisumbing et al., 2014）。不管是农村还是城镇地区，性别比的不平衡现象会加重女性的时间成本，她们既需要工作，还需要承担家务。因此，为了减轻女性的负担，我们可以改善农村地区提供的基础省时服务，扩大关爱服务或向与外界联系比较少的地区提供其他种类的家庭支持（Stecklov and Menashe-Oren, 2018），见第三章。

必须加强基本国力

一个国家的基本国力包括人力资本、强劲富有竞争力的市场、优质的基础设施（如道路、电力和水处理系统）和促成这些基础设施落成的政策和管理结构。基础设施的改善可以促进市场的互联互通，推动农村的生产率发展，提高农村部门进行结构转型、农村转型的能力，为农村青年

创造更多的机会。对这一进程进行的模拟演变显示，除非大部分青年都能找到工作，否则人口结构转变不会产生人口红利，尤其是在撒哈拉以南非洲（Drummond，Thakoor and Yu，2014）。

为了抓住人口红利的机遇，必须加大对农村青年人力资本的高效投资。在转型水平低的国家和人口密度低的地区，必须提高学习成果。扩大教育普及的范围具有重要意义，这可以提高青年工作者的生产率，并加快他们向更高附加值领域的发展步伐。尤其是在撒哈拉以南非洲，模拟演示结果表明，高等教育的发展深深影响着人口红利的规模（Drummond，Thakoor and Yu，2014）。不过，为了大幅提高生产率的附加影响，教育必须重视培养青年掌握基本技能以外的东西，必须培养能够推动青年未来发展的非意识技能（Fox，2018）。

更大规模地鼓励女性青年加入劳动力市场，加快人口结构转型，大规模增加人口红利

女性青年加入劳动力市场，能够降低生育率，加快人口结构转型步伐。晚婚、晚育和更长的生育间隔都有望促进生育率的下降。有证据表明，女性青年如果接受更多教育（Osili and Long，2008；Lavy and Zablotsky，2011；Keats，2018），并加入劳动力市场（Jensen，2012；Sivansankaran，2014；Heath and Mobarak，2015），生育率会随之大幅下降。

农村地区妇女不受限制地参与生产力活动，她们的生活质量会得到改善，农村的生产力发展也会更进一步（Doss et al.，2018）。转型水平更高的国家能够缩小男女两性在接受教育方面的差距，但是转型水平相对较低的国家在人力资本累积方面仍然使得女性处于不利地位（见第三章）。采取对女性不友好的措施将阻碍人口红利的收获。如果需求侧不公和社会准则限制农村女性加入劳动力市场，那么人口红利将进一步大打折扣（Desai，2010；Stecklov and Menashe-Oren，2018）。在转型水平更高的国家更是如此，即便女性青年在教育成就方面和男性不相上下（Doss et al.，2018），但是劳动力的参与度却大不相同。必须实施投资以促进农村女性青年和市场以及社会关系网的联系，从而这些女性才会更多地参与劳动，提高生产率，获得能动性并掌握自己的人生抉择，尤其是选择结婚和生育的年龄。

为了迎接第二次人口红利，政府应该优化机制并扩大金融市场

已经完成人口转型的国家必须聚焦于完善金融机构，帮助促进第二次人口红利的到来并延长这一时期。处在人口转型早期的国家应该重点投资人力资本，以求增加第一次人口红利和未来的回报。为了实现第二次人口红利，应该鼓励劳动人口增加储蓄，因为一部分人不会靠子女或政府养老。采用即付即用方式（向这一代征税支付当前退休福利）的养老金体系可能会适得其反，因为它们不会提高储蓄率（Mason and Lee，2006；Samwick，2000），但是强制性的全额养恤金制度可以根据采用的方式大幅提高私人储蓄率。对私人储户实施税收优惠似乎无效（Loayza，Schimdt-Hebbel and Servén，2000）。只有人们不担心自己的积蓄会因腐败或政府不稳定而流失，此类政策才会成功。

提高优化市场的互联互通，农村家庭将相应地提高储蓄水平。反之，农民为了提高生产率去实施投资会显得动力不足。农村地区通常陷入市场失灵的境况，金融机构因此失去信誉，转型水平低的国家尤甚。以肯尼亚农村为例，人们对金融机构缺乏信任，政府和市场提供服务时，一些潜在客户也并未购买储蓄产品，因此市场份额和储蓄水平都没有提高（Dupas et al.，2012）。但是，

对撒哈拉以南非洲27项研究的综合分析表明，推广储蓄计划可以极大地提高储蓄水平，鼓励人们养成储蓄的习惯。不难发现，增加储蓄项目的供应比迎合需求推出特定储蓄项目更为行之有效，如提供金融教育的储蓄项目（Steinert et al., 2018）。要想成功实施这些储蓄项目，人们需要相信现行的组织和金融机构。因此，借助信息和传播技术的发展，人们越发能够获得金融和储蓄服务。实施此类储蓄项目，并将农村青年纳入项目范围是确保两次人口红利平稳实现的关键。

聚焦：农村青年的流动性

向城镇地区迁移是人生选择的一部分，对于农村青年而言尤为如此。15~24岁的青年人群正处于人生的重要阶段，在这个阶段中，他们自己或与家人一起做出重要决定，对他们的生活产生重大影响。这些决定涉及诸如教育、就业和计划生育等事项。所有这些问题都需要选择地点将这些决定付诸实践，这反过来又增加了青年移民到另一个村庄、城市甚至国外的可能性（de Brauw, Mueller and Lee, 2018; Crivello, 2011）。在许多情况下，中学教育仅在较大的城镇才有配备，因此，农村青年如果想要继续接受教育，就需要搬家（Litchfield, 2018; Gavonel, 2017）。青年迁移的一个常见原因是寻找更好的工作机会，尤其是在土地供应有限且农村地区缺乏农耕机会的情况下（Kosec et al., 2017; Yeboah et al., 2018）。家庭团聚和婚姻也是迁移的重要原因，特别是对于年轻的农村妇女而言。在印度，约有2/3的妇女是出于结婚的目的而迁移，每年约有2000万妇女移居到别处（Fulford, 2013）。在这种情况下，这些制约青年和女性的能动性的显著因素促进了人们做出迁移的决定。

在撒哈拉以南非洲，农村青年比成人迁移到城镇地区的可能性更高。从农村流向城市是一个国家结构转型过程的重要组成部分（FAO, 2018）。过去经历了快速转型的国家，其移民率在转型期间也出现了类似的急剧增长；预测表明，在未来几十年，转型缓慢的国家也会呈现一定程度的趋同（Arslan, Egger and Winters, 2018）。预期的从农村到城市的移民增长能够参照青年人口的迁移速度，该速度已超过目前在缓慢转型国家的成人迁移速度，其中大多数国家在撒哈拉以南非洲（见图5.6）。这些趋势的性质将在很大程度上取决于人口转变的速度。就国际迁移而言，青年迁移的可能性最大，但在低收入国家中，移民的可能性更大。来自发展中国家的国际移民的中位年龄是34岁，但来自最不发达国家的中位年龄只有29岁。因此，年轻人在国际移民中所占的比例并不是最大，但是低收入国家中青年移民的占比更大。在这些国家中，女性迁往外国的可能性略低于男性（UNDESA, 2017）。

变化的形式可能影响着农村青年的迁移

农村转型过程缩短了城乡差距，特别是农村地区和小城镇之间的差距。随着更大程度上的互联互通成为可能，人们将得到更多的非农就业机会。在这种情况下，城乡之间的流动更具多样性，呈现季节性、循环性和暂时性的特点。因此，面临经济压力时，这种迁移能够使收入来源多样化，使人们更好地应对不确定性、抵御外部冲击，提高平均家庭收入水平。实践证明，农村内陆地区和较大的城镇中心地区之间可以调节投入、商品和服务，为农村人口提供更多非农就业机会（Haggblade，Hazell and Reardon，2007）。通过消费联系、城乡汇款、上行压力或者农业收入从城市中心产生积极的溢出效应，这有助于减少贫困（Lanjouw and Murgai，2009；Cali and Menon，2013）。一般而言，农村多样化和小城镇扩张可以各自大大加快减贫速度，并催生更具包容性的增长方式，然而坦桑尼亚和印度的大城市远未达到这种水平（Christiaenseen，De Weerdt and Todo，2013；Gibson et al.，2017）。随着农业粮食体系转型的进行，预计流动性将在农村青年的人生选择中扮演重要的角色。

数字革命影响着农村青年的抱负和相关的迁移意愿。根据2010年至2015年国际移民意图的全球数据，青年的迁移意愿最高，哪怕实现的可能性不大（Mendola，2018）。数字革命带来了更多、更好的信息，并降低了脱离现有社会和经济网络的机会成本。移动汇款减少了交易成本，因此可以扩大获得收益的范围，这些受益可以从移民中获得，也包括从家庭还有社区中获得（见"移民汇款"部分）。

预计气候变化将进一步扩大移民趋势。里戈等（Rigaud et al.，2018）估计，到2050年，气候变化的缓慢影响将迫使约1.43亿人迁移到本国其他地区，如果政府不作为，这一切将会发生。越来越多的证据表明，气候变化是人们迁移的原因，那些依靠农业发展的国家和地区尤为如此（Missirian and Schlenker，2017；Cattaneo and Peri，2016；Cai et al.，2016；Barrios et al.，2006；Jessoe，Manning and Taylor，2018；Mastrorillo et al.，2016；Dallmann and Millock，

2017）。同样，这些国家农村青年人口占总人口比例最大，他们受到的与气候有关的迁移压力也最大（见第七章）。对中美洲八个国家的分析发现，为了应对自然灾害（尤其是干旱），青年比成人更容易做出移民的决定（Báez et al.，2016）。此外，这种天气冲击已被划分为最易引发冲突爆发的种类，更是移民迁移的潜在原因（Hsiang，Burke and Miguel，2013；Burke et al.，2010；O'Laughlin et al.，2012；Tol and Wagner，2010；Raleigh and Urdal，2007）。

对农村进行投资开发，青年迁移不再是唯一选择

旨在提高生产力和增强联系的农村市场发展可以为农村青年增加机会。农村青年要想抓住机遇，需要掌握获取即时资讯和辨别潜在迁移机会的能力。应推动农村青年有效参与农村经济发展的定向投资，使外出务工成为一种选择（FAO，2018）。特别是在与气候威胁有关的情况下，政策制定者需要评估农村地区是否面临不可避免的风险，是否需要安全有序的移民管理，或者是否可以通过投资适应力、复原力和缓解措施来应对这些风险（Rigaud et al.，2018）。为了增强移民的积极发展影响并减少其对农村社区的负面影响，实施公共政策时需要在政策设计过程中评估公共政策与移民决策和结果之间的相互关系（OECD，2017）。制定更广泛的农村发展策略时，将迁移涵盖在内具有重大意义，农村青年因此不再只有外出务工这一个选择，他们留在农村也同样能够促进生产力的发展、与外界紧密相连并享受许多权利。

参考文献

Ahmed, S. A., Cruz, M., Go, D. S., Maliszewska, M. and Osorio-Rodarte, I. 2016. How Significant Is Sub-Saharan Africa's Demographic Dividend for Its Future Growth and Poverty Reduction? Review of Development Economics, 20 (4): 762-793.

Arslan, A., Egger, E.M., Winters, P. 2018. Migration, Demography, and Agri-Food Systems: Challenges and opportunities. In: Agriculture and Food Systems to 2050 – Global trends, challenges and opportunities, pp: 87-135. Serraj, R. and Pingali, P. (eds.). World Scientific Publishing Co. Pte. Ltd.

Báez, J. E., Lucchetti, L., Genoni, M.E. and Salazar, M. 2016. Gone with the Storm: Rainfall shocks and household well-being in Guatemala. Journal of Development Studies, 53 (8): 1253-1271 (available at: http://dx.doi.org/10.1080/00220388.2016.1224853).

Barrios, S., Bertinelli, L. and Strobl, E. 2006. Climatic Change and Rural–Urban Migration: The case of sub-Saharan Africa. Journal of Urban Economics, 60 (3): 357-371.

Barsbai T., Steinmayr, A., Yang, D., Tiongson, E. and Licuanan, V. 2017. Harnessing the Development Benefits of International Migration: A randomized evaluation of enhanced pre departure orientation seminars for migrants from the Philippines. IFW Kiel Institute for the World Economy.

Becker, G. S. and Lewis, H. G. 1973. On the Interaction between the Quantity and Quality of Children. Journal of Political Economy, 81 (2): S279-S288.

Bhalotra, S., Venkataramani, A. and Walther, S. 2018. Fertility and Labor Market Responses to

Reductions in Mortality (mimeo), August.

Bloom, D. E., Canning, D. and Sevilla, J. 2003. The Demographic Dividend. Rand.

Bloom, D.E., Canning, D., Fink, G. and Finlay, J. 2009. Fertility, Female Labor Force Participation, and the Demographic Dividend. Journal of Economic Growth, 14: 79-101.

Bloom, D.E., Canning, D., Mansfield, R.K. and Moore, M. 2007. Demographic Change, Social Security Systems, and Savings. Journal of Monetary Economics, 54: 92-114.

Bloom, D.E. and Finlay, J. 2009. Demographic Change and Economic Growth in Asia. Asian Economic Policy Review, 4: 45-64.

Bloom, D.E., Kuhn, M. and Prettner, K. 2017. Africa's Prospects for Enjoying a Demographic Dividend. Journal of Demographic Economics, 83 (1): 63-76.

Bradley, S.E.K., Croft, T.N., Fishel, J.D. and Westoff, C.F. 2012. Revising Unmet Need for Family Planning. DHS Analytical Studies No. 25, Calverton, MD: ICF International.

Bongaarts, J. 2010. The Causes of Educational Differences in Fertility in Sub-Saharan Africa. Vienna Yearbook of Population Research 2010: 31-50.

Burke, M.B., Miguel, E., Satyanath, S., Dykema, J.A. and Lobell, D. B. 2010. Reply to Sutton et al.: Relationship between temperature and conflict is robust. Proceedings of the National Academy of Sciences, 107 (25): E103-E103.

Cai, R., Feng, S., Oppenheimer, M. and Pytlikova, M. 2016. Climate Variability and International Migration: The importance of the agricultural linkage. Journal of Environmental Economics and Management, 79 (I): 135-151.

Cali, M. and Menon, C. 2013. Does urbanization Affect Rural Poverty? Evidence from Indian districts. Policy Research Working Paper No. 6338, World Bank.

Cannonier, C. and Mocan, N. 2014. Empowering Women Through Education: Evidence from Sierra Leone (mimeo).

Casterline, J. B. and Agyei-Mensah, S. 2017. Fertility Desires and the Course of Fertility Decline in Sub-Saharan Africa. Population and Development Review, 43 (2008): 84-111 (available at: doi:10.1111/padr.12030).

Cattaneo, C and Peri, G. 2016. The Migration Response to Increasing Temperatures. Journal of Development Economics, 122 (C): 127-146.

Christiaensen, L., De Weerdt, J., and Todo, Y. 2013. Urbanization and Poverty Reduction: The role of rural diversification and secondary towns. Agricultural Economics, 44 (4-5): 435-447.

Cincotta, R., Engelman, R. and Anastasion, D. 2003. The Security Demographic: Population and civil conflict after the Cold War. Washington, D.C.: Population Action International.

Clemens, M.A. and Postel, H.M. 2018. Deterring Emigration with Foreign Aid: An overview of evidence from low-income countries. CGD Policy Paper 119. Washington, D.C.: Center for Global Development.

Clemens, M.A. and Postel, H.M. 2017. Temporary Work Visas as USHaiti Development Cooperation: A preliminary impact evaluation, IZA Journal of Labor & Development, 6: 4.

Crivello, G.2011. Becoming Somebody: Youth transitions through education and migration in Peru. Journal of Youth Studies, 14 (4): 395-411.

Dallmann, I. and Millock, K. 2017. Climate Variability and Inter-State Migration in India. CESifo Economic Studies, 63 (4): 560-594 (available at: https:// doi.org/10.1093/cesifo/ifx014).

De Brauw, A. 2018. Rural Youth: Determinants of migration throughout the world, Background paper for the Rural Development Report 2018. Rome: IFAD.

De Brauw, A., Mueller, V. and Lee, H. L. 2014. The Role of Rural-Urban Migration in the Structural Transformation of Sub- Saharan Africa. World Development, 63: 33-42 (available at: doi:10.1016/j. worlddev.2013.10.013).

De la Croix, D. and Gobbi, P.E. 2017. Population Density, Fertility, and Demographic Convergence in Developing Countries. Journal of Development Economics, 127: 13-24.

Desai, S. 2010. The Other Half of the Demographic Dividend. Economic and Political Weekly, 45 (40): 12-14.

Doss, C., Heckert, J., Myers, E., Pereira, A. and Quisumbing, A. 2018. Gender, Rural Youth, and Structural Transformation. Background paper for the Rural Development Report 2019. Rome: IFAD.

Drummond, M. P., Thakoor, V. and Yu, S. 2014. Africa Rising: Harnessing the demographic dividend. International Monetary Fund (IMF).

Dupas, P. and Robinson, J. 2013. Savings Constraints and Microenterprise Development: Evidence from a field experiment in Kenya. American Economic Journal: Applied Economics, 5 (1): 163-192.

Dupas, P., Green, S., Keats, A. and Robinson, J. 2012. Challenges in Banking the Rural Poor: Evidence from Kenya's Western Province, NBER Working Paper 17851. National Bureau of Economic Research.

Dyson, T. 2011. The Role of the Demographic Transition in the Process of Urbanization. Population and Development Review, 37 (Suppl 1): 34-54.

FAO (Food and Agriculture Organization of the

United Nations). 2018. The State of Food and Agriculture 2018. Migration and rural development. Rome: FAO.

Fay, M. and Opal, C. 2000. Urbanization Without Growth: A not so uncommon phenomenon. World Bank, Policy Research Working Paper No. 2412.

Fink, G., Günther, I. and Hill, K. 2014. Slum Residence and Child Health in Developing Countries. Demography, 51 (4): 1175-1197 (available at: doi:10.1007/s13524-014-0302-0).

Fox, L. 2018. Economic Participation of Rural Youth: What matters? Background paper for the Rural Development Report 2019. Rome: IFAD.

Fulford, S. 2013. The Puzzle of Marriage Migration in India, Working Paper 820, Boston College.

Gamso, J. and Yuldashev, F. 2018. Does Rural Development Aid Reduce International Migration? World Development, 110: 268-282.

Gastner M.T. and Newman, M.E.J. 2004. From The Cover: Diffusion-based method for producing density-equalizing maps. Proceedings of the National Academy of Sciences (available at: doi:10.1073/pnas.0400280101).

Gavonel, M.F. 2017. Patterns and Drivers of Internal Migration Among Youth in Ethiopia, India, Peru and Vietnam, Working Paper 169, Young Lives Project, Oxford, UK: University of Oxford.

Gibson, J., Datt, G., Murgai, R. and Ravallion, M. 2017. For India's Rural Poor, Growing Towns Matter More than Growing Cities. World Development, 98: 413-429.

Goldstone, J. A. 2002. Population and Security: How demographic change can lead to violent conflict. Journal of International Affairs, 56 (1): 3-22.

Gollin, D., Jedwab, R. and Vollrath, D. 2016. Urbanization With and Without Industrialization. Journal of Economic Growth, 21(1): 35-70 (available at: doi:10.1007/s10887-015-9121-4).

Gribble, J.N. and Bremner, J. 2012a. Achieving a Demographic Dividend. Population Bulletin, 67 (2).

Gribble, J.N. and Bremner, J. 2012b. The Challenge of Attaining a Demographic Dividend, Policy Brief. Washington, D.C.: Population Reference Bureau.

Haggblade, S., Hazell, P.B. and Reardon, T. 2007. Transforming the Rural Nonfarm Economy: Opportunities and threats in the developing world. Washington, D.C.: International Food Policy Research Institute.

Harris, J. and Todaro, M. 1970. Migration, Unemployment and Development: A two-sector analysis. American Economic Association, 60 (1): 126-142.

Haub, C. 2009. Fertility in India: Trends and prospects (available at: www. un.org/esa/ population/meetings/EGMFertility2009/ Haub. pdf, on Sep. 26 2018).

Heath, R. and Mobarak, A.M. 2015. Manufacturing Growth and the Lives of Bangladeshi Women. Journal of Development Economics, 115 (2015): 1-15.

Heath, R. and Jayachandran, S. 2018. The Causes and Consequences of Increased Female Education and Labor Force Participation in Developing Countries, NBER Working Papers 22766, Cambridge, MA: National Bureau of Economic Research.

Hsiang, S. M., Burke, M. and Miguel, E. 2013. Quantifying the Influence of Climate on Human Conflict. Science, 341 (6151): 1235367.

ILO (International Labour Organization). 2018. ILOStat Database (available at: https:// www.ilo.org/ilostat/faces/ilostat-home/ home?_adf.ctrl-state=2svbrv43i_4&_

afrLoop=1241336397918337. Accessed 30 June 2018).

Ito, T. and Tanaka, S. 2018. Abolishing User Fees, Fertility Choice, and Educational Attainment, Journal of Development Economics, 130: 33-44.

Jedwab, R., Christiaensen, L. and Gindelsky, M. 2017. Demography, Urbanization and Development: Rural push, urban pull and … urban push? Journal of Urban Economics, 98: 6-16.

Jensen, R. 2012. Do Labor Market Opportunities Affect Young Women's Work and Family Decisions? Experimental evidence from India. Quarterly Journal of Economics, 127 (2): 753-792.

Jessoe, K., Manning, D.T. and Taylor, J.E. 2018. Climate Change and Labour Allocation in Rural Mexico: Evidence from annual fluctuations in weather. The Economic Journal, 128: 230-261.

Kabbani, N. 2018. Investing in Rural Youth in the Near East, North Africa, Europe and Central Asia Region. Regional background paper for the Rural Development Report 2019. Rome: IFAD.

Keats, A. 2014. Women's Schooling, Fertility, and Child Health Outcomes: Evidence from Uganda's free primary education program (mimeo).

Kosec, K., Ghebru, H., Holtemeyer, B., Mueller, V. and Schmidt, E. 2017. The Effect of Land Access on Youth Employment and Migration Decisions: Evidence from rural Ethiopia. Working Paper, Washington, D.C.: International Food Policy Research Institute.

Lanjouw, P. and Murgai, R. 2009. Poverty Decline, Agricultural Wages, and Non- Farm Employment in Rural India 1983-2004. Policy Research Working Paper, WPS 4858. World Bank.

Lavy, V. and Zablotsky, A. 2011. Mother's Schooling, Fertility, and Children's Education: Evidence from a natural experiment. NBER Working Paper 16856. National Bureau of Economic Research.

Lee, R. and Mason, A. 2010. Fertility, Human Capital, and Economic Growth over the Demographic Transition. European Journal of Population, 26 (2): 159-182 (available at: doi:10.1007/s10680-009-9186-x).

Lee, R., Mason, A. and Miller, T. 2000. Life Cycle Saving and Demographic Transition: The case of Taiwan. Population and Development Review, 26 (Suppl): 194-219.

Litchfield, J. 2018. Drivers of Intra-Regional and Inter-Regional Migration in Africa: A synthesis from the Migrating out of Poverty surveys. Working Paper 53, Migrating out of Poverty Research Programme Consortium. Falmer, UK: University of Sussex.

Loayza, N., Schimdt-Hebbel, K. and Servén, L. 2000. Saving in Developing Countries: An overview. The World Bank Economic Review, 14 (3): 393-414.

Martin, T.C. 1995. Women's Education and Fertility: Results from 26 Demographic and Health Surveys. Studies in Family Planning, 26 (4): 187-202.

Mason, A. 2005. Demographic Transition and Demographic Dividends in Developed and Developing Countries. United Nations expert group meeting on social and economic implications of changing population age structures. Mexico City.

Mason, A. 1997. Population and the Asian Economic Miracle. Asia-Pacific Population and Policy. Honolulu: East- West Center, Program on Population.

Mason, A. and Lee, R. 2006. Reform and Support Systems for the Elderly in Developing

Countries: Capturing the second demographic dividend. Genus, 62: 11-35.

Mason, A., Lee, R., Abrigo, M. and Lee, S.-H. 2017. Support Ratios and Demographic Dividends: Estimates for the world. Technical Paper No. 2017/1. New York: United Nations Population Division.

Mastrorillo, M., Licker, R.Bohra-Mishra, P., Fagiolo, G., Estes, L.D. and Oppenheimer, M. 2016. The Influence of Climate Variability on Internal Migration Flows in South Africa. Global Environmental Change, 39: 155-169.

Menashe-Oren, A. 2017. Social Conflict and the Urban Youth Bulge in Sub-Saharan Africa, Joint Conference of Young Researchers in European Studies and African Studies in Israel: Immigration. Beer Sheva, Israel: Ben-Gurion University of the Negev.

Menashe-Oren, A. and Stecklov, G. 2017. Population Age Structure and Sex Composition in Sub-Saharan Africa: A rural-urban perspective, IFAD Research Paper Series, Rome: IFAD.

Mendola, M. 2018. Global Evidence on Prospective Migrants from Developing Countries. Background paper for the State of Food and Agriculture 2018, Rome: FAO.

Mesquida, C. G. and Wiener, N. I. 1999. Male Age Composition and Severity of Conflicts. Politics and the Life Sciences, 18 (2): 181-189.

Miller, G. 2010. Contraception as Development? New evidence from family planning in Colombia. Economic Journal, 120 (545): 709-736.

Missirian, A. and Schlenker, W. 2017. Asylum Applications and Migration Flows. American Economic Review, 107 (5): 436-40.

O'Loughlin, J., Witmer, F.D., Linke, A.M., Laing, A., Gettelman, A. and Dudhia, J. 2012. Climate Variability and Conflict Risk in East Africa,

1990-2009. Proceedings of the National Academy of Sciences, 109 (45): 18344-18349.

OECD (Organisation for Economic Co-operation and Development). 2017. Interrelations between Public Policies, Migration and Development. Paris: OECD Publishing.

Osili, U.O. and Long, B.T. 2008. Does Female Schooling Reduce Fertility? Evidence from Nigeria. Journal of Development Economics, 87 (1): 57-75.

Quisumbing, A.R., Meinzen-Dick, R., Raney, T.L., Croppenstedt, A., Behrman, J.A. and Peterman A. (eds.). 2014. Gender in Agriculture. Closing the knowledge gap. Rome and Dordrecht, NL: Food and Agriculture Organization of the United Nations and Springer Science + Business Media B.V.

Raleigh, C. and Urdal, H. 2007. Climate Change, Environmental Degradation and Armed Conflict. Political Geography, 26 (6): 674-694.

Reuveny, R. 2007. Climate Change- Induced Migration and Violent Conflict. Political Geography, 26 (6): 656-673.

Rigaud, K.K., de Sherbinin, A., Jones, B., Bergmann, J., Clement, V., Ober, K., Schewe, J., Adamo, S., McCusker, B., Heuser, S. and Midgley, A. 2018. Groundswell: Preparing for Internal Climate Migration. Washington, D.C.: World Bank.

Samwick, A. 2000. Is Pension Reform Conducive to Higher Saving? Review of Economics and Statistics, 82 (2): 264-272.

Stecklov, G. and Menashe-Oren, A. 2018. The Demography of Rural Youth in Developing Countries. Background Paper for the Rural Development Report 2019. Rome: IFAD.

Steinert, J.I., Zenker, J., Filipiak, U., Movsisyan, A., Cluver, L.D. and Shenderovich, Y. 2018. Do Saving Promotion Interventions Increase Household Savings, Consumption, and Investments in Sub-Saharan Africa? A systematic review and meta-analysis. World Development, 104: 238-256 (available at: doi:10.1016/j.worlddev.2017.11.018).

Tol, R.S. and Wagner, S. 2010. Climate Change and Violent Conflict in Europe over the Last Millennium. Climatic Change, 99 (1-2): 65-79.

UNDESA (United Nations Department of Economic and Social Affairs), Population Division. 2017. International Migration Report 2017: Highlights (ST/ESA/SER.A/404).

UNDESA (United Nations Department of Economic and Social Affairs), Population Division. 2017a. World Population 2017 – Wall Chart (ST/ESA/SER.A/378).

UNDESA (United Nations Department of Economic and Social Affairs), Population Division (2017b). Household Size and Composition Around the World 2017 – Data Booklet (ST/ESA/ SER.A/405).

UNDESA (United Nations Department of Economic and Social Affairs), Population Division. 2011. World Population Prospects: The 2010 Revision. New York.

Urdal, H. 2008. Population, Resources, and Political Violence A subnational study of India, 1956-2002. Journal of Conflict Resolution, 52 (4): 590-617.

Urdal, H. 2004. The Devil in the Demographics: The effect of youth bulges on domestic armed conflict, 1950-2000. World Bank.

Ware, H. 2005. Demography, Migration and Conflict in the Pacific. Journal of Peace Research, 42 (4): 435-454.

World Bank. 2018a. Ending Global Poverty. Washington, D.C.: World Bank.

World Bank. 2018b. Country profile of the Republic of Korea (available at: http:// www. worldbank.org/en/country/korea/ overview. Accessed on 20 December 2018).

Yeboah, F.K, Jayne, T.S., Muyanga, M. and Chamberlin. J. 2018. The Intersection of Youth Access to Land, Migration, and Employment Opportunities: Evidence from sub-Saharan Africa. Background paper for Rural Development Report 2019, Rome: IFAD.

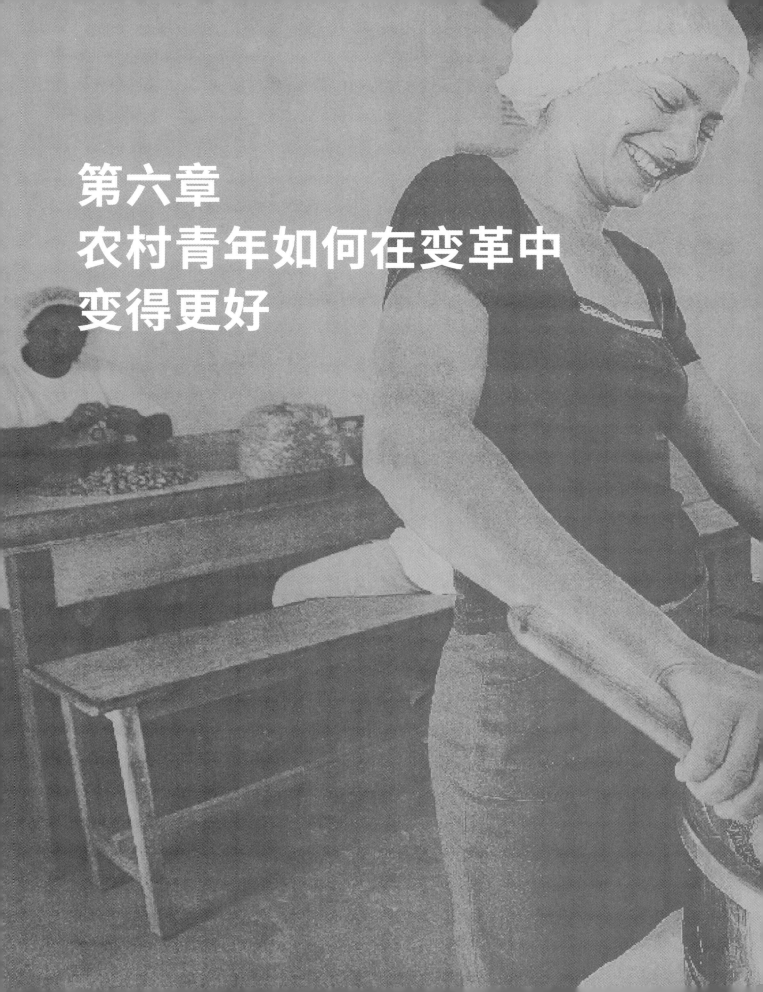

第六章
农村青年如何在变革中
变得更好

本报告指出，农村青年的机会获取、未来发展的可能性、成就与否、与外界联系的紧密度以及对自己未来的掌握都深受农村变革进程的影响。大部分农村青年主要在农业粮食体系中经历变革并打造未来。农业粮食体系涵盖了从供应投入和服务、农场整个生产过程到农场外的加工、销售等活动的整个供应链。

本章重点讨论农业粮食体系的变革方式及农村青年的应对方法和应对模式，并应用农村机会空间类型构建分析目前的问题。另外，本章还探讨了非洲土地资源的减少是如何影响青年的就业机会。最后，本章研究了发展中国家农业粮食体系的变革如何影响农村青年的饮食结构，造成体重不足和超重率高的双重营养不良后果。

大部分发展中国家的农业粮食体系都处在变革阶段，农村青年拥有许多机会

在过去的30年中，非洲、亚洲和拉丁美洲的农业粮食体系迅速发展。大约40年前，拉丁美洲和亚洲部分地区的农业粮食体系主要都是小农生产模式和大规模出口导向型种植园模式。只有一小部分农产品输出至市场，而且这些农产品离开农场后附加值规模不大。人们的餐桌上出现最多的还是主食，只有城镇上层人士才会消费加工食品。几乎所有与粮食相关的就业都来自农场。农村人口中，只有一小部分人从事农产品的营销、加工、包装和运输。如今，一切都发生了天翻地覆的变化。

即便近几十年经济增长的强劲势头开始衰退，农业粮食体系发展的速度仍然会保持较快水平（McMillan et al.，2017；IMF，2018）。以下几种因素能够解释农业粮食体系的快速、持续发展：城镇化趋势不断蔓延，以二级城市和乡镇的发展尤为突出；农村人口密度增加提高了人们对市场的依赖，市场贸易也因此得到发展；数字革命、全球价值链和交通成本的下降大大加快了信息和思想的流动。

农业粮食体系的变革与整个国家的结构和农村转型的步调保持一致

农业粮食体系从传统模式迈向过渡阶段，最终走向现代化（Reardon et al.，2012；IFPRI，2015；HLPE，2017）。这个变革过程可能会随着时间的推移出现在一个地方，也可能同时出现在许多不同的地方。不同的农产品变革也有所区别。以孟加拉国和尼日利亚为例，这两个国家的农业粮食体系发展迅速，然而在特定时间内，首都城市的农业粮食体系和主产区中心的小范围城镇地区的体系存在明显区别。

1. 传统的农业粮食体系

过去，粮食从流出农场到出现在消费者的餐桌上，距离短、成本低。其生产呈小规模和分散型态势，大部分直接来自农场。人们餐桌上60%~70%都是谷物和其他主食。市场供应因高额的存储成本而呈现季节性的特点，大部分都是无法加工储存的。消费者通常自己在家加工食品或者送至加工厂。零售活动通常发生在小型老市场、路边的小店以及传统的商铺。大部分商贩卖的农产品种类、数量跟质量都大体相同。马里的农村地区、缅甸东部的山村地区、玻利维亚内陆地区有许多粮食市场，农业粮食体系还处于传统阶段。这些地区地处转型水平最低的国家中，贫困水平最高、离城市最远，交通也最为闭塞。在这样的农业粮食体系中，农场外的附加值低，非农就业机会少，工资水平也最低。因此，小型企业为农村青年提供的就业机会最少。农村青年的首要就

业选择就是务农，技术含量低，回报也少。

2. 过渡时期的农业粮食体系

在一些已经经历变革的国家，收入和城镇人口的增加使得人们的餐桌上更多地出现加工食品，人们不再只有谷物和其他主食这样单一的选择。因此，农业粮食体系发生着一系列结构变化。在这些国家，城镇人口占比较高，因此主粮和非粮食食品链通常位于生产力更高的地区。粮食从离开农场到出现在人们的餐桌上，运输距离更远，交易次数更多。城镇粮食市场数量众多，占比达50%~70%。新鲜农产品、油料种子、乳制品、家禽和其他肉类等非谷物的产量增长迅速，价值链大范围扩大。农场的投入使用不断增加，因此对喷洒农药和耕种服务的需求也越来越多。如今，市场规模逐渐扩大，供应种类也更多。人们开始转向投资包括冷藏在内的可储存商品，以改变市场供应的季节性。消费者现在主要购买加工类的食品。以东非为例，城镇居民通常会购买带包装和有品牌的玉米粉。超加工食品开始广受欢迎。加工业的非农劳动力迅速增加，主要负责家庭食物准备工作的妇女开始有时间从事其他活动或有酬劳动。超市在食品零售中的份额仍然很小，但经历着快速扩张。人们越来越多地在外用餐，小型食品供应商应运而生。中小型企业仍然占主导地位，但大型企业开始在营销和加工行业中崭露头角。农业粮食系统处于过渡期的例子包括达卡出售的养殖鱼（Hernandez et al.，2017）；亚的斯亚贝巴出售的太妃糖（Minten et al.，2016）；德里市场出售的冷藏土豆（das Gupta et al.，2010）；尼日利亚北部的玉米出售给南部的饲料厂，以及鸡肉销往伊巴丹（Liverpool-Tasie et al.，2017）。

随着更多附加值以及非农就业机会的出现，青年去中小企业就业的机会日益增多。确切地说，是农业粮食体系中的有薪就业机会，以及具有更多报酬和商业导向的行业。

3. 现代农业粮食体系

随着人们的收入不断上涨、城镇居民数量不断增加，餐桌上出现了超加工和动物源性食品。农业粮食体系因此不断变革以满足人们的新需求，食物供应链与城市和出口紧密联系，这些城市一般位于转型水平更高的国家，出口活动一般发生在靠近市场和港口的高生产力地区。货物运输距离更长，但是交易次数却少于过渡阶段，一般由规模更大、融合度更高的企业进行。大中型农场以及大型食品加工公司开始出现。大部分食品在出售给消费者之前都经过一定程度的加工处理，超加工食品已经随处可见。超市占据了大部分的零售份额，人们的在外食品消费持续增多，对快餐的需求不断增加（Popkin and Reardon，2018）。尽管公共法规和标准更加完善，但商品的质量差距却在不断加大，并受私有标准的控制。食品安全和营养成为消费者关注的重要问题。季节性因素已经不是主要原因，食品可以从国内和海外的许多生产区抵达消费者手中。广告随处可见，"食品的选择体现价值观和生活方式"的说法日渐盛行。现代农业粮食系统的例子如下：从米却肯州运到墨西哥市的超级市场的草莓（Berdegué et al.，2007）；将牛奶运往巴西的雀巢（Farina et al.，2005）；罗非鱼运往中国广东的大型加工商，然后出售至中国各大城市（Bai et al.，2017）；将鸡肉运到尼日利亚的扎尔技术服务公司（Liverpool-Tasie et al.，2017）。

虽然超加工食品的附加值水平很高，不过大部分都产自大型的资本密集型企业，因此青年寻找就业机会时面临巨大的挑战。雇佣者需要员工具备娴熟的认知技能和非认知技能，自动化正在取代技术含量低的体力劳动，企业（包括市场导向型的农业企业）的招聘要求十分严格，小中型企业和小型农场的数量正在锐减。生产率低的农场和企业在农村居多的内陆地区生存率更高。

大部分发展中国家的农业粮食体系正处于过渡时期，农村青年因此拥有许多机会

在西非、东非以及东南亚部分地区，大多数的农业粮食体系都处于过渡时期。青年有了更多非农就业机会，积极进取的青年农民也受益于繁荣发展的城镇市场。以农场为例，青年能够以一种全新的方式进行耕种，利润更大，技术更先进，与市场的联系也更加紧密。数字革命正在快速实现这一切（见第八章）。不过要想抓住这些机遇，农村青年必须掌握更高的技能。积极向上的城镇青年对他们构成了威胁，因为城镇青年对城镇市场的了解更透彻，而城镇市场是能否获得这些机会的基础。另外，城镇青年能够获得城镇外围地区附近的土地，那里的租赁、销售市场更为活跃。

在过渡阶段，中小型企业里的个体户享有很多机会，市场营销、小型食品加工和到店餐饮提供的就业机会也多种多样。有证据表明，女性青年在到店餐饮和小规模食品加工等领域享有的机会更多（Tschirley，Kondo and Snyder et al.，2016）。过渡阶段的准入壁垒和投资门槛比传统的农业粮食体系更高，但是不及现代化阶段。另外，在这一阶段，青年需要具备良好的技能、运输能力、为城镇市场生产商品的能力（尚未达到严格的质量或安全标准）以及为满足此类职位要求所需的职业要求。

农业粮食体系是农村青年的重要生存方式

通过分析调查数据（见第二章），可以清晰地看出青年参与农业粮食体系中农业经济活动和非农经济活动的主要模式。此外，除农业粮食体系外，青年从事非农经济活动的主要模式也一目了然。

从事农业活动已成为农村青年更进一步的跳板

在发展中国家和转型水平不一的国家中，青年人参与经济活动的模式十分牢固。通过分析人们在农业（自己的农场、家庭农场或其他人的农场）上分配工作量的方式、农业粮食体系非农就业（个体或有薪工作）以及体系外的就业，不难看出，随着人口密度的增加，人们在务农方面投入的工作量呈稳步下降趋势；在城镇地区，人们在务农活动上的工作量跌至个位低点（见图6.1）。

除农村化程度最高的地区以外（人口密度最低），其余地区的人们在非农业粮食体系的非农活动上投入的工作量最多。但是，半农村地区最年轻的工作者是个例外。他们花费更多的时间务农，而不是从事非农业粮食体系内的经济活动。在半农村地区、城镇边缘地区以及城镇地区，人们在非农业粮食体系中投入的工作量约是农业粮食体系中农场外经济活动的两倍。

在农村地区和半农村地区，15~17岁的工作者在务农活动上投入的时间多于其他地区任何年龄群体。当他们处于18~24岁这一年龄段时，即便是在农村化程度最高的地区，务农活动也只占他们全部工作量的50%以下，模式发生了变化。务农活动占比已经小于半农村地区非农业粮食体系就业、农场外农业粮食体系就业以及城镇边缘地区（包括城镇地区）非农业粮食体系就业。因此，两个年龄段的青年大不相同。15~17岁的工作者出身贫寒，受教育程度最低。年龄稍大一些

的18~24岁的青年数量较多（因为这个年龄段工作的人更多）、家庭条件稍好，完成初中学业的可能性更大。

农村青年沿着城乡梯度投入不同工作活动的全时当量（FTEs）的份额

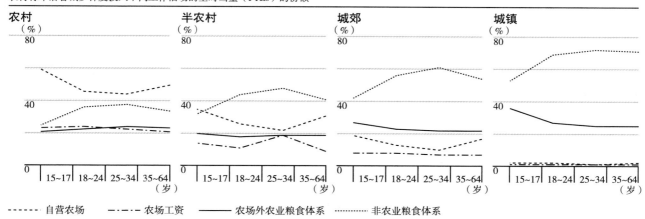

图 6.1　农村青年将务农当作获得更好就业机会的跳板

注：AFS：农业粮食体系。该分析涵盖了各个年龄段的在职人员，并试图说明人们如何在各个部门之间分配他们的总工作量（以全时当量的份额衡量）。计算是基于来自撒哈拉以南非洲、亚洲和太平洋地区，以及拉丁美洲和加勒比地区的12个国家的简单非加权家庭调查数据。

资料来源：作者的计算是基于在加勒比地区、撒哈拉以南非洲，以及亚洲和太平洋地区进行的12项社会经济家庭调查得出的。由于调查权重不一会影响可比性，因此将印度尼西亚从全时当量计算中删除。

转型水平不一的国家工作量分配模式在系统上差异不大，但是不同地区间却存在明显的差异。在非洲、拉丁美洲和加勒比地区，不管人们在哪里生活，15~17岁的务农工作者比其他年龄段的工作者都更为重视务农活动，因为务农活动是一种重要的就业来源。以非洲为例，即便是在城镇地区，年龄最小的工作者（15~17岁）也都将约20%的工作量投入务农活动，然而其他年龄段的务农活动占比却处于个位低点。在城镇边远地区和中部地区，15~17岁的工作者在务农活动方面分配的精力也远远多于其他年龄段的工作者。在拉丁美洲的半农村地区和城镇边远地区，年龄15~17岁的工作者的务农活动占比近20%，而其他群体占比不超过12%。另外在亚洲，只有在农村化程度最高的地区，15~17岁的工作者才将更多的精力投入务农活动中。在其他地区，年龄最大的工作者（35~64岁）比其他年龄段（包括年龄最小的人群）投入更多的时间从事务农活动。

在人口更为稠密的地区，农场外体系内的就业对青年来说举重若轻

各年龄段的人们从事农业粮食体系农场外经济活动所投入的工作量都随着人口密度整体增加，从农村化程度最高的14%增加至城镇地区的25%，其中青年投入的工作量占比增长速度远远快于其他年龄段的工作者。在农村地区（11%）和半农村地区（20%），年龄最小的工作者（14~17岁）参与农业粮食体系的农场外经济活动的程度几乎增加了两倍，城镇边缘地区的参与度继续呈上涨趋势（27%）。在年龄更大的青年群体中，参与度的增长速度不快，但是幅度依然可观，农村地区这一数字为13%，半农村地区为18%，城镇边缘地区为23%。较为年轻及以上的成年工作者这一

数字也呈上升趋势，但是上升幅度不大。在城镇边缘地区和城镇地区，青年比其他年龄段的工作者更为重视农业粮食体系农场外的经济活动，因为这是一个重要的谋生手段（包括较为年轻和较为年老的年龄段）。以城镇边缘地区为例，年龄最小的工作者在农业粮食体系农场外的活动中投入30%的精力，而较为年轻的成人（25~34岁）和稍为年长的工作者（34~64岁）投入的精力一般不到20%。

另外，不同的地区模式也不尽相同。在人口更为稠密的地区，农业粮食体系农场外经济活动对于青年来说更具重要意义。这一说法形容亚洲和拉丁美洲的状况很贴切，但是非洲则不然。非洲城镇及其边缘地区的青年在农业粮食体系农场外经济活动中投入的工作量和其他受访年轻群体大致相等。

亚洲青年比其他发展中国家的青年拥有更多非农业粮食体系的工作机会

非农业粮食系统的有薪劳动带来的劳动回报最大（Tschirley，Kondo and Snyder，2016）。从地区来看，此类有薪工作在拉丁美洲和加勒比地区的工作占比最大，其次是亚洲和非洲（见图6.2）。拉丁美洲的转型水平普遍较高而非洲的转型水平较低，因此这与预期相符。但是，不同年龄段的人获得这种工作的模式随时存在变数。在拉丁美洲、加勒比海和非洲地区，无论在人口稠密的地区还是人口密度较低的地区，年龄最小的工作者（15~17岁）获得非农业粮食体系的工作机会一直存在困难。然而，在亚洲，最年轻的工作者（15~17岁）与年龄最大的工作者（35~64岁）在非农业粮食体系投入的工作量大体相同，其中农村和城镇地区的青年处于弱势地位，半农村和城镇边缘地区的青年略有优势。

另一个相关的差异显示，拉丁美洲、加勒比和非洲地区的年轻人从事非农业粮食体系经济活动的工作量最大，与居住地区的密度无关。亚洲则是另一种景象，年龄稍大的青年（18~24岁）比

按年龄组和城乡梯度分布划分的专门用于农业粮食系统以外工作的全时当量（FTE）的工作时间份额

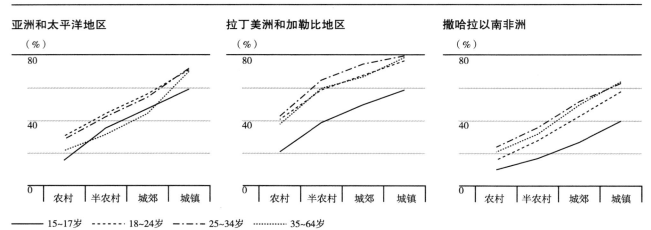

图6.2　年龄最小的工作者在获得非农业粮食体系相关的就业时整体处于不利地位，非洲除外
资料来源：作者的计算是基于在亚洲和太平洋地区、撒哈拉以南非洲，以及拉丁美洲及加勒比地区进行的12项社会经济家庭调查得出的。由于调查权重不一致会影响可比性，因此将印度尼西亚从全时当量计算中删除。

其他年龄段的人们投入更多的工作量从事非农业食品系统的工作，青年与年轻的成人相比有较小的优势，与其他所有年龄段的人相比优势更大。总体而言，这两种模式显示出，为应对该地区快速发展的经济，大量青年将不再从事农业粮食体系相关的就业。

更多受教育程度更高、年龄更大的男性参与非农业粮食体系的有薪劳动

回归分析表明，年龄、教育程度和性别与工作部门和职能分配密切相关。此分析的重点在于六个部门职能工作类别执行的总工作量，即总全时当量（FTE）：自营农场、非自营农场（农场有薪工作）、农业粮食系统农场外的有薪工作、农业粮食体系中的自营职业、农业粮食体系外的有薪工作以及农业粮食体系外的自营职业。在大多数发展中国家，在非自营农场工作受青睐程度最低，是生活困难、选择匮乏的体现。而非农业粮食体系的有薪工作回报最高（各种类型的有薪工作，不是在农场干活），因此受到了人们的高度追捧，但是机会稀缺。

预期的回归结果中的模式是显而易见的，但其幅度令人惊讶。随着人口密度的增加，农场外的工作量也在增加。该类别的强劲增长主要是因为有薪工作的机会大量增加，非农业粮食体系的有薪工作机会更是激增（见图6.3）。相反，随着人们从偏远的农村地区向人口稠密的半农村地区转移，农业粮食体系中的农场外自营职业开始呈增长趋势。但之后随着人口密度的增加，上升的趋势戛然而止。非农业粮食体系的自营职业稳定增长，但远低于任何一种有偿劳动。在此分析涵盖的所有3个区域（非洲、亚洲以及拉丁美洲和加勒比地区）中都发现了这种模式，并突出了促

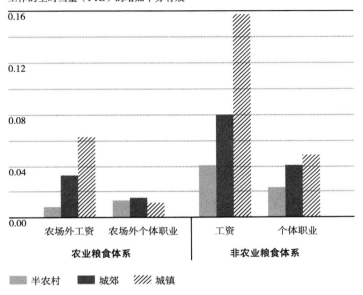

与大多数农村地区相比，按部门和职能分类，工作的全时当量（FTE）的增加十分有效

图6.3　随着人口密度的上升，尤其是在农业粮食体系之外，工资激增推动了农场的飞速发展

注：如图6.1和图6.2所示，该分析侧重于工作总量（以全时等效衡量），而不是全时当量单位的份额。作者的计算按城乡梯度类别划分的部门/功能普通最小二乘回归（OLS），并根据该地区的住户调查数据，利用哑变量处理了该地区的虚拟人口。

计算是基于来自撒哈拉以南非洲、亚洲和太平洋地区，以及拉丁美洲和加勒比地区这三个地区的13个国家/地区。

资料来源：作者。

进二级城市和农村城镇的发展并将其与农村地区联系起来的重要性。这些联系促进了人们沿着交通路线在农村地区定居，甚至在城镇地区外也加强了经济联系。因此，当谈及商业机会时，农村地区的人口密度（而不仅仅是城市地区的人口密度）至关重要。

回归结果与广义模式的预期高度一致，为理清年龄、性别和教育在就业中的作用提供了新的见解。在非农业粮食体系中，就业的可能性（从事有薪工作的可能性），与性别、年龄和受教育程度呈负相关（见图6.4）。

不同群体之间总工作量分配的差异

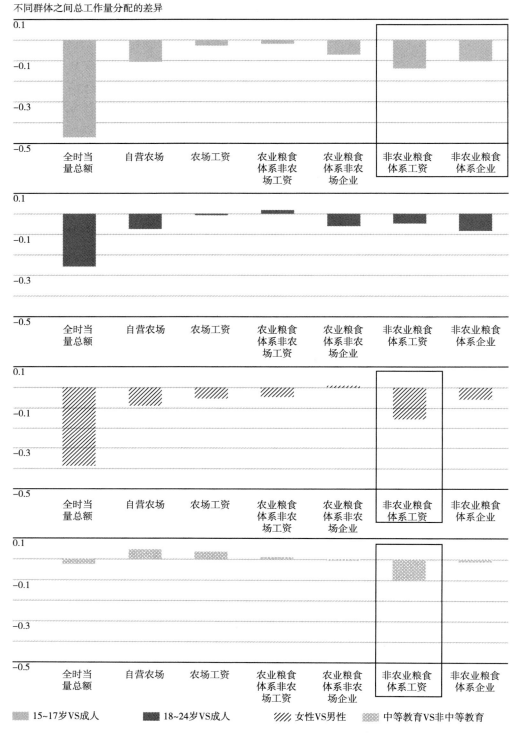

图 6.4   青年、女性和学历低对于建立经济联系具有强烈的反作用

注：作者对全时当量的个人水平进行普通最小二乘回归（OLS）分析，比较了年龄段（15~17 岁和 18~24 岁）、女性与男性以及是否接受过中等教育，并以城市梯度（农村，半农村和城市外围地区）和农业潜力作为控制变量计算是基于来撒哈拉以南非洲、亚洲和太平洋地区，以及拉丁美洲和加勒比地区的 13 个国家的家庭调查数据。

资料来源：作者。

非洲青年享有的土地资源呈下降趋势，工作机遇也因此受限

人们认为撒哈拉以南非洲土地资源十分丰富。因此，与其他发展中国家相比，该地区在土地资源分配方面的问题并未受到重视，不过土地资源的获取也同样是一个严重的问题，对农村青年而言尤甚。农村人口密度的上升、人们寿命的延长以及向城镇地区供应粮食的新商业动机（收入和粮食需求在增加）都促进了人们对农业用地的需求，青年能够获得的土地资源因此呈下降趋势，谋生机会也相应减少。

非洲农村地区的人口密度很高

粗略的人口密度计算在一定程度上证明了非洲人口可以获取的土地资源十分丰富——每平方公里居住着45人，撒哈拉以南非洲的人口密度远低于东亚（130）和南亚（375）的人口密度（这两个地区绝大多数农村青年生活在人口密度较高的地区），见第二章。在撒哈拉以南非洲，22%的人口生活在城镇周边地区，平均人口密度为每平方公里近1300人，高于孟加拉国的平均人口密度。另有21%的人口居住在半农村地区，平均密度为每平方公里345人，几乎与南亚的平均人口密度一样高。历史上人们迁徙至农业发展潜力较大的地区，这里离道路、城镇更近，寻求与市场建立更紧密的联系，这些模式因此成型。撒哈拉以南非洲的大多数农村人口生活在人口密度相对较高的地区，这使得获得土地的前景更具挑战性。

农村青年获得土地资源还存在其他因素制约

其他限制因素使青年希望获得土地的愿景更具挑战性，使得越来越多的非洲青年不得不将目光转向租赁市场以获取土地或搬迁至别处。第一，土地变得如此稀缺，因此非洲青年继承土地的比例较小（Jayne et al.，2014a）。第二，能够继承土地的农村青年需要等待更长的时间，因为人均寿命的延长，他们父母的耕种时间越来越长。撒哈拉以南非洲（不包括南非）的平均寿命从1980年的48岁增加到了2016年的60岁（世界银行，2016）。第三，城镇市场的兴起和城乡之间更紧密的联系促进了旨在满足国内市场农业活动的商业投资，推动了土地所有权和分配方式的迅速变化。企业家、受教育程度和资本水平更高的非洲农民投资者拥有的中型农场，在农业用地和国家农业产出中所占的比例越来越高（Jayne et al.，即将出版）。5~100公顷的中型农场占加纳、肯尼亚、马拉维和赞比亚耕地总面积的30%~50%（Jayne et al.，2016）。如果这些趋势继续下去，未来十年内中型农场将贡献非洲国家的大部分产量。

一项对加纳、肯尼亚和赞比亚中等规模农民的研究发现，只有5%的小型农户转至发展中等规模农业。大约一半的人在之后的生活中获得了土地，并以非农业收入为收购提供了资金。约有60%的人在城市地区从事非农业工作时积累了财富，而后开始从事农业。剩下的35%居住在农村的农民影响力很大，即使他们的影响力和财富来自非农经济活动，他们之后的许多年仍然会从事分农业相关的活动（Jayne et al.，2014b）。

非洲人口转变和农村转型进程的步伐缓慢，这些模式仍然存在问题

非洲青年未能及时获得少量土地影响着他们的生计选择。许多农村青年可能会在父母的农场上作为无薪工人与父母相处时间更久。不过，20多岁的青年更有可能一直在攒钱，直到有能力离

开父母，自行租用土地或从事非农就业。

与老年人相比，青年和较为年轻的成人更有可能出租土地，而这些年龄段的人们也是在这些土地上工作的主力军，这种模式在人口更稠密的地区最为常见。例如，在一个以青年（24岁以下）为户主的家庭中，有14%的人在坦桑尼亚租用土地，13%在埃塞俄比亚，25%在乌干达。此外，租赁土地在这些家庭耕种的土地中占很大比例：坦桑尼亚为93%，埃塞俄比亚为48%，乌干达为62%（Yeboah et al.，2018b）。在以较为年轻的成人（25~34岁）为户主的家庭中，租用土地的家庭比例增加，在埃塞俄比亚达到34%，在乌干达达到30%，赞比亚要低得多（3%），而尼日尔则接近零。

由于租用并不像购买土地那样需要资本，因此土地租赁市场对于希望获得农田的非洲青年来说是一个越来越受欢迎的选择。但是，租用土地的土地使用权没有保障，这意味着租户可能无法将土地保留超过一两个季节，因此他们可能没有动力进行长期的能够提高生产率的投资（Yamano，Otsuka and Place，2011）。另一个需要仔细考虑的因素是，土地继承大大提高了年轻土地所有者继续从事农业生产活动的意愿，而租用土地的青年没有这种动机（Bezu and Holden，2014；Mdoe et al.，forth coming；Muyanga and Jayne，forth coming）。

土地市场也在迅速增长，但是大多数农村青年缺乏资金购买土地。因此，土地销售以及随之而来的传统租赁制度中的土地转让（通过产权转换）可能会增加富裕投资者获取土地的机会，损害农村青年的利益，人们对此越来越为担心。但是，目前还缺乏能够佐证这一担忧的证据。这些模式本身并不一定能引起人们的关注。不过，人口增长、收入增加和城市需求的扩大给土地施加了更大的压力，提高了土地的价格，使资源贫乏的年轻人更难获得土地。此外，非洲目前观察到的人口转型和增长动态使情况更加恶化。非洲的人口转型进展非常缓慢（见第五章），人口快速增长、结构和农村转型步伐十分缓慢，稳定的非农就业形式的增长缓慢（哪怕这些就业形式可以替代不稳定的个体就业）。非洲大陆缓慢的人口转型使其面临失去众多人口红利的风险，而人口红利却是其他国家的增长动力源泉。因此，非洲的农村青年面临潜在的双重困境，他们会发现由于土地限制而难以因务农获得回报，同时他们还处在一个无法提供丰厚回报的非农劳动力市场。

发展中国家的饮食正在快速发生变化，与饮食相关的挑战成为与青年有关的议题

在青春期和成年初期的关键过渡时期，营养选择影响着青年生计的选择

儿童和青少年时期合理的营养摄入有利于成年后的生产活动和生育。青春期和成年初期是经济、社会和生物转型的时期，对饮食选择以及青少年的身体发育产生重大影响。儿童时期，营养状况受儿童无法控制的因素影响。在向成人过渡期间，青年开始做出独立的饮食选择。青春期的生理变化也进一步影响了他们的营养结构。另外，青年的饮食选择也受到社会经济地位、角色转变（就业和为人父母）、社会和文化规范以及技术和媒体导致的志向和生活方式选择的影响。因此，营养失衡、超重和肥胖以及相关的非传染性疾病的出现越来越常见。但是，青春期还可以通过解决始于童年的慢性营养缺乏症，为"追赶"生长提供主要的机会之窗。

农村转型进程给农村青年造成了营养不良的双重负担：体重过轻和超重

农业粮食体系的转型正在影响发展中国家农村青年的饮食。人们转向购买非家庭制作的加

工食品。这些变化原本在城市地区更为普遍，但农村地区也越来越多。例如，东非和非洲南部农村地区消费的所有食物中约有一半是在市场上购买的（Reardon et al.，2018）。加工食品占城市地区食品支出的56％，农村地区占29％（Tschirleyet al.，2015）。另一项研究发现，城市地区73％的家庭食品预算和农村地区60％的预算用于购买加工食品（Reardon et al.，2014）。在坦桑尼亚，食品和饮料中有20％是从外面购买的；在尼日利亚，这一比例为15％（Tschirley，Kondo and Snyder，2016）。饮食种类也不再限于谷物和其他淀粉类主食。目前，发展中国家和农村地区中，谷物和其他淀粉类主食的比例不足40％（Reardon et al.，2018），其余大部分都是易腐烂的农产品和动物源食品。

在农村转型初期，农村青年的营养状况会得到相应改善。在生产力提高、收入增加的同时，饮食变得多种多样，粮食安全也得到了提高，对儿童和青少年产生了非常积极的影响。1976~2016年，发展中国家体重不足的儿童比例急剧下降。在20~24岁的人群中，这一比例下降到11％（见图6.5）。除南亚、东欧和中亚以外，所有地区的低体重少女比例都在下降。体重不足率下降幅度最大的是撒哈拉以南非洲和亚洲，其中尼日利亚城镇地区（1976~2016年下降1.60％）、马里城镇地区（下降1.20％）和赞比亚农村地区（下降1.17％）下降幅度最大。在农村转型迅速的国家，体重不足的人口占比最小，但转型水平最低的国家降幅最大，达12个百分点。农村转型与普遍存在的超重和肥胖现象具有关联性，一个国家的农业粮食体系进入快速转型期时尤为如此。食品环境变化与转型密切相关（推崇"垃圾"食品、增加加工食品的供应量），饮食习惯因此变得越来越不健康。大型食品公司的大部分营销目标是年轻人，本地垃圾食品的小规模生产也在迅速扩大。在往返学校的途中以及受到大众媒体的营销蛊惑，青少年接触大量垃圾食品和饮料的广告（Chacon

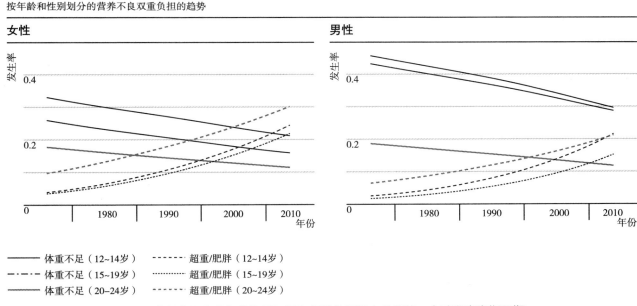

按年龄和性别划分的营养不良双重负担的趋势

图 6.5 发展中国家青年的体重不足和超重比例呈上升趋势，女孩和青春期早期
儿童尤甚按年龄和性别划分的营养不良双重负担的趋势

资料来源：Kadiyala et al.（2018），基于数据。

et al., 2015；Kelly et al., 2015）。一些重点的食品营销策略包括推广趣味类食品（薯片、甜味饮料）、有益类食品（饮食饮料、谷物棒）和健康类食品（早餐谷物、包装果汁）（Elliott，2015）。但是，几乎所有这些食物都高脂肪、高糖、高盐并含有基本的碳水化合物，可以说根本不属于健康饮食。

在发展中国家的所有地区，儿童超重和肥胖的增长速度与体重不足的下降速度相同，甚至更快（见图6.6）（Kadiyala et al., 2018）。在农村转型水平高的国家，体重不足占比在1976~2016年下降了11个百分点，而肥胖和超重的占比却上升了24个百分点。对印度、中国和墨西哥的研究均表明，儿童和青少年肥胖和超重的比例呈显著上升趋势（Midha，Nath and Kumari，2012；Gordon-Larsen，Wang and Popkin，2014；de Onis et al., 2007）。在埃及和一些拉丁美洲国家（墨西哥、尼加拉瓜和玻利维亚），农村地区的超重比例最高。其中，北非地区的青春期女孩超重比例最高（41%），拉丁美洲和加勒比地区紧随其后（21%）（Jaacks，Slining and Popkin，2015）。青春期早期（12~14岁）的超重比例增幅最大（见图6.5）。在那些经历农村转型的国家中，起点较高的国家超重和肥胖率增长速度更快。

1976~2016年按地区划分的12~24岁青年的体重过轻和超重/肥胖率的百分点变化

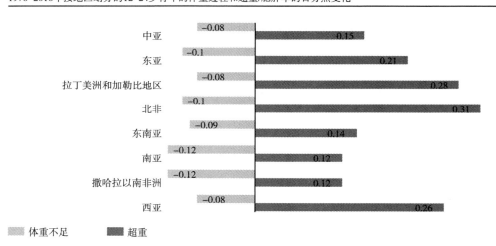

■ 体重不足　　■ 超重

图6.6　所有地区的青年超重率都呈快速上升趋势，体重不足却呈缓慢下降趋势

资料来源：Kadiyala et al.（2018），基于 NCD-RisC 数据。

饮食的变化对年轻人（包括农村青年）造成了营养不良的新负担：发育迟缓（按年龄身高过低）占比虽然呈下降趋势，但仍然很高；超重和肥胖率正在迅速上升；由于加工食品和饮料的营养成分低，超重的年轻人中也存在缺少微量元素的现象（发展倡议，2017；Haddad et al., 2016）。造成这种全球疾病负担的最大风险因素是饮食质量低（Lozano et al., 2012）。近年来，许多发展中国家在解决营养不良问题的同时，也目睹了与饮食有关的慢性病（如心血管疾病和糖尿病）的上升（Popkin，2014；Popkin et al., 2001）。微量营养素缺乏症通常被称为"隐性饥饿"。它没有明显的症状，但是对人们存在着长期的负面影响。育龄妇女的铁缺乏症（贫血）就是其中一种微量营养素缺乏症（FAO et al., 2018）。

普惠性、健康型农业粮食体系转型过程中的重点政策

发展中国家政策制定者可以投资以下四个关键领域，用以增加农业粮食体系转型给农村青年带来的积极机会，并减轻转型过程中的负面影响。

第一，为了增加机会，重中之重是扩大农村的发展范围。鉴于大多数发展中国家的农业粮食体系目前处于过渡阶段，农村青年的机遇都与自营职业有关，非洲地区更是如此。大多数情况下，青年难以进入该行业，也难以获得丰厚回报。大多数年轻人都乐见有薪劳动机会的增多。然而，这一阶段的特征还在于市场对粮食的需求呈快速增长趋势，大部分粮食都需要进行基础加工。另外，农村地区和城镇地区的需求都在迅速增长，因此农业企业投资的机会非常多。

要想使农村青年受益于此类增长，有两个要素。首先，需要构建一个积极有利的环境以促进投资并消除投资障碍。因此需要配备一个高效的新公司注册系统（尤其是消除重复注册的要求），优化获得正式信贷的渠道以及在特殊情况下采取财政激励措施以提高此类投资的获利能力。其次，要改善基础设施，以增加二级城市、城镇与农村地区和较大市场之间的交通运输和其他联系。在城镇地区设立基本的市场基础设施将促进投资的实施。设立公私合营和管理安排的批发市场是这类投资的一个重要方面。此外，在能源、水、卫生和健康方面实施针对性的基础设施投资，也能够促进此类领域的增长。年轻人始终怀有最高的迁移意愿（即使他们通常情况下并不具备资源），因此使这些城市中心更靠近农村地区、改善城市地区的生活质量可以促进青年的生产力转移。总之，农村青年有薪劳动的机会将相应地呈上升趋势。

第二，将农村青年纳入农业粮食体系转型的另一个重点是培养他们的技能并给予资源，促进城乡互动中的非农企业家的发展。在转型水平最低的国家，务农仍然是农村青年重要的谋生之计。然而，即便是在这些国家，未来20年中，非农就业预计也会提供更多的岗位，远不再限于农场（Tschirley et al.，2015）。在转型水平更高的国家，新的就业机会将更倾向于非农领域。

随着利好政策和投资的涌现，有薪就业不断增加，但自营职业在未来的多年仍将是数百万年轻人的重要选择。由于该阶段对技术技能的要求普遍不高，提高青年全力参与社会和经济活动的能力以改善农村青年的认知和非认知技能是重中之重（Fox，2018）。流动信贷的快速增长及其全部优势（成本极低、快速获取所需信贷）和风险（过度借贷或将借入的资金用于消费而非商业活动）（见第八章）使得实施旨在提高金融业务素养的青年计划势在必行。

第三个重点领域应是实施政策和计划，促进农村青年进行农业创业。农业粮食体系转型使得所有地方的农业都更具竞争力，即使是在某些转型水平最低的国家也是如此。许多年轻人踌躇满志，用新的态度从事农业，在如今的环境中大展身手。实施计划并采取具体行动可以为年轻的农民创业者提供更好的市场准入，提高农业生产率。在财政许可的情况下，应将针对青年的小额信贷和针对高价值农作物的储蓄团体纳入其中；成立新兴移动应用程序学习小组，提供有关获得农业服务的市场情报和信息；以及制定旨在促进年轻农民企业家获得土地的方案，包括选择租赁土地的方案。实施土地使用权的安全政策可以激励所有者进行多年租赁安排，这对于尚未继承土地且没有资金购买土地的年轻人也非常有帮助。在一些国家，帮助离开农村地区的青年重新进入农业部门的计划具有潜在可能性。以赞比亚为例，人们根据铜矿业的发展情况在城市和农

村之间流动以谋求生计。另外，玻利维亚与安第斯整个地区一样，循环式移民现象也相对较为常见。

最后，发展中国家需要全力聚焦新的营养问题。这些地区的青年最先面临这个问题。食品公司对标青少年以求改变他们对美味食品的认知和思考，引导他们选择购买公司利润最高的食品。因此，这是一个与青年有关的议题。同样，由于农村转型带来的通达性增加，越来越多的农村青年将受到问题根源——饮食转型的影响。因此，这个问题亟待解决。

农业粮食体系转型的进程不同，聚焦重点也应相应地有所区别。在转型水平最低的国家，营养不足仍是一个重要问题，农村地区尤为如此。这一问题需要长期关注才能得到解决，5 岁以下发育迟缓和孕产妇贫血是重点。解决这些问题的手段是相对有效的，问题在过去十年已经较为良好的解决，营养不良的发生率和严重程度在大多数情况下都在下降。同时，超重率和肥胖率正在迅速增加，城市地区尤甚，但问题不仅仅限于城市。但是，很少有证据表明哪些方案可以在早期阶段有效地解决这一问题（Kline et al.，2017；Popkin and Hawkes，2017）。存在问题的国家可以从拉丁美洲进展良好的试验中汲取有效的经验教训（Popkin，2017），另外从自己国家的实际情况出发。解决方案必须包括改进的公共市场、构建更活跃的公私合作关系、支持放置健康食品。

专栏6.1　童工

全世界从事农业的童工人数从 2012 年的 9800 万增加到 2018 年的 1.08 亿。长期的冲突、与气候相关的自然灾害以及被迫移民等因素已使数十万儿童沦为童工（FAO，2018）。15~17 岁的青少年进行的危险性工作显著增加，所有童工中有一半从事危险工作（ILO，2012）。

儿童沦为童工后，他们的家庭和整个社区陷入贫困的恶性循环。儿童的教育受到影响，难以获得更高的技能，因此无法在高要求的劳工市场中脱颖而出并推动农村转型（FAO，2015）。如果不具备必需的能力并且没有进一步的转型，农村的农业生产率和绩效仍然可能停留在较低水平，贫困、粮食不安全以及农村地区童工现象将普遍存在。另外，童工的存在给劳动力市场的工资和工作条件带来了下行压力，儿童在成年阶段获得体面工作的机会减少（FAO，2013）。

不过，对儿童没有伤害的轻工和童工存在区别。童工现象的存在打断了儿童接受义务教育进程，影响儿童的心理健康，阻碍他们的个人发展。但是，在家庭农业的场景下，儿童参与不存在危害的活动将受益匪浅，这将促进代际的技能传承，并保证儿童的食品安全（ILO，2019）。

事实证明，解决农业领域的童工问题并非易事。童工常常以无偿家庭劳动的形式存在，不签署正式合同，有时甚至是一件天经地义的事情。尤其是在偏远的农村地区，国家劳工监督检查员通常无法对劳工现象进行有效的监督管理（FAO，2013）。

一方面，农业干预措施在预防、减少、取缔童工现象的过程中起着重要作用。但另一方面，实施这些措施会引发劳动力需求的激增，从而导致童工数量的增加。遗憾的是，在制定聚焦农村青年的农业政策和计划的过程中，童工现象很少被考虑在内。因此，要想制定一项合理、长期的策略以改善农村青年的未来并扩大他们的就业机会，减少童工和促进青年就业一样需要获得足够的重视。帮助农村青年获得体面的就业可以有效地预防农业部门使用童工的现象，儿童因此有机会接受教育、获得技能、得到体面的工作（FAO，2013）。

在转型水平更高的国家，营养不良主要出现在长期贫困的人群中（见第二章），常见的营养问题主要是超重和肥胖。因此，我们正在推行积极的包装前标签规定和健康食品的社会营销，同时正在研究这些策略的效果，并将继续加强相关推行举措的力度。

聚焦：青年创业精神

鉴于未来将有大量农村青年进入劳动力市场，为他们提供怎样的机会成为一个重要问题。这些机会能否将帮助年轻人成为农村社会中贡献生产力的主力军？他们是否因此具备了能动性？除农业工作和有薪就业外，青年从事个体职业或具备创业精神通常被赞为"前途无量"（UNCTAD，2014）。不过，创业精神常常与个体职业混为一谈。青年可能是个体经营者，但是在大多数情况下，他们只是从事回报低、清闲的活动，如街头售卖；相反，创业精神与资本投资、生产率提高和创造就业机会相关。

即便创业精神通常被描述为青年就业的敲门砖，青年通常不太可能经营自己的企业。来自拉丁美洲和加勒比地区、亚洲和撒哈拉以南非洲12个国家的数据表明，25岁以下的农村青年在个体职业上花费的时间比成人少得多。有关撒哈拉以南非洲国家的许多样本研究都支持这一发现：25岁以下的青年是家庭企业所有者的可能性最小（见Fox and Sohensen，2012；Nagler and Naudé，2014）。此外，马比索和本菲卡（Mabiso and Benfica，2018）的证据表明，在全世界大多数地区，包括非洲和其他地区的发展中国家，企业家的平均年龄和中位数为24岁以上。在大多数发达国家，均值和中位数分别远高于30岁和40岁（见表6.1）。

表 6.1　　特定国家/地区企业家的平均年龄和中位数年龄（2010 年）

国家	平均年龄（岁）	中位数年龄（岁）	标准偏差（年龄）	最大年龄（岁）	最小年龄（岁）
安哥拉	30.4	27	11.2	84	15
澳大利亚	44.2	43	17.2	89	18
玻利维亚	34.7	32	12.5	64	18
巴西	37.0	35	13.3	64	18
中国	39.1	39	12.0	64	18
丹麦	38.0	36	11.9	64	18
埃及	38.6	37	13.4	64	18
德国	42.7	44	12.7	64	18
加纳	35.2	33	11.3	65	15
牙买加	38.2	37	12.3	64	18
日本	46.4	46	13.2	90	18
荷兰	54.2	55	18.4	96	18
巴基斯坦	34.1	32	11.8	64	18
突尼斯	36.6	35	12.6	64	18
土耳其	38.0	37	12.8	64	18
乌干达	33.0	30	11.3	64	18
英国	49.6	50	16.5	80	16
美国	52.1	52	17.9	95	18
赞比亚	32.2	30	11.5	87	15

资料来源：Kelley，Bosma and Amorós，2010.

此外，研究表明，青年经营的农村非农企业通常劳动生产率低、创造就业机会的增长潜力低，与成人经营的企业相比更是如此（Nagler and Naudé，2014；Kew，2013）。由成人经营的企业更成功、更成熟，为青年创造就业的机会更多（Mabiso and Benfica，2018）。一方面，这是因为随着时间的推移，较为年长的成人积累经验和资产后越发精明干练（Mabiso and Benfica，2018）；另一方面，企业的就业增长前景与企业的成长方向有关，而后者很大程度上取决于企业家是受"需求驱动"还是"机会驱动"（Kew，2013）。人们通常认为，创业精神意味着创造财富，是在缺乏替代性收入的情况下寻求多样化、巩固自己的收入来源并从中获得保障的一种选择（Nagler and Naudé，2014）。后一种以需求为导向的创业精神在农村青年中更为常见，20 岁以下的青年更是如此（万事达基金会，2017）。因此，他们的业务通常是临时性的，资本密集程度较低（这意味着可以相对容易地启动和停止），增长潜力因此受限（万事达基金会，2017）。第二章的分析支持了这一观点。转型水平最低的国家中，那些增长潜力最低的地区，农业粮食体系转型过程中的创业企业工作机会对农村青年具有十分重要的意义。青年在缺乏市场机会和联系性的偏远地区从事农业粮食体系相关企业工作的事实表明，这是一种以需求为导向的业务选择。

青年遇到的特定困难进一步限制了业务运营和企业发展的潜力。青年在开拓复杂业务的过程中缺乏必备的经验、专业知识和资金。如第一章所述，在包括农村地区在内的发展中国家，掌握非认知技能十分重要，它影响着个体就业和微企业的发展。实际上，它们与整体就业结果紧密相关（Heckman and Kautz，2013），对家庭企业和小微企业的利润也产生了积极的影响（Campos et al.，2017）。由于青年缺乏技能和经验，在运营的头几个月中，大部分企业以倒闭收场（UNCTAD，2014）。

缺乏融资渠道进一步阻碍了农村青年对企业的投资，从而极大地限制了企业的增长潜力。青年通常得长途跋涉才能获得金融服务。另外，银行和非官方借贷机构认为青年是高风险人群，因为积累的人力资本和实物资本较少，无法用作抵押。这些因素减少了他们获得信贷的机会（Begg，Fischer and Dornbusch，2000）。此外，联系性差（道路闭塞、与市场联系少；电子供应不足、不稳定；社会资本不足）进一步限制青年参与贸易活动，并影响农村企业提高生产率。在许多情况下，农村妇女受到的影响更大，因此，创业的可行性不高（见第三章）。

因此，提高青年的创业精神绝不是解决青年失业的灵丹妙药。对计划进行全面评估是有效的投资决策的前提。另外，制定旨在支持青年企业家精神的政策时，应确保采取综合、统筹的方法，以减少创业青年的金融、教育和监管障碍。将长期的创业精神培养计划纳入针对培训、金融普惠和市场准入等领域的干预措施，在帮助年轻的小微企业家方面效果显著（Allen et al.，2016；世界银行和农发基金，2017）。年轻企业家在创业时面临着陡峭的学习曲线，大多数企业家将需要几年的时间才能发展自己的业务，以便为他人提供稳定、高薪的工作（Allen et al.，2016）。在此期间，私营部门的参与和持续指导似乎对促进业务增长特别有效。此外，一些研究发现，提供长期的"安全"和支持性的孵化环境，让年轻人在受指导的情况下可以学习和实践基本的技术和商业技能，是增加就业和收入的有效手段（世界银行和农发基金，2017）。但是，到目前为止，针对农村青年的这类干预措施仍然很少。

为了改善年轻人的联系性和企业生产率，农村基础设施投资迫在眉睫。只有这样，需求导向型企业才可转为营利性企业，并充分实现增长潜力。信息通信技术的获得以及互联网覆盖范围的扩大带给青年更多的机会从事农企、农业商务和类似金融服务类的工作（世界银行和农发基金，2017）。

培养农村青年的创业精神必须提高其认知能力和非认知能力，最不发达地区构成了最大的挑战。在培养青年谈判、金融技能的过程中，对他们进行技术和职业培训尤其重要，因为这能够帮助年轻的小微企业家创业、改善业绩、获得金融服务并且提高生产率（世界银行，2018）。人们发现，在学校、技术和职业教育与培训机构中加入创业课程和金融知识是培养创业文化的有效方法（ILO，2016；Kew，2013）。此外，正规教育增加了年轻人加入正规的农村非农企业的可能性（Dary and Kuunibe，2012），能够提高非农企

业的劳动生产率和就业潜力（Wennberg and Lindqvist，2010；Owoo and Naudé，2014）。但是，只有在有利的环境下才能将技能转化为正式的创业活动，因此需要同时解决监管业务上的限制。采取减少行政负担的一致性措施迫在眉睫（UNCTAD，2014）。

鼓励青年创业无可厚非，他们如果获得了必要的支持和资产也是一件好事。但是，更明智的做法是集中精力探寻方法，帮助青年获得经验，不管他们是否经营自己的企业。目前的证据未能证明以下问题：提倡大量年轻人创办自己的企业是否期望过高，是否会使他们面临太大的失败风险（Mabiso and Benfica，2018）。

青年通常以家庭雇工的身份在企业任职。他们可能正在熟悉当前的工作，或仅仅是在熟悉这个行业，同时在其他地方寻找更好的机会（Fox and Sohensen，2012）。优先实施农村生产型企业投资，为农村青年创造有薪就业机会，帮助青年具备必需技能，是一种为他们创造机会的更合适、有效的方式。因此，在每种情况下对计划进行仔细评估都是作出有效投资决策的前提。

参考文献

Allen, A., Howard, J., Kondo, M., Jamison, A., Jayne, T., Snyder, J., Tschirley, D. and Yeboah, F.K. 2016. Agrifood Youth Employment and Engagement Study (AGYEES). Policy brief. Michigan State University.

Bai, N., Zhang, J. and Reardon, T. 2017. Transformation of the Aquaculture Feed Market and Determinants of Farmers' Feed Purchasing Channels: Evidence from South China. Working paper. Department of Agricultural, Food, and Resource Economics, East Lansing Michigan State University.

Begg, D., Fischer, S. and Dornbusch, R. 2000. Economics. New York, NY: McGraw-Hill Education Publishing.

Berdegué, J.A., Hernández, R., Ortega, J. and Reardon, T. 2007. Strawberry Growers and Modern Market Channels in Mexico. Micro Report Module 3 of Component 1, Regoverning Market Programme. London: International Institute for Environment and Development (IIED).

Bezu, S. and Holden, S. 2014. Are Rural Youth in Ethiopia Abandoning Agriculture? World Development, 64: 259-272 (available at: doi:10.1016/j.worlddev.2014.06.013).

Campos, F., Frese, M., Goldstein, M., Iacovone, L., Johnson, H., McKenzie, D. and Mensmann, M. 2017. Teaching Personal Initiative Beats Traditional Training in Boosting Small Business in West Africa. Science, 357 (6357): 1287-1290.

Chacon, V., Letona, P., Villamor, E. and Barnoya, J. 2015. Snack Food Advertising in Stores around Public Schools in Guatemala. Critical Public Health, 25 (3): 291-298.

Dary, S.K. and Kuunibe, N. 2012. Participation in Rural Non-Farm Economic Activities in Ghana. American International Journal of Contemporary Research, 2 (8): 154-161.

Das Gupta, S., Reardon, T. Minten, B. and Singh, S. 2010. The Transforming Potato Value Chain in India: Potato pathways from a commercialized-agriculture zone (Agra) to Delhi.(mimeo) International Food Policy Research Institute (IFPRI)- Asisan Development Bank (ADB).

de Onis, M., Onyango, A.W., Borghi, E., Siyam, A., Nishida, C. and Siekmann, J. 2007. Development of a WHO Growth Reference for School-Aged Children and Adolescents. Bulletin of the World Health Organization, 85 (9): 660-667.

Development Initiatives, 2017. Global Nutrition Report 2017: Nourishing the SDGs. Bristol, UK: Development Initiatives.

Elliott, C. 2015. 'Big Food' and 'Gamified' Products: Promotion, packaging and the promise of fun. Critical Public Health, 25 (3): 348-360.

FAO (Food and Agriculture Organization of the United Nations). 2018. Child Labour in Agriculture is on the Rise (available at: http://www.fao.org/rural-employment/ resources/detail/en/c/1141500/. Retrieved 20 December 2018).

FAO (Food and Agriculture Organization of the United Nations). 2015. Handbook for Monitoring and Evaluation of Child Labour in Agriculture. Measuring the impacts of agricultural and food security programmes on child labour in familybased agriculture. Rome: FAO.

FAO (Food and Agriculture Organization of the United Nations). 2013. Children's Work in the Livestock Sector: Herding and beyond. Rural Employment Knowledge Materials. Rome: FAO.(available at: http:// www.fao.org/ docrep/017/i3098e/i3098e. pdf. Retrieved 20 December 2018).

FAO, IFAD, UNICEF, WFP and WHO (Food and Agriculture Organization of the United Nations, International Fund for Agricultural Development, World Food Programme and World Health Organization). 2018. The State of Food Security and Nutrition in the World 2018. Building climate resilience for food security and nutrition. Rome: FAO.

Farina, E.M.M.Q., Gutman, G., Lavarello, P., Nunes, R. and Reardon, T. 2005. Private and Public Milk Standards in Argentina and Brazil. Food Policy, 30 (3): 302-315.

Fox, L. and Sohnesen, T.P. 2012. Household Enterprises in Sub-Saharan Africa: Why they matter for growth, jobs, and livelihoods. Policy Research Working Paper No. 6184. Washington, D.C.: World Bank.

Fox, L. 2018. Economic Participation of Rural Youth: What matters? Background paper for the Rural Development Report 2019. Rome: IFAD.

Gordon-Larsen, P., Wang H. and Popkin, B.M. 2014. Overweight Dynamics in Chinese Children and Adults. Obesity Reviews, 15 (S1): 37-48 (available at: doi: 10.1111/obr.12121).

Haddad, L., Hawkes, C., Webb, P., Thomas, S., Beddington, J., Waage, J. and Flynn, D. 2016. A New Global Research Agenda for Food. Nature, 540 (7631): 30-32.

Heckman, J.J. and Kautz, T. 2013. Hard Evidence on Soft Skills. Labour Economics, 19 (4): 451-464.

Hernandez, R., Belton, B., Reardon, T., Hu, C., Zhang, X. and Ahmed, A. 2017. The "Quiet Revolution" in the Aquaculture Value Chain in Bangladesh. Aquaculture, (493): 456-468.

High Level Panel of Experts on Food Security and Nutrition (HLPE). 2017. Nutrition and Food Systems. A report by the High Level Panel of Experts on Food Security and Nutrition of the Committee on World Food Security, Rome.

ILO and IPEC (International Labour Organization and International Programme on the Elimination of Child Labour). 2012. Practices with Good Potential – Towards the elimination of hazardous child labour. Geneva: ILO.

IMF (International Monetary Fund). 2018. World Economic Outlook. Challenges to steady growth. Washington, D.C.: IMF.

International Food Policy Research Institute (IFPRI). 2015. Global Nutrition Report 2015: Actions and Accountability to Advance Nutrition and Sustainable Development. Washington, D.C.

Jaacks, L.M., Slining, M.M. and Popkin, B.M. 2015. Recent Trends in the Prevalence of Under- and Overweight among Adolescent Girls in Low- and Middle-Income Countries. Pediatric Obesity, 10 (6): 428-435.

Jayne T.S., Chamberlin, J. and Headey, D.D. (eds.) 2014b. Land Pressures, the Evolution of Farming Systems and Development Strategies in Africa: A synthesis. Food Policy, 48 (2014): 1-17 (available at: https://doi. org/10.1016/ j.foodpol.2014.05.014).

Jayne, T.S., Chamberlin, J., Traub, L., Sitko, N., Muyanga, M., Yeboah, F.K., Anseeuw, W., Chapoto, A., Wineman, A., Nkonde, C. and Kachule, R. 2016. Africa's Changing Farm Size Distribution Patterns: The rise of medium-scale farms. Agricultural Economics, 47 (S1): 197-214.

Jayne, T.S, Chapoto, A., Sitko, N., Nkonde, C.,

Muyanga, M. and Chamberlin, J. 2014a. Is the Scramble for Land in Africa Foreclosing a Smallholder Agricultural Expansion Strategy? Journal of International Affairs, 67 (2): 35-53.

Jayne, T.S., Muyanga, M. Yeboah, F., Wineman, A. and Chapoto, A. 2018. Land Markets, Changing Farm Structure, and Agricultural Transformation in Africa: A synthesis of recent evidence. Plenary paper presented at the 30th International Conference of Agricultural Economists, Vancouver, B.C., Canada.

Kadiyala, S., Aurino, E., Cirillo, C., Srinivasan, C.S. and Zanello, G. 2018. Rural Transformation and the Double Burden of Malnutrition among Rural Youth in Low and Middle-Income Countries. Background paper for the Rural Development Report 2019. Rome: IFAD.

Kelley, D.J., Bosma, N. and Amorós, J.E. 2010. Global Entrepreneurship Monitor. A 2010 Global Report.

Kelly, B., King, L., Jamiyan, B., Chimedtsereen, N., Bold, B., Medina, V., De Los Reyes, S., Marquez, N., Rome, A.C., Cabanes, A.M., Go, J.J., Bayandori, T., Carlos, M.C. and Varghese, C. 2015. Density of Outdoor Food and Beverage Advertising around Schools in Ulaanbaatar (Mongolia) and Manila (The Philippines) and Implications for Policy. Critical Public Health, 25 (3): 280-290.

Kew. 2015. Africa's Young Entrepreneurs: Unlocking the potential for a brighter future. International Development Research Centre.

Kline, L., Jones-Smith, J., Miranda, J.J., Pratt, M., Reis, R.S., Rivera, J.A., Sallis, J.F. and Popkin, B.M. 2017. A Research Agenda to Guide Progress on Childhood Obesity Prevention in Latin America. Obesity Reviews, 18 (S2): 19-27 (available at: doi: 10.1111/obr.12572).

Liverpool-Tasie, L.S.O., Omonona, B., Sanou, A., Ogunleye, W., Padilla, S. and Reardon, T. 2017. Growth and Transformation of Food Systems in Africa: Evidence from the poultry value chain in Nigeria. Nigerian Journal of Agricultural Economics, 7 (1): 1-15.

Lozano, R. et al. 2012. Global and Regional Mortality from 235 Causes of Death for 20 Age Groups in 1990 and 2010: A systematic analysis for the Global Burden of Disease Study 2010. The Lancet, 380 (9859): 2095-2128 (available at: doi: 10.1016/S0140-6736(12)61728-0).

Mabiso, A. and Benfica, R. 2018. The Narrative on Rural Youth and Economic Opportunities in Africa: Facts, myths and gaps. Background paper for the Rural Development Report 2019. Rome: IFAD.

Mastercard Foundation. 2017. Invisible Lives: Understanding Youth Livelihoods in Ghana and Uganda.

Mc Millan, M., Rodrik, D. and Sepulveda, C. 2017. Structural Change, Fundamentals, and Growth: A framework and case studies. Policy Research Working Paper No. 8041. Washington, D.C.: World Bank.

Mdoe, N.S.Y., Muyanga, M.C., Jayne, T.S. and Minde, I.J. Forthcoming. Factors Influencing Young Tanzanians to Stay in Farming or Migrate Out of Rural Areas.

Midha, T., Nath, B., Kumari, R., Rao, Y.K. and Pandey, U. 2012. Childhood Obesity in India: A meta-analysis. Indian Journal of Pediatrics, 79 (7): 945-948 (available at: https:// doi.org/10.1007/s12098-011-0587-6).

Minten, B., Tamru, S., Engida, E. and Kuma, T. 2016. Transforming Staple Food Value Chains in Africa: The case of teff in Ethiopia. The Journal of Development Studies, 52 (5): 627-645 (available at: doi: 10.1080/ 00220388. 2015.1087509).

Muyanga, M. and Jayne, T. 2019. Revisiting the Farm Size-Productivity Relationship Based on a Relatively Wide Range of Farm Sizes: Evidence from Kenya. American Journal of Agricultural Economics.

Nagler, P. and Naudé, W. 2014. Young Entrepreneurs in Rural Africa: Prevalence, determinants, productivity. IZA Discussion Paper No. 8564. Bonn: Institute for the Study of Labour (IZA).

Owoo, N. and Naudé, W. 2014. Non- Farm Enterprise Performance and Spatial Autocorrelation in Rural Africa: Evidence from Ethiopia and Nigeria. IZA Discussion Paper No. 8295, Bonn: Institute for the Study of Labour (IZA).

Popkin, B.M. and Reardon, T. 2018. Obesity and the Food System Transformation in Latin America. Obesity Reviews, 19 (8):1028-1064 (available at: doi: 10.1111/obr.12694).

Popkin, B. 2017. Relationship between Shifts in Food System Dynamics and Acceleration of the Global Nutrition Transition. Nutrition Reviews, 75 (2): 73-82.

Popkin, B.M. and Hawkes, C. 2017. Sweetening of the Global Diet, Particularly Beverages: Patterns, trends and policy responses. The Lancet Diabetes & Endocrinology, 4 (2): 174-186 (available at: doi: https://doi. org/10.1016/S2213-8587(15)00419-2).

Popkin, B.M. 2014. Nutrition, Agriculture and the Global Food System in Low and Middle Income Countries. Food Policy, 47: 91-96.

Popkin, B.M. and Gordon-Larsen, P. 2004. The Nutrition Transition: Worldwide obesity dynamics and their determinants. International Journal of Obesity, 28 (Suppl 3): S2-S9.

Popkin, B.M., Horton, S., Kim, S., Mahal, A. and Shuigao, J. 2001. Trends in Diet, Nutritional Status and Diet-Related Noncommunicable Diseases in China and India: The economic costs of the nutrition transition. Nutrition

Reviews, 59 (12): 379-390.

Reardon, T., Chen, K.Z., Minten, B., Adriano, L., Dao, T.A., Wang, J., Das Gupta, S. 2014. The Quiet Revolution in Asia's Rice Value Chains. Paths of Convergence for Agriculture, Health and Wealth, 1331 (1): 106-118 (available at: doi.org/10.1111/nyas.12391).

Reardon, T., Echeverria, R., Berdegué, J., Minten, B., Liverpool-Tasie, S., Tschirley, D. and Zilberman, D. 2018. Rapid Transformation of Food Systems in Developing Regions: Highlighting the role of agricultural research & innovations. Agricultural Systems, 172 (2019): 47-59 (available at: https:// doi.org/10.1016/j.agsy.2018.01.022).

Sitko, N. and Jayne, T.S. 2018. Integrating Climate- and Market-Smartness into Strategies for Sustainable Productivity Growth of African Agri-food Systems. Feed the Future Innovation Lab for Food Security Policy Research Paper 270643. East Lansing, MI: Michigan State University.

Timmer, C.P. 2014. Managing Structural Transformation: A political economy approach. Wider Annual Lecture 018. Helsinki: UNU-WIDER.

Tschirley, D., Snyder, J., Dolislager, M., Reardon, T., Haggblade, S., Goeb, J., Traub, L., Ejobi, F. and Meyer, F. 2015. Africa's Unfolding Diet Transformation: Implications for agrifood system employment. Journal of Agribusiness in Developing and Emerging Economies, 5 (2): 102-136.

Tschirley, D., Kondo, M. and Snyder, J. 2016. Chapter 3: Downstream Report. In: Agrifood Youth Employment and Engagement Study (AGYEES). Policy brief. Allen, A., Howard, J., Kondo, M., Jamison, A., Jayne, T., Snyder, J., Tschirley, D. and Yeboah, F.K. (eds.). Michigan State University and the Mastercard

Foundation.

Turner, C., Kadiyala, S., Aggarwal, A., Coates, J., Drewnowski, A., Hawkes, C., Herforth, A., Kalamatianou, S., Walls, H. 2017. Concepts and Methods for Food Environment Research in Low and Middle Income Countries. Agriculture, Nutrition and Health Academy Food Environments Working Group (ANHFEWG). Innovative Methods and Metrics for Agriculture and Nutrition Actions (IMMANA) Programme. London, UK.

UNCTAD (United Nations Conference on Trade and Development). 2014. Entrepreneurship and Productive Capacity-Building: Creating jobs through enterprise development. Note by the UNCTAD secretariat (TD/B/C.II/24).

Wennberg, K. and Lindqvist, G. 2010. The Effect of Clusters on the Survival and Performance of New Firms. Small Business Economics, 34 (3): 221-241.

World Bank Group. 2018. World Development Report 2019: The changing nature of work. Washington, D.C.: World Bank (available at: doi:10.1596/978-1-4648-1328-3).

World Bank and IFAD (International Fund for Agricultural Development) 2017. Rural Youth Employment. July.

World Bank. 2016. Life Expectancy at Birth, Total (Years). World Development Indicators. Washington, D.C.: The World Bank Group (available at: https://data.worldbank. org/indicator/SP.DYN.LE00.IN).

Yamano, T., Otsuka, K. and Place, F. 2011. Emerging Development of Agriculture in East Africa: Markets, soil, and innovations. Amsterdam, Netherlands: Springer.

Yeboah, F. K. and Jayne, T. S. 2018. Africa's Evolving Employment Trend. Journal of Development Studies, 54 (5), 803-832.

第七章
气候变化也是一个青年议题

气候变化是影响农村青年生计的主要因素之一，它深深影响着农村青年人口集中的国家以及青年寻找就业机会的部门。只有采取措施，将适应和缓解气候变化纳入广泛的发展政策和投资中，才能避免频繁的、高强度的气候变化所引发的影响。同时，实施针对农村青年的投资需要采用长期的气候视角方法，原因如下：当代青年是未来第一批无法适应气候变化的群体；气候变化带来的影响决定了旨在创造青年就业机会的投资是否具有可持续发展性（另外还有许多经济和政策环境的不确定性）。

气候变化是一个青年问题，大部分青年人口占比较高的国家严重依赖农业的发展——农业部门深受气候变化的影响。气候变化影响着每个人，但一些部门和人口的生计更容易遭受其影响。对这些国家的农业部门进行投资必须确保适应性技术已经发展成熟并且容易获得，也必须确保青年有能力在包容性和可持续的农村变革过程中使用这些技术。

关于气候变化发展的已有文献大多数都与农业部门有关，但是对任何部门的投资都需要意识到适应气候变化的必要性。政府间气候变化专门委员会将基础设施、水管理系统和农业列为可能受到影响并需要投资的主要部门（IPCC，2014a）。目前，许多适应性农业技术已经发展完备，农村转型进程的推进使得技术采用率不得不随之提高，以保证农业部门录得高生产力并确保劳动力市场雇佣更多的农村青年。本书第二章曾提过，联系性是为农村青年创造机会过程中出现的一大挑战。因此，实施的投资能否抵御气候变化是至关重要的，因为这类投资将长久地提高农村青年的连通性。

在记录气候变化影响的文献中，风险暴露、敏感性和适应能力被认为是易受气候变化影响的主要方面（Füssel，2017；Füssel and Klein，2006；IPCC，2014a），而农村青年的状况可能会比其他人群更糟。青年人口占比较大的国家严重依赖农业，预计将遭受极端高温的压力；这大大增加了农村青年的风险，他们除了从事农业以外，选择十分有限。由于缺乏社会资本和技能以及社区参与程度较低，农村青年更容易感知到气候冲击（Brooks，2003；Adger，2003）。最后，适应能力的大小取决于对土地、信贷和保险等资源的获取，但青年往往无法获得这些资源，因此形成脆弱性循环（Gasparri and Muñoz，2018；Yeboah et al.，2018）。

确保年轻人具有处理复杂信息、适应必需技术和创新的能力，农村转型进程才能将农村青年长久涵盖在内，并解决其脆弱性。气候变化对信息环境的影响之一是降低传统信息系统有效应对变化的能力（Lipper et al.，2016）。因此，为制定适应气候变化的策略，及时处理日益复杂的信息是必要之举。要想掌握这种能力，应优化教育系统，更有效地促进子孙后代的认知和非认知技能的发展（Muttarak and Lutz，2014）。

气候变化为什么是一个青年议题

预计青年人口占比大的国家都将在2050年受到气候变化的重大影响

气候变化的形式多种多样，降雨和温度分布的变化是衡量气候变化影响的主要指标。虽然这两个参数对于农业都至关重要，但在大量气候模型中，温度预测更具稳定性（Christensen et al.，2007）。图7.1显示，到2050年，青年占比17％以上的大多数国家预计会增加60天以上的高温天气（极端温度天数）。高温天气的增加影响农作物和畜牧生产率，整个农业生态系统和地区受到的影响存在显著的差异，温带和亚热带地区预计将受到严重的负面影响（Teixeira et al.，2013；IPCC，2014b）。此外，大多数这些国家位于非洲，结构转型和农村转型水平最低（见图7.1），应对气候变化挑战的能力最弱。如第五章所述，由于人口转型的滞后，这些国家的青年人口呈增长趋势。因此，气候变化被认为是影响农村青年机会和生计的主要动因之一。

大多数青年生活在挑战和机遇并存的机会空间中，他们所在的国家遭受极端高温天气影响的程度一般，而那些居住在具有巨大农业潜力但市场准入有限的机会空间中的青年则主要生活在最受极端高温天气影响的国家。图7.2显示，亚洲和太平洋地区青年人口最多（主要位于印度和中国），他们将遭受中高等级的高温天气。撒哈拉以南非洲是唯一一个大多数青年居住在高温天气等级最高的地区。这些青年生活在目前农业潜力巨大（但市场有限）的地方，但是气候变化构成了潜在威胁。因此，如果要在农业部门找到工作，必须采取适应性行动。这项呼吁对于极端高温天气等级处于中等水平的国家来说也同等重要，在这些国家中，大多数青年拥有机遇的同时也面临许多挑战。

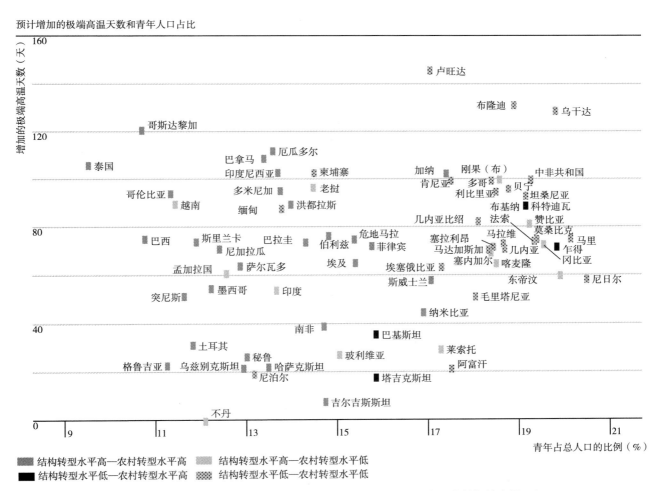

图 7.1　到 2050 年，青年人口众多的国家（和其他国家）预计将面临更多的极端高温天气

资料来源：改编自阿恩特等（Arndt et al.，2018）的研究。

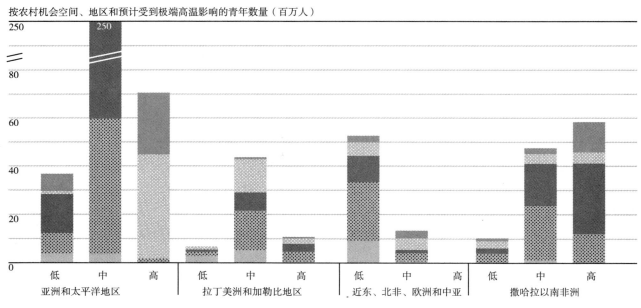

图 7.2   当今全球大多数青年生活的地区农业潜力巨大，但面临极端高温的威胁，亚洲和
太平洋地区以及撒哈拉以南非洲尤甚

注："低""中"和"高"分别表示到 2050 年预计高温天气达到 40 天以下、40~80 天，以及超过 80 天。
资料来源：作者根据阿恩特等（Arndt et al., 2018）的预测，以及农村机会空间的数据自行计算得出的结果（见第二章）。

　　拥有众多青年人口、易受高温天气袭击的大多数国家也高度依赖农业。图7.3表明，青年人口的相对数量与对农业部门的依赖程度密切相关。高度依赖农业的国家容易受到气候变化的直接和间接影响，农村地区的青年会更直观地感受到气候变化的冲击，他们会不断寻找由农业粮食体系主导的机会空间。

　　更糟的是，大部分青年占比最高的国家也恰恰最没能力应对气候变化的影响。在结构转型和农村转型水平较低的国家（见图7.3）中，国内生产总值的20％以上来自农业，而农业仍然是低生产率部门（即农业附加值低）。如果适应性投资不足，这些国家的农村青年将很难在农业部门找到工作。

　　农业部门占国内生产总值（GDP）比例较大，同时该部门生产率的提高推动了结构转型进程，因此其他部门的就业机会也受到限制。如前所述，这些国家中有超过50％的农村青年居住在农业潜力巨大但市场准入机会有限的机会空间中（见图2.5）。这些国家需要对能够促进农业发展的方法进行投资，加快生产率增长进程（IFAD, 2016），对适应性实施投资尤为重要。例如，实施以青年为中心的干预措施，以增加抗逆品种的采用（通过增加获得资金、信息和其他投入的渠道），并改善灌溉基础设施，提高用水效率。

　　结构转型水平低但是农村转型水平高的国家青年占比往往较大（见图7.3）。一般来说，这些国家农业部门的生产率相对更高，因此它们能够实施投资，使所有部门具备适应气候变化冲击的能力，从而重点维持高生产率水平。另外，为了增加非农业部门占国内生产总值的份额，这些国家在实施相关干预措施的过程中需要实施绿色基础设施的投资，提高非农业部门的能源效率并改善风险管理。

农业依赖性和青年人口占总人口的百分比

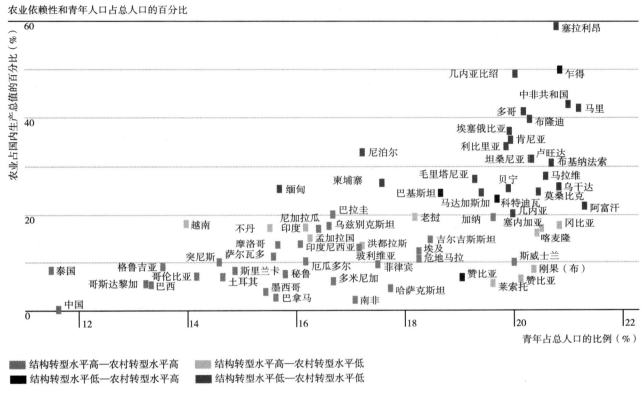

图 7.3　青年人口占比最高的国家同样高度依赖农业，且应对气候变化的能力最差

资料来源：改编自阿恩特等（Arndt et al., 2018）的研究。

气候变化如何影响农村青年的就业

　　气候变化影响了农村青年在所有部门的就业机会（包括农业在内）。一些部门受到气候变化的直接影响，而另一些则通过一般均衡效应间接地受到影响。农业和其他利用自然资源的活动，如畜牧业、林业和渔业，是受气候变化影响最直接的部门。与气候变化出现前的情况相比，气候变化预计将降低主要农作物的生产率，推高价格上涨，并在不同程度上（伴随着各种不确定性）促进集约化管理、区域扩张、国际贸易变化和跨区域消费降低（Nelson et al., 2014；IPCC，2014a）。此外，气候变化还将带来以下冲击：高温天气和病虫害分布变化将导致牲畜生产率下降；海洋鱼类的捕捞量降低，导致相应的国家收入下降、就业下滑从而威胁其粮食安全；森林覆盖率下降，这会进一步加剧气候变化并影响依赖森林资源的社区的生计（IPCC，2014a）。

　　除依赖自然资源的部门外，气候变化还对道路和其他基础设施产生影响，生活在闭塞地区的青年更多地受到这些变化的影响。农业粮食体系的农场、农场外活动（如加工、包装和运输）以及非农业粮食体系都比较容易受到气候变化对道路、水管理系统和基础设施的影响。农场和农场外活动预计会成为青年就业的重要来源，因此气候变化可能会削弱农村青年的生产力和联系性（IPCC，2014b）。

经济影响扩大了气候冲击对增加就业、减少贫困和结构转型的影响。以上影响将导致食品实际价格上涨，实际消费也因此受到影响，贫困的净购买者（net-buyer）家庭尤甚。高粮价推高了与贫穷国家粮食成本密切相关的工资水平，并减少了非农业劳动密集型部门对劳动力的需求。在结构转型水平较低的国家，气候变化最可能导致增长放缓、贸易顺逆差和汇率变化以及可交易商品和服务的竞争力下降。因此，总体就业增长放缓，农村青年就业机会减少（Arndt et al.，2018）。

气候变化的影响按城乡梯度分布不均。农村地区遭受重大气候变化的冲击表现为供水、粮食安全以及农业的改变。农村居民对自然资源高度依赖、贫困率高、联系性低，加上极端事件下，不完善的政策通常优先考虑城市（而非农村），人力成本因此较高（IPCC，2014a）。此外，农村青年的机会空间也是一个重要因素。如果生活在严峻挑战的机会空间中，农村青年将首当其冲面临生产力和联系性方面的冲击，但生活在多样化机会空间中的年轻人将有更多方法应对这些影响，尽管仍需要外界支持来解决其他复杂的不确定因素。

应针对不同的国家进行详尽分析，以了解气候变化影响的空间分布，并确定对年轻人具有重要意义的适应性投资，这一点十分重要。例如，阿恩特和瑟洛（Arndt and Thurlow，2015）指出了气候变化影响莫桑比克经济的四种方式：农业、道路、水力发电和海平面快速上升。尽管总体上影响不大，但农村地区最先受到农业产量下降和道路系统恶化的影响，而城市地区受到的水力发电量减少和沿海城市风暴潮影响更大。卡利斯等（Cullis et al.，2015）同样模拟了气候变化对南非各个部门的影响，结果显示次国家区域受到的影响大不相同，农业方面受到的影响差异最为显著。考虑到农村机会空间对青年生计的影响巨大（见第二章），因此了解他们所居住的不同空间以及这些空间所涉部门将受到何种影响，对于将青年纳入长期考虑范围而言至关重要。

气候变化会加剧针对年轻人的限制，尤其是他们获得土地的可能性。为了应对与气候相关的不同因素影响，土地价值预计将发生改变。在某些情况下，对生产用地日益激烈的竞争可能会推高农业用地的价值（Smith et al.，2010），农村青年更难获得土地（Arndt et al.，2018）。但是，如果农业部门无法很好地适应气候变化，农业土地价值可能会随着该部门生产力和就业机会的下降而降低（Mendelsohn et al.，2007；Mendelsohn, Christensen and Arellano-Gonzalez，2010）。为最大限度降低气候变化对青年参与经济生产活动的影响，必须优化土地租赁市场和继承政策，以消除农村青年获得土地的现有制约。

适应气候变化对于确保农村青年拥有可持续的谋生机会至关重要

农业部门做好充分准备应对农业生态的变化，可以在一定程度上抵消经济及其他方面的损失。农业资源和劳动力充足、在农业上投入大量资金以发展市场的国家，能够从气候变化带来的价格上涨中受益，一定程度上也可以抵消其他部门遭受的负面影响（Arndt et al.，2018）。但是，如果青年人口众多的国家没有做好充分准备，生产率的增长将落后于现有速度，产量损失将更大，从而减少农业收入。在结构转型过程中，尽管农业在经济中的重要性正在下降，但农业部门如果能适应气候变化，便有望吸引越来越多的年轻人。尽管不甚合理，但证据表明，如果条件符合，这是可能发生的，同时经历结构转型和人口转型的国家更为如此。阿恩特和米特拉（Ahsan and Mitra，2016）认为，古吉拉特邦通过发展基础设施、农业科学和教育、水管理和改革政策以促进青年获得土地、接触市场，成功吸引了劳动力加入市场转型。

非洲大多数国家农业劳动力占比正在以不同的速度下降，但该部门的绝对就业人数和劳动生产率却有所提高（IFAD，2016）。然而，与拉丁美洲和加勒比地区以及亚洲和太平洋地区生产率提高相比，非洲劳动生产率的增长十分缓慢，农业技术的改良和推广不及时是造成这一情况的部分原因。耶博阿和杰恩（Yeboah and Jayne，2018）研究来自撒哈拉以南非洲六个国家的研讨数据发现，农业部门的雇员在增加，从事农业活动的总时间也在增加，但是增加的部分来源于农业粮食体系中的非农部分。

各部门实施适应性投资还能够降低人们因气候因素移民的概率。气候变化和环境因素会以多种方式影响整体移民模式（Martin and Herzberg，2014；FAO，2018）。世界银行近期发布的预测显示，到2050年，气候变化的缓慢影响（变暖和干旱、海平面上升、自然灾害的强度和频率增加以及对自然资源的竞争）可能导致撒哈拉以南非洲、南亚以及拉丁美洲超过1.43亿人在国内进行迁移（Rigaud et al.，2018）。一些近期证据表明，拉丁美洲和加勒比地区的青年更可能因干旱和飓风而迁移（Baez et al.，2017）。撒哈拉以南非洲的农村青年迁移率更高，他们往往选择去往降雨大量减少、气温上升的城镇地区（Weinreb，Stecklov and Arslan，2018）。

另外，根据文献，缺乏自然资源（主要是土地）也是导致农村青年迁移的重要原因（Headey and Jayne，2014；Kosec et al.，2016）。如上所述，气候变化会加剧自然资源匮乏，因此将农村青年纳入适应气候变化和土地改革政策迫在眉睫。

运用更多适应性农业技术、加大对研发的投入，有助于减少气候变化对农业的负面影响。最新研究表明，现有的耐热和耐旱农业技术有可能抵消一些主要主粮作物因气候变化导致的产量下降（Robinson et al.，2015；Islam et al.，2016）。但是，这些技术仅适用于少数作物和威胁，并且运用率远低于模型假设。因此，它们不太可能为大量农村青年建立可持续性的农村生计。为应对这一挑战，需要增加对各种作物和耕作系统的适应性农业研究的投资，并促进青年对现有技术的使用。

降雨模式的变化以及高温引发的蒸散量增加构成了许多挑战，为了妥善应对，大多数适应性农业技术的核心是完善水管理。这些技术包括：为提高保水能力和排水能力，在土壤肥力综合管理方面进行创新和实践；在不同的地形上都进行水收集，并采用节水型补充灌溉系统；改善地下水管理；改变作物品种、调整播种和收获时间；为提高用水效率，对耕作制度进行创新（FAO，2017）。鉴于气候变化影响的不确定性不断增加，生计多样化也是适应的组成部分。通过提高农业生产的抗灾能力，此类技术预计将在农业粮食体系的农场和非农场部分创造更稳定的就业机会，对于那些来自正在经历结构转型和农村转型国家的农村青年来说尤为重要，因为青年人口还继续保持增长的态势。

聚焦于适应气候变化的技术还具有缓解共生效益，可以将其视为适应气候的农村转型过程的一部分加以利用。这些技术包括改善土壤和肥料管理以降低资源使用强度、改善牲畜饮食和供应链管理以及降低水产养殖和渔业中的资源使用强度（FAO，2016 年）（见第四章）。实施可再生能源的投资以驱动农村转型，在某些地区提供众多机遇和青年就业机会（EDC，2002）。

如上所述，气候变化的大多数影响具有地域性。因此，不管是在适应气候变化还是缓解气候变化的影响方面，必须因地制宜，杜绝一刀切的行为。因此，为了制定可以广泛推广和实施的本地化适应性方案，加大农业研发的资金投入是重中之重。然而，大多数国家对农业研发的投资不足，青年人口众多的国家也不例外。

为确保农村青年的生产力、联系性和能动性，需要超越农业采取整套适应气候变化方案

一系列措施将各个部门涵盖在内，既要保证农村发展呈可持续性态势，又要聚焦青年以确保他们积极参与。

为了应对气候变化带来的所有挑战，需要制订全面的投资计划。罗斯格兰特等（Rosegrant et al.，2017）与国际农业研究中心联盟下属的 15 个研究中心进行合作，检验了农业研究、水资源管理和销售基础设施投资的四种替代场景，这是应对气候变化战略的一部分。最全面的投资方案结合了所有这三个领域的要素，可在农业供应、经济增长、福利和环境指标方面获得最大收益。基础设施投资成本最高但是可以在短期内（到 2030 年）带来收益，灌溉、用水管理、土壤管理的改善和农业研究方面的投资则在更长的时间内（到 2050 年）带来收益，并且相对而言成本更低。一方面是在政治上更具吸引力，但短期内回报更显而易见的适应性投资；另一方面是回报周期更长、但是为适应整个经济而实施的投资，政府需要在二者间取得平衡，因为后者为现今直至以后的农村青年不断创造机遇。

各国内部影响的差异很大，因此在那些农业领域必须吸纳大量农村青年的国家，实施本地化适应性创新迫在眉睫。为了了解如何投资当地重要的适应性农业，需要结合多种变化作出预测。对气候变化对当地农业部门的影响建模特别复杂，因为它们必须以气候、农业生态、人与环境的相互作用为基础。因此，该部门的适应性创新比类似于基础设施等其他部门更为关键。随着农业粮食体系越来越多地雇用农村青年，基础设施有必要更具有韧性，此项观察无意将该种必要性降至最低。相反，它只是强调一个事实，即扩建基础设施和灌溉的大规模活动除非与旨在改善农业技术的投资相结合，否则对农村青年机遇的影响将十分有限（Arndt et al.，2018）。

为解决对青年影响最大的制约因素，需要采取聚焦青年的适应性活动。即使是关于农业研究和农村基础设施的最佳公共投资计划，也只会在以下程度上使农村青年受益：第一，能够获取生产要素；第二，是技术开发和推广工作不可或缺的一部分；第三，具有必要的技能，能够指导气候变化所导致的新环境中的复杂决策。

必须解决农村青年在获得土地上所面临的制约因素，那些更容易受到气候变化影响的国家尤为如此。无法适应新的气候条件的土地会遭受生产率下降，而已经适应气候变化冲击的高价土地将面临竞争加剧，这都导致农村青年在获取土地资源上进一步受气候变化的限制。应修订土地继

承规则，让农村青年尽早获得土地，让希望从事农业的年轻人能够如愿以偿，特别是在人口转型、死亡率进一步下降的情况下。改善土地租赁市场的运作方式必不可少，通过减少现有的土地使用不平等现象，边缘化群体将比主流群体受益更多（Deininger，Savastano and Xia，2018）。最近的证据表明，青年比其他年龄组的人更多地参与农村土地租赁市场，这表明用于改善土地租赁市场的投资将使青年人受益匪浅（Ricker-Gilbert and Chamberlin，2018；Yeboah et al.，2018）。

在推广适应性农业技术的过程中，只有聚焦青年才能使土地资源的获取起到促进农业部门生产性就业的作用。许多应用于作物生产的技术已经存在（尽管大多数用于谷物和其他少量作物），但应用率总体上偏低，凸显了环境不断变化的情况下信息促进技术应用的重要性（Mullins et al.，2018）。系统研究显示，青年在采用此类技术方面没有明显的优势或劣势，但确实证明了保有权安全和信息获取是采用这种技术的主要推动力（Arslan et al.，2018）。农村青年在这两个方面都处于不利地位，克服这些限制很可能在一定程度上提升旨在适应气候的技术应用率。

信贷获取机会的渺茫也严重阻碍了新技术的应用，正如第八章中详细讨论的那样，年轻人通常因生命周期效应而在获取信贷方面处于不利地位，他们还没有时间积累足够的资产用作抵押。尽管这个问题与气候变化本身无关，但我们应牢记的是，农村青年如果有足够的金融资源，就能够从土地获取机会的改善和适应性技术信息中受益更多（见第八章）。农发基金的"适应小农农业计划"中的许多项目为促进聚焦青年的适应方法树立了一个好榜样，其中涉及解决认知和非认知技能差距的方法、传播与气候相关的信息以及解决农村青年金融资源受限的方法（见专栏7.1）。

信息通信技术正越来越多地用于技术推广和信息传播。与传统体系相比更能够有效地接触农村青年。一直以来，对农业和其他部门进行适应性技术的投资没有明确地聚焦青年，也没有充分重视气候变化可能导致的农业生态变化。传统的推广计划通常不适合年轻人的信息需求，但是利用社交网络和基于信息通信技术的替代方法有望提高技术应用率（见第八章）。尽管第一代基于信息通信技术的扩展服务主要依赖于SMS消息和提醒、交互式语音响应系统、专用的智能手机应用程序和基于图片的病虫害监视，其他硬件和软件解决方案以及视频介导的扩展支持服务仍保持增长势头。对此类计划的最新评估显示，技术应用和生产力成果方面均取得了可喜的成果（Spielman，2018）。涉及秘鲁的一项特别创新计划将高中生纳入基于视频的推广服务，有效地提高了孩子父母对农业技术及其应用率的了解（Nakasone and Torero，2016）。农业推广计划中需要此类创新方法，其他需要提高青年生产力和联系性的部门也一样，以推动包容性的农村转型进程。

对培养年轻人的认知和非认知技能发展进行投资，使他们具备了解和适应气候变化以及创新的方法

我们对局部影响和所需采取的适应性行动的理解存在极大的不确定性，因此气候变化正在不断改变信息环境。青年如果缺乏一些必要技能，在应对气候变化的时候将难以处理重要信息并选取最佳方式。例如，调整其农场的活动范围，改用新的农艺方法；寻找替代的营销渠道，购买保险或其他工具以帮助他们应对所面临的风险。农村地区的教育改革是适应气候变化的核心要素，因为教育系统必须确保青年具有驾驭当今复杂信息环境所需的认知和非认知技能（Arndt et al.，2018）。为了推动农村普惠性转型进程，需要提高生产率和联系性的领域也需要此类创新方法。

专栏7.1　聚焦青年的适应方法：农发基金小农农业适应方案的例子

农发基金的"适应小农农业计划"是全球最广泛的针对小农的适应计划。该计划旨在通过资助聚焦粮食安全和营养、增加农村收入和增强气候变化适应力的项目来改善农民生活，在实施干预措施的过程中重点关注农村青年和妇女，解决他们的弱项。

"适应小农农业计划"的投资正在促进纳入青年的农村转型工作，聚焦于提高农业生产力、增加创业机会、改善基础设施和发展多样化的生计。气候变化威胁农业生产力，因此类似的小农农业计划在将农业重新打造成能够为农村青年创造可持续经济机会的部门方面发挥着关键作用。

该方案解决了青年面临的一些主要挑战，帮助改善了农村地区青年的生计。挑战包括失业和就业不足、获得信息和教育的机会不足以及缺乏生产性资产的机会。尽管成年农民也面临着这些挑战，但证据表明，农村青年（尤其是年轻妇女）无法从农村总体发展中获得与成人或年轻男性一样程度的收益（Bennell，2007）。在解决这些制约因素的过程中，"适应小农农业计划"支持的项目聚焦农村青年，实施干预措施，重点培养创业活动、金融管理和可持续性农业发展中的技能发展。它们还旨在利用开发青年的适应能力和创新能力（Makiwane and Kwizera，2009），扩大使用适应气候变化的农业技术、增强农村青年的认知能力，从而更好地应对农业生产中的气候风险并进行创新。

鼓励农村青年参与项目活动的一些基本机制包括：职业培训，提供赠款支持建立小企业，以促进多元化、机械化和提高金融知识水平。例如，埃及一项由"适应小农农业计划"支持的项目正在滴灌系统或太阳能水泵的维护和废物回收等领域为农村青年创造新的就业机会。作为该计划的一部分，私营部门的灌溉系统和太阳能电池板供应商将受邀对农村青年进行新农业技术的培训。表7.1重点介绍了"适应小农农业计划"支持的聚焦青年对气候变化适应性的干预措施。

为了提高农业适应性，我们需要大力实施此类举措。为了评估对农村青年（尤其是对女性青年）的影响，此类方案需要将一套按年龄和性别划分的指标纳入其监测和评估系统，但迄今为止，该监测与评价系统的一致性受到限制。这表明，要想加速实现可持续发展目标，需要在所有指标中按年龄和性别分别记录。将这些努力纳入未来以青年为中心的项目设计中，也将为其他研究贡献证据基础，这些研究包括：可持续改善农村青年机会的干预措施，以及增加投资和政策设计的重要性。

《联合国气候变化框架公约》第6条呼吁采取行动增强气候意识，以确保所有国家制定和实施有关气候变化及其影响的教育及提高公众意识的计划，培训科学、技术和管理人员，促进获取信息的机会并鼓励公众参与应对气候变化（联合国教科文组织和联合国气候变化框架公约，2016）。为了实现这些目标，许多国家已经成功制定了气候变化学习策略，但它们是例外而不是规则，这些策略主要集中在正规教育系统上。

适应性干预	国家	"适应小农农业计划"支持的项目	干预
农场和非农场生计策略	不丹	商业农业和弹性生计增强计划	通过建设奶棚、提供草苗、割草机和电动磨粉机等手段，支持农村青年团体增加奶制品生产
	埃及	可持续农业投资和生计项目	两个青年社区发展协会已经顺利建成，并接受有关领导、善治、战略规划和社会基础设施管理等管理技能的培训，60名妇女接受了缝纫和地毯编织的职业培训
	尼日利亚	气候变化适应和农业综合企业支持计划	390名农村青年入选参加为期5天的企业发展培训，该培训通过指导、训练学生来提供业务支持
农业生产中应对气候风险的技能	冈比亚	国家农业土地与水管理发展局	对包括农村青年和妇女在内的5322名冈比亚农民围绕综合虫害管理、改良种子的使用以及气候变化的影响方面进行培训；计划开设农民田间学校①
提供有助于气候风险管理的金融服务	越南	适应湄公河三角洲的气候变化	该项目正在提供财政资源和设施，以扩大适应性投资并增强抵御能力；该项目建立了一个妇女支持基金，在茶荣建立了384个新的妇女储蓄和信贷集团，有2490名成员；该基金已向2355名成员提供了贷款

表 7.1　　　　　　　　　　适应小农农业计划支持的聚焦青年适应性的措施案例

注：①农民田间学校是粮食及农业组织（粮农组织）开发的一种方法，旨在使农民掌握分析和观察其田地生态的技能和能力。这些学校提供了一个平台，可以在不同的农业管理实践中进行试验。在这种环境中，农民在所谓的"最佳实践"中起着决定性的作用。

　　认识制定聚焦青年的气候变化政策，使青年具有了解和适应气候变化的方法。《联合国气候变化框架公约》在2009年将选民扩大到包含非政府青年组织。因此，青年领导的聚焦青年的非政府组织能够积极制定政府间气候变化政策。这些代表接收官方信息，参加气候公约会议，向谈判小组提供技术和政策投入，并通过高级别情况介绍会与决策者进行代际对话。

　　《联合国儿童、青年与气候变化联合框架倡议》一直在协调16个政府间实体和众多青年组织付出的努力。这项合作的总体目标是使世界各地的年轻人能够在地方和国家两级分别采取缓解和适应气候变化的行动，发起了一系列教育性、提高认识和改变行为的运动举措。青年还应在不同的国家和国际组织的框架内参与气候变化项目。但是，与农村青年相比，城市青年更可能受惠于这些倡议。必须考虑气候变化对农村青年的生产力、联系性和能动性构成的具体挑战，以便使他们融入行动并为适应性的农村转型工作做出贡献。

参考文献

Adger, W.N. 2003. Social Capital, Collective Action, and Adaptation to Climate Change. Economic Geography, 79 (4): 387-404.

Ahsan, R.N. and Mitra, D. 2016. Can the Whole Actually Be Greater Than the Sum of Its Parts? Lessons from India's growing economy and its evolving structure. In: Structural Change, Fundamentals, and Growth: A framework and case studies. McMillan, M., Rodrik, D. and Sepúlveda, C. (eds.). Washington, D.C.: International Food Policy Research Institute.

Arndt, C., Brooks, K., Hartley, F., Robertson, R. and Wiebe, K. 2018. Climate and Jobs for Rural Young People. Background paper for the Rural Development Report 2019. Rome: IFAD.

Arndt, C. and Thurlow, J. 2015. Climate Uncertainty and Economic Development: Evaluating the case of Mozambique to 2050. Climate Change, 130: 63-75.

Arslan, A. Floress, K. Lamanna, C. Asfaw, S. Lipper, L. and Rosenstock, T. 2018. Barriers to the Adoption of Improved Agricultural Technologies: A metaanalysis for Africa (mimeo).

Baez, J., Caruso, G., Mueller, V. and Niu, C. 2017. Droughts Augment Youth Migration in Northern Latin America and the Caribbean. Climatic Change, 140 (3-4): 423-435.

Bennell, P. 2007. Promoting Livelihood Opportunities for Rural Youth. IFAD Governing Council Round Table: Generating remunerative livelihood opportunities for rural youth.

Brooks, N. 2003. Vulnerability, Risk and Adaptation: A conceptual framework. Working Paper 38, Norwich, UK: Tyndall Centre for Climate Change Research.

Cullis, J., Alton, T., Arndt, C., Cartwright, A., Chang, A., Gabriel, S., Gebretsadik, Y.,. Hartley, F., de Jager, G., Makrelov, K., Robertson, G., Schlosser, A.C., Strzepek K. and Thurlow, J. 2015. An Uncertainty Approach to Modelling Climate Change Risk in South Africa. WIDER Working Paper No. 2015/045. The United Nations University World Institute for Development Economics Research. Helsinki: UNU-WIDER.

Deininger, K., Savastano, S. and Xia, F. 2017. Smallholders' Land Access in Sub-Saharan Africa: A new landscape? Food Policy, 67 (2017): 78-92.

EDC (Education Development Center). 2002. Youth Employment Opportunities in Renewable Energy: A report. Youth Employment Summit 2002. Education Development Center Inc. (available at: https://d3gxp3iknbs7bs.cloudfront. net/attachments/d2fd5dcb-685c-464d-a700-fd35360a1ace.pdf).

FAO (Food and Agriculture Organization of the United Nations). 2018. The State of Food and Agriculture: Migration and rural development. Rome: FAO.

FAO (Food and Agriculture Organization of the United Nations). 2017. Climate Smart Agriculture Sourcebook, second edition. Rome: FAO (available at: http://www.fao.org/climate-smartagriculture- sourcebook/about/en/).

FAO (Food and Agriculture Organization of the United Nations). 2016. The State of Food and Agriculture: Climate change, agriculture and food security. Rome: FAO.

FAO (Food and Agriculture Organization of the United Nations). 2002. Smallholder Farmers in India: Food security and agricultural policy. FAO Regional Office for Asia and the Pacific.

Füssel, H. and Klein, R.J.T. 2006. Climate Change Vulnerability Assessments: An evolution of conceptual thinking. Climatic Change, 75 (3): 301-329. (available at: https:// doi.org/10.1007/s10584-006-0329-3).

Füssel, H. 2017. Vulnerability: A generally applicable conceptual framework for climate change research. Global Environmental Change, 17: 155-167.

Gasparri, N.I. and Muñoz, L. 2018. Inclusive Finance and Rural Youth. Background paper for the Rural Development Report 2019. Rome: IFAD.

Headey, D.D. and Jayne, T.S. 2014. Adaptation to Land Constraints: Is Africa different? Food Policy, 48: 18-33.

IFAD (2018) National Agricultural Land and Water Management Development Project. Gambia. Midterm Review.

IFAD (International Fund for Agricultural Development). 2017a. Climate Change Adaptation and Agribusiness Support. Supervision report. Rome.

IFAD (International Fund for Agricultural Development). 2017b) Commercial Agriculture and Resilient Livelihoods Enhancement Programme. Supervision report. Rome.

IFAD (International Fund for Agricultural Development). 2017c. Project for Adaptation to Climate Change in the Mekong Delta in Ben Tre and Tra Vinh provinces. Midterm review. Rome.

IFAD (International Fund for Agricultural Development). 2017d. Sustainable Agriculture Investments and Livelihoods Project. Supervision report. Rome.

IFAD (International Fund for Agricultural Development). 2016. Rural Development Report 2016. Rome: IFAD.

IPCC (Intergovernmental Panel on Climate Change). 2014a. Rural Areas. Part A: Global and Sectoral Aspects. Contribution of Working Group II to the Fifth Assessment Report of the Intergovernmental Panel on Climate Change. Dasgupta, P., Morton, J.F., Dodman, D., Karapinar, B., Meza, F., Rivera-Ferre, M.G., Toure Sarr, A. and Vincent, K.E. (eds.) In: Climate Change 2014: Impacts, adaptation, and vulnerability. Field, C.B., Barros, V.R., Dokken, D.J., Mach, K.J., Mastrandrea, M.D., Bilir, T.E., Chatterjee, M., Ebi, K.L., Estrada, Y.O., Genova, R.C., Girma, B., Kissel, E.S., Levy, A.N., MacCracken, S., Mastrandrea, P.R. and White, L.L. (eds.). Cambridge, UK, and New York, NY: Cambridge University Press.

IPCC (Intergovernmental Panel on Climate Change). 2014b. Part B: Regional Aspects. Contribution of Working Group II to the Fifth Assessment Report of the Intergovernmental Panel on Climate Change. Barros, V.R., C.B. Field, D.J. Dokken, M.D. Mastrandrea, K.J. Mach, T.E. Bilir, M. Chatterjee, K.L. Ebi, Y.O. Estrada, R.C. Genova, B. Girma, E.S. Kissel, A.N. Levy, S. MacCracken, P.R. Mastrandrea, and L.L. White (eds.). In: Climate Change 2014: Impacts, adaptation, and vulnerability. Cambridge, UK, and New York, NY: Cambridge University Press.

IPCC (Intergovernmental Panel on Climate Change). 2007. Contribution of Working Group I to the Fourth Assessment Report of the Intergovernmental Panel on Climate Change. Christensen, J. H., Hewitson, B., Busoloc, A., Chen, A., Gao, X., Held, I., Jones, R.T., Kwon, W.T., Laprise, R., Rueda, V.M., Mearns, L.O., Menéndez, C.G., Raïsanën, J., Rinke, A., Kolli, R.K., Saar, A. and Whetton, P. (eds.) In: Climate Change 2007: The Physical Science

Basis. Solomon, S., Qin, D., Manning, M., Chen, Z., Marquis, M., Averyt, K.B., Tignor, M. and Miller, H.L. (eds.). Cambridge, UK, and New York, NY: Cambridge University Press.

Islam, S., Cenacchi, N., Sulser, T. B., Gbegbelegbe, S., Hareau, G., Kleinwechter, U., Mason-D'Croz, D., Nedumaran, S., Robertson, R., Robinson, S. and Wiebe, K. 2016. Structural Approaches to Modeling the Impact of Climate Change and Adaptation Technologies on Crop Yields and Food Security. Global Food Security, 10: 63-70.

Kosec, K., Ghebru, H., Holtemeyer, B., Mueller, V. and Schmidt, E. 2016. The Effect of Land Inheritance on Youth Employment and Migration Decisions: Evidence from rural Ethiopia. Discussion paper No. 01594. Washington, D.C.: International Food Policy Research Institute (IFPRI).

Lipper, L., Thornton, P., Campbell, B., Baedeker, T., Braimoh, A., Bwalya, M., Caron, P., Cattaneo, A., Garrity, D., Henry, K., Hottle, R., Jackson, L., Jarvis, A., Kossam, F., Mann, W., McCarthy, N., Meybeck, A., Neufeldt, H., Remington, T., Sen, P.T., Sessa, R., Shula, R., Tibu, A. and Torquebiau, E.F. 2014. Climate-Smart Agriculture for Food Security. Nature Climate Change, 4: 1068-1072.

Makiwane, M. and Kwizera, S. 2009. Youth and Well-Being: A South African case study. Social Indicators Research, 91 (2): 223-242.

Martin, S. and Herzberg, D. G. 2014. Climate Change, International Migration and Youth. In: Migration and Youth: Challenges and opportunities. Cortina, J., Taran, P. and Raphael, A. (eds.). Global Migration Group (available at: http://www.globalmigrationgroup. org/ system/files/21._Chapter_17.pdf).

Mendelsohn, R., Basist, A., Kurukulasuriya, P. and Dinar, A. 2007: Climate and rural income. Climatic Change, 81 (1): 101-118.

Mendelsohn, R., Christensen, P. and Arellano-Gonzalez, J. 2010. A Ricardian Analysis of Mexican Farms. Environment and Development Economics, 15 (2): 153-171.

Mullins J., Zivin J.G., Cattaneo A., Paolantonio A. and Cavatassi R. 2018. The Adoption of Climate Smart Agriculture: The role of information and insurance under climate change. In: Lipper L., McCarthy N., Zilberman D., Asfaw S. and Branca G. (eds.). Climate Smart Agriculture. Natural Resource Management and Policy, 52. Cham, CH: Springer.

Muttarak, R., and Lutz, W. 2014. Is Education a Key to Reducing Vulnerability to Natural Disasters and Hence Unavoidable Climate Change? Ecology and Society, 19 (1): 42 (available at http://dx.doi. org/10.5751/ES-06476-190142).

Nakasone, E. and Torero, M. 2016. Agricultural Extension through Information Technologies in Schools: Do the cobbler's parents go barefoot? Paper presented at the annual conference of the Agricultural and Applied Economics Association, Boston, MA, July 31 – August 2, 2016.

Nelson, G.C., Valin, H., Sands, R.D., Havlík, P., Ahammad, H., Deryng, D., Elliott, J., Fujimori, S., Hasegawa, T., Heyhoe, E., Kyle, P., Von Lampe, M., Lotze-Campen, H., Mason-D'Croz, D., van Meijl, H., van der Mensbrugghe, D., Müller, C., Popp, A., Robertson, R., Robinson, S., Schmid, E., Schmitz, C., Tabeau, A. and Willenbockel, D. 2014. Economic Response in Agriculture to Climate Change. Proceedings of the National Academy of Sciences, 111 (9): 3274-3279 (available at: doi: 10.1073/pnas.1222465110).

Pruneau, D., Khattabi, A. and Demers, M. 201.

Challenges and Possibilities in Climate Change Education. Online submission, 7 (9): 15-24.

Ricker-Gilbert, J. and Chamberlin, J. 2018. Transaction Costs, Land Rental Markets and Their Impact on Youth Access to Agriculture in Tanzania. Land Economics, 94: 4.

Rigaud, K.K., de Sherbinin, A., Jones, B., Bergmann, J., Clement, V., Ober, K., Schewe, J., Adamo, S., McCusker, B., Heuser, S., and Midgley, A. 2018. Groundswell: Preparing for Internal Climate Migration. Washington, D.C.: World Bank.

Robinson, S., Mason-D'Croz, D., Islam, S., Cenacchi, N., Creamer, B., Gueneau, A., Hareau, G., Kleinwechter, U., Mottaleb, K.A., Nedumaran, S. and Robertson, R., 2015. Climate change adaptation in agriculture: ex ante analysis of promising and alternative crop technologies using DSSAT and IMPACT. IFPRI Discussion Paper 1469. Washington, D.C.: International Food Policy Research Institute (IFPRI).

Rosegrant, M.W., Sulser, T.B., Mason-D'Croz, D., Cenacchi, N., Nin-Pratt, A., Dunston, S., Zhu, T., Ringler, C., Wiebe, K., Robinson, S., Willenbockel, D., Xie, H., Kwon, H.Y., Johnson, T., Thomas, T.S., Wimmer, F., Schaldach, R., Nelson, G.C. and Willaarts, B. 2017. Quantitative Foresight Modeling to Inform the CGIAR Research Portfolio. Project Report, Washington, D.C.: International Food Policy Research Institute (IFPRI).

Smith, P., Gregory, P.J., van Vuuren, D., Obersteiner, M., Havlík, P., Rounsevell, M., Woods, J., Stehfest, E. and Bellarby, J. 2010. Competition for Land. Philosophical Transactions of the Royal Society B: Biological Sciences, 365 (1554) (available at: http:// doi. org/10.1098/rstb.2010.0127).

Spielman, D. 2018. The Role and Impact of Video-Mediated Agricultural Extension and Advisory Services: New and emerging evidence from developing countries. Addendum to the background paper Climate Change is a Youth Issue for the Rural Development Report 2019. Rome: IFAD.

Teixeira, E.I., Fischer, G., van Velthuizen, H., Walter, C. and Ewert, F. 2013. Global Hotspots of Heat Stress on Agricultural Crops Due to Climate Change. Agricultural and Forest Meteorology, 170: 206-215.

UNESCO (United Nations Educational, Scientific and Cultural Organization) and UNFCCC (United Nations Framework Convention on Climate Change). 2016. Action for Climate Empowerment: Guidelines for accelerating solutions through education, training and public awareness. Paris and Bonn: UNESCO and UNFCCC.

Weinreb, A., Stecklov, G. and Arslan, A. Forthcoming. Effects of Climate Change on Age- and Sex-Specific Patterns of Rural-Urban Migration in sub-Saharan Africa (mimeo).

Yeboah, F. and Jayne, T. 2018. Africa's Evolving Employment Trends. The Journal of Development Studies, 54 (5): 803-832 (available at: doi.org/10.1 080/00220388.2018.1430767).

Yeboah, F.K., Jayne, T.S., Muyanga, M. and Chamberlin, J. 2018. The Intersection of Youth Access to Land, Migration, and Employment Opportunities: Evidence from sub-Saharan Africa. Background paper for the Rural Development Report 2019. Rome: IFAD.

第八章
数字鸿沟还是数字红利

在过去几十年里，数字革命得到了高速发展。30 年前，莫桑比克偏远地区（或尼日尔、缅甸，或安第斯高原）的贫困小农完全无法想象能够经常（并且在大多数情况下，负担得起）去首都看望儿子、女儿，或者与相距 40 公里的市场中的商人打交道。但是如今，这样的情景一天中会上演数亿次。然而，数字技术带来的革新远不止这些，人们能够建立联系、搜索和发送信息、作出更明智的决定，更是惊叹于世界各地从未见识过的思想、可能性、景象和声音。尽管数字革命带来的影响已经令人目不暇接，随着人工智能越来越多地应用于将人类与物联网紧密相连的无数应用程序中，数字革命将再次实现质的飞跃。

在发展中国家，当代青年的工作生活最先受到数字技术的渗透。因此，未转型国家通过发展劳动密集型制造业以实现转型并脱离贫困的前景进一步受挫，重蹈了前几代人的覆辙。不过，数字技术渗透到现代经济和人们生活的方方面面的同时，也为农村青年带来了许多良好的机会，能够相应提高他们的联系性、生产率和能动性。[①]

数字革命究竟能否创造颠覆性的改善当今发展中国家农村青年的数字红利，还是进一步加大已有的不平等现象，各国政府如今所制定的政策和计划将是关键一步。本章总结了关于数字革命给青年就业带来的挑战和机遇的现有证据，强调了旨在造福更广泛社会和农村青年的数字红利所需的政策和投资类型。

数字技术突飞猛进，劳动密集型制造业作为发展中国家就业增长来源的地位逐渐衰退

这份报告着重指出，青年享有机会的种类和程度取决于所在国家、地方和家庭环境中机会的交集。增加农村青年机遇所需的持续增长始终取决于对国家基本能力的投资：扩大普及高质量教育的范围以积累人力资本；道路、能源、水、卫生设施和通信的基础设施，以及运转良好的机制，能够在产生财政资源并妥善利用的同时起到规范经济的作用。但事实上，第一批工业化国家和（从更小的范围上来说）东亚四小龙获得了额外的增长（超出了仅通过基本投资所能实现的增长），这要归功于其经济结构的快速变化。这些结构性变化涉及大量劳动力从生产力低下的农业和家庭企业转向劳动密集型制造业的有薪就业。随着这部分劳动力从一个部门转移到另一个部门，在不断增加的技术投入的帮助下，这些劳动力和整个经济部门的生产率水平都呈现大幅增长趋势。这种"技术帮扶"在制造业中运转良好并导致"无条件趋同"——制造业劳动生产率随着时间的推移趋同于世界标准，独立于更广泛的经济背景（McMillan，Rodrik and Sepulveda，2017）。这种趋同在服务业中并不明显，因此许多专家对该行业推动快速增长的能力持悲观态度。[②]

但在过去的几十年里，工业流程的自动化导致西方国家的工业领域就业急剧下降，世界上大部分地区的就业也停滞不前。美国制造业就业人数从 1990 年占总就业人数的 15% 下降到 2010 年的 9%；英国这一数字同期下降了 11%~20%（de Vries，de Vries and Gouma，2014）。在此期间，低收入和中高收入国家的制造业就业一直停滞不前，尽管其经济增长速度在过去曾推动就业的大幅增加。中低收入国家的此类就业略有增加（世界银行，2019）。对于相关情况的一些细节方面存在许多讨论，

---

① 这场革命会带来深远的社会影响，远远超出本章所探讨的范围。

② 甘尼（Ghani，2014）认为服务业会比制造业更快速地向世界标准看齐，但这种论点在文献中很少被接受。

但没有人预测如今发达经济体劳动密集型制造业的就业人数会增加到接近西方工业化时期30%乃至更高的水平。实际上，少数热衷于通过实施高效政策、进行制造业投资的发展中国家将能够达到这一水平，而其余发展中国家最多只能将制造业的就业维持在20世纪早期以及中期发达国家的最高水平。尚未吸引实际可行的工业投资的国家在致力于发展制造业就业方面面临着众多挑战。

专栏8.1　智能农业物联网

"物联网"（IoT）是指旨在实现各种网络互操作性的无线传感器系统。近年来，物联网取得了显著进展，被认为是一种很有前景的技术，在农业领域尤为如此（FAO and ITU，2017）。为了降低成本并提高农村劳动力的效率，传感器、电子测量算法和无人机被用于收集有关土壤湿度和作物健康等定向输入目标的数据，收集的数据存储在服务器或云中，农民能够轻松地通过平板电脑和手机联网访问，实现对农业生产过程的智能远程无线控制（Lee，2018）。近年来，科技行业在智能农业领域产生了许多前景广阔的应用程序，从牲畜养殖到随叫随到的车辆应用，应有尽有。但是，很少有证据表明这些应用存在优势、实际投入使用并能够提高生产率。

水产养殖：南亚被认为是在水产养殖领域采取智能解决方案的先驱，如Eruvaka、JALA（https://jala.tech/id/beranda/#product）或eFishery（https://efishery.com/en/home/）等公司提供数据-分析支持的水产养殖设备，使农民能够通过智能手机监控他们的池塘，并根据水质和天气数据调整鱼饲料的数量。这些实时监控机制可帮助农民提高产量并减少不必要的投入成本（Tinsley and Agapitova，2018）。

精准农业：印度企业Flybird Farm Innovations（http://www.flybirdinnovations.com/aboutus.html#quality）旨在通过传感器连接的自动化控制器促进精准灌溉和施肥，提高农业生产率并改善资源管理。2013年，该公司发明了一套智能灌溉系统。经过编程，可根据放置在地下的传感器收集的有关土壤水分、温度和湿度的信息来管理水和肥料的输入。许多非洲初创企业采用了类似的方法。AgriPrecise公司及其应用程序AgIQ旨在帮助农民施用适当数量的肥料，在埃塞俄比亚、赞比亚、津巴布韦、莫桑比克、马拉维和南非都在推进项目的发展（IT News Africa，2018）。总部位于肯尼亚的UjuziKilimo企业开发了一个土壤分析平台，凭借土地里的电子传感器测量土壤特征，通过短信服务为农民提供实时土壤状况、发布预警并提供指导（IT News Africa，2017）。

与此同时，Illuminum Greenhouses公司建造了配备太阳能传感器的温室，以监测和保证作物拥有最佳的生长条件。该公司还提供滴灌套件，可在任何既定时间提供植物所需的精确水量（CTA，2018）。

ThirdEye（http://www.thirdeyewatercom/#primary）是FutureWater公司和HiView公司于2014年在美国国际开发署的支持下发起的一项倡议，是保障食品用水计划的一部分。ThirdEye的低成本飞行传感器（无人机）装有摄像头，能够测量近红外光和可见光的反射并显示作物的环境压力，为农民作出有关水、种子、肥料、杀虫剂和人力的决策奠定了基础。近红外光肉眼不可见，不过近红外传感器可以在人们感知到任何事物变化之前约10天提供作物状况信息（世界银行，2017）。到2017年，ThirdEye已被肯尼亚和莫桑比克的5500名农民使用。

牲畜：其他物联网方案聚焦于优化牲畜和乳制品价值链。例如，iCow 发明了一个妊娠日历，通过跟踪牲畜的生育周期来帮助牧场主最大限度地提高牲畜的育种潜力。农民能够通过发送信息给 iCow 来登记他们的奶牛消息，iCow 再通过给农民发送信息以提供定制化信息。例如，iCow 会发送信息提醒农民喂食时间表、奶牛发情或疾病暴发的预计时间。该项服务还相当于包含各种信息的广告网站，供农民联系他们的同行进行奶牛买卖（华盛顿邮报，2013）。

印度 SmartMoo 平台由 Stellapps（http://www.stellapps.com/index.php/farm-herd-management-system-smartfarms-2/）于 2010 年开发，目标定位为印度的中小型畜牧生产者。它是一种端到端的奶牛场服务产品，主要关注清洁牛奶生产协议、生产力提高、成本优化和实时数据访问。它提供知识型解决方案，以优化牛奶生产过程并保证牛的健康状况。用户可以通过嵌入在挤奶系统、动物可穿戴设备、牛奶冷却设备和牛奶采购外围设备中的传感器访问数据。这些数据还会被发送到云服务器并进行分析，之后分析结果会发回到相关利益方的低端和智能移动设备中。

拖拉机互联网：体力劳动提供了就业，但对于雇主来说，雇佣劳动力通常比使用拖拉机成本高、时间多。拖拉机的工作速度可以提高 40 倍，比使用人力成本低得多（世界银行，2018）。但是大多数农民买不起拖拉机，大部分拖拉机服务提供商的运营也远未达到他们的潜力。Hello Tractor 在 2017 年设计出一种解决方案，任何在该平台注册的农民只须向预订代理发送信息，随后代理会对信息发送者进行定位并安排设备齐全的拖拉机，再将拖拉机发送到请求的位置供农民完成任务，如犁地、耕种或种植。拖拉机操作员能够帮助附近任何需要帮助的农场，这种"拖拉机版优步"将会成为一项高效的服务。农民可以通过每台拖拉机上的检测装置掌握工作的进度和作物生长速度，这些记录经保存为日后的农业生产决策奠定了基础（Lawson，2017）。

基本能力将比以往任何时候更重要，但如何正确地发展这些能力绝非易事

这些趋势有力地表明，大多数国家的增长比过去更多地依赖于服务业和对基本能力的投资。如今，把对未来增长至关重要的宽带和移动连接包括在内的这些基本能力的建设是确保持续增长的关键一环（见第五章关于此类投资在确保第二次人口红利方面的作用）。但是，能够在早期增长阶段大量依赖劳动密集型制造业的国家享受了额外的增长收益，对基础能力（尤其是人力资本）的依赖程度较低。对于大多数国家来说，未来这种"（相对）轻松增长"的来源将难以获得。

对基本能力进行正确、适当的投资比实现结构性变革更为困难，原因有二。首先，投资需要财政资源。与转型水平较高的国家相比，转型水平较低的国家收入低、非正规性高（征税变得困难）且制定和实施有效财政机制的能力较低，因此要创造足够的资源是一项巨大的挑战。其次，实施良好的投资需要进行前瞻性规划、跨部委合作和定期审查，确保运转和适用性（世界银行，2019）。在建设高质量教育系统方面，这类挑战尤为艰巨。高质量教育系统推动全国发展的作用日益凸显，因此优秀人才组成的强大机构必不可少。转型水平最低的国家发现自己陷入困境之中，收入低、财政资源有限和机制薄弱往往阻碍了实施必要投资以提高工资水平的进程，因此更难通过税收获得更多的收入。

劳动密集型制造业会被什么取代？

前面所述的变化会抑制未来发展中国家的增长。关键在于如果结构转型不能像过去那样对增长做出贡献，那么什么将取而代之？答案尚不清楚（McMillan，Rodrik and Sepulveda，2017）。大型国内和区域市场（例如尼日利亚及其邻国和巴西及其邻国）仍然可以实现一些制造业增长，强劲的区域贸易是关键，但政策制定者迄今为止几乎没有对此做出承诺。在缺少区域贸易的情况下，制造业增长的空间就会大大缩小。全球化竞争也比过去更加激烈，尤其是投资者现在将新兴经济体视为有吸引力的市场。另外，在区域市场甚至全国市场内的扩张尝试也无法摆脱大型跨国公司造成的竞争压力，因为这些跨国公司会在任何地方投入使用高度自动化的制造工厂。扩张至非传统农业出口市场可为一些国家提供一些增长空间，包括增值加工和出口包装领域。然而，如果为多个国家提供长期增长的机会是最终目的，那么这些市场归根结底都是有限的；人们消耗的食物有限，仅仅几个国家就可以满足需求。

数字革命也为弥合年龄、性别和城乡差距创造了新的机会

阻碍过去取得增长的因素同时也为影响转型的数字革命带来了新的机遇，因为，本质上来说技术革命大大降低了不同国家之间的信息和交易成本。因此，数字技术的应用前景在于大幅增加回报以对发展基本能力进行投资。发展中国家对数字技术的采用十分迅速，移动电话的使用是最好的例子，互联网的使用也经历了快速增长，不断缩小城乡和收入差距。尽管在许多国家或地区使用移动电话的成本非常高，19个发展中经济体和新兴经济体的智能手机使用率从2013年的24%跃升至2018年的42%（皮尤研究中心，2018）。即便是在非洲，智能手机的使用率也高达33%，在拉丁美洲和加勒比地区已超过50%（见图8.1）（Mabiso and Benfica，2018）。合理的预测显示，随着成本下降，数字技术的使用将继续增加，同时覆盖范围也随着竞争的加剧而扩大，示范效应也将刺激需求的增长。

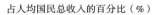
占人均国民总收入的百分比（%）

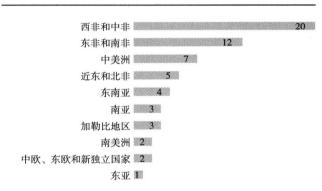

图 8.1　不同地区移动手机的运营成本大不相同

资料来源：ITU，2017。

迄今为止，关于政府或捐助者资助的"数字发展"计划的影响尚无定论

借助这一增长来源，过去十年全球范围内启动了400多个数字开发计划（GSMA，不同年份；Aker，2017）。这些计划使用数字技术传播信息、提供培训或分配跨国汇款，涉及包括青年教育、就业（特别是农业培训、成人教育和职业培训）、环境、金融服务和社会保护在内的多个部门。大多数只需使用简单的移动电话技术（语音和短信）而不是智能手机应用程序。参见研究人员对各个部门，尤其是农业部门的数字计划的调查（Rotberg and Aker，2013；Aker and Mbiti，2010；Aker，Ghosh and Barrell，2016）。

只有不到10%的数字计划接受了严格的影响评估，但证据表明它们有利有弊，大多数情况下影响有限。关于这些数字计划影响持续时间的证据很少，大多数研究也没有将青年和其他受益人进行区分。总体而言，应用数字技术可以降低干预成本，但回报将在很大程度上取决于其他有利条件。[①]

最近的研究指出，影响显著的一个领域是视频推广宣传法。阿倍特等（Abate et al.，2018）发现，在埃塞俄比亚，以社区为单位的视频宣传倡议大大增加了目标群体对农学实践的了解，比对照组的小农技术采用率高出35%。不管是男性户主或是在男性和女性都参与的情况下，这些影响都显而易见。有研究人员发现，在秘鲁，通过在农村学校推广农业相关的视频以向青少年提供农业信息，他们的父母对农业实践的了解增加了21%~30%，正在推广的农业实践采用率也提高了14%~18%（Nakasone and Torero，2016）。研究人员还发现，在乌干达，视频推广计划在知识、采用和产出结果以及重要的性别影响方面具有显著影响（Van Campenhout et al.，2018）。接受视频科普的小农使用了一系列推荐的方法，将玉米产量提高了14%。妇女或夫妻接受视频科普后，妇女的知识水平相应得到提高，家庭决策参与度也提升不少。

以下命题是关于手机使用的最早实证研究所支撑的观点。假设数字技术的重要影响是大幅削减信息成本，信息是采取适当行动的前提，在这项技术逐渐普及的情况下，采取一系列行动之后，应该会产生更高的回报。杰森（Jensen，2007）已经在印度南部的鱼类市场中发现了这种影响，阿克尔（Aker，2008，2010）认为尼日尔的谷物市场也是如此。这两项研究都考察了在无公共平台（唯一可用的平台是允许打电话和发短信的私人提供的蜂窝网络）的情况下私人手机的使用情况。杰森发现了"价格分散显著减少、浪费完全消除、对一价定律的遵守近乎完美"，[②] 以及经济学家衡量的生产者和消费者福利都呈上升趋势。阿克尔（Aker，2008，2010）发现，尼日尔谷物市场受到的影响较小但仍然很大（影响较小是因为谷物比鱼更易储存）。

塞卡必拉和加伊姆（Sekabira and Qaim，2017）进一步研究了私人移动货币服务对乌干达咖啡生产商的影响。营利性公司通过提供蜂窝网络服务增加基本服务的价值，如果消费者需求稳定，价值将快速上升。作者发现，截至2015年的两年到三年间，62%的农民持有移动货币账户，技术采用呈快速增长趋势。另外，有很多种途径对家庭福利存在巨大影响。例如，移动货币的使用者更有可能在出售之前为其咖啡实现增值，并且以更高的价格出售给该地区以外的买家。总体而言，非农收入增加了45%，总收入增加了19%。这项技术也具有高度的包容性：女性户主家庭比男性户主家庭更有可能采用移动货币，并且新技术使用的典型限制（如人力资本和财富）几乎可以忽略不计。

对这一观点进行概括后表明，广泛使用这项技术能够增加对基础能力的公共投资的回报。有两个例子可以支撑这一观点。

第一个例子是公路、铁路、港口和营销基础设施，这些降低了对机会做出实际响应的成本。

---

① 不过，阿克尔、高什和伯勒尔（Aker，Ghosh and Burrell，2016）确实认为，"关注对人口的平均影响可能会淡化影响的差异"，一些用户获得的回报很大，但有些则一无所获。

② 一价定律意味着，在信息互通的条件下，同一产品在众多市场上的价格保持在同一水平，除非这些市场之间存在转移成本，价格才会存在差异。

如果手机的普及意味着更多的人可以获得更多优质的信息，从而使用这种基础设施进行高回报的工作，那么国家从投资中获取的经济回报应该会增加。尽管基础设施已经落后，但改善的基础设施本身以及对优质信息的获取理应产生积极的影响。正如两项研究表明的那样，影响将会十分深远，但叠加起来程度更深。

第二个例子是接受公共教育（另一种基本能力）的青年。他们在如何提问、如何学习、如何识别问题以及如何制定解决方法方面会做得更好（以非认知技能为例）。

在无法获得数字技术传递的大量信息的情况下，只要政策（或社会规范，尤其是针对女性青年的规范）不太严格且有形基础设施不甚落后，这些青年仍然能够从教育中受益无穷。对数字技术及其提供的信息、想法和联系的获取，加之更具针对性的行动，能够增加他们的教育回报。

数字技术私有应用程序的下一个前沿是物联网（见专栏8.1）。物联网作为数字传感技术出现，安装在人们日常生活使用的"事物"中，允许与在线数据库进行通信，为决策提供实时、有具体语境和特定时间的信息。以精准农业为例，支持全球定位系统的农业机械配备了农民田地的高分辨率土壤质量地图。当施肥机械在田间移动时，全球定位系统与高分辨率地图通信并自动改变施肥组合以优化结果。其他用途包括农业无人机，通过嵌入式芯片和"智能温室"来监测作物健康或牲畜，实现许多作物饲养活动的自动化（IoT For All，2018）。

这些类型的应用在西方农业中十分常见。在发展中国家，其所有者试图建立用途广、利润大的发展空间，初创企业数量在过去两年中猛增。例如，尼日利亚、肯尼亚、加纳和南非的新公司正在使用来自卫星或无人机的航拍图像、天气预报和土壤传感器，帮助农民实时管理作物生长。非洲和印度（当然还有其他地方）的许多公司正在向农民提供价格和市场信息，在某些情况下还与农场实时管理信息相结合。此外，通过与移动货币的链接来提高指数保险的实用性，也是正在试验中的前景广阔的应用程序（Greatrex et al.，2015）。

这种新现象在发展中国家的发展速度十分迅速，因此尚无可靠的经验证据证明技术使用者的身份或他们获得的利益。然而，观察表明，这些技术的适用性导致创业青年对农业重新产生了兴趣，与利用技术支持的农业和营销实践为不断增长的市场服务的可能性密切相关（Bello，Allajabou and Baig，2015；Noorani，2015；2017年2月在基加利举行的万事达卡基金会"青年非洲工作"峰会上的个人观点）。

数字金融领域受到巨大的积极影响且十分具有包容性

有证据表明，移动货币能够缩小在获得金融服务方面的年龄、性别和城乡差距。首先是因为青年是数字技术的早期使用者（Aker，2018；Gasparri and Muñoz，2018）。其次，在国家转型类型学中，所有国家类型里的青年与25岁以上的群体在获得移动货币方面程度相当（Gasparri and Muñoz，2018）。这一情景与传统金融中观察到的年龄模式截然不同。传统金融领域中，青年很少或根本没有机会获得移动货币。同样令人惊讶的是，与成人相比，青年的经济参与度较低，因此原本预计对移动货币服务的需求较少。再次，在科特迪瓦，女性拥有移动货币账户的可能性与男性一样，但男性拥有传统银行账户的可能性是女性的两倍（Clement，2018）。最后，发展中国家

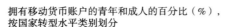

拥有移动货币账户的青年和成人的百分比（%），
按国家转型水平类别划分

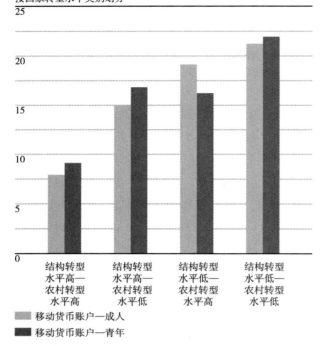

移动货币账户—成人
移动货币账户—青年

**图 8.2　移动货币为转型水平最低的国家的青年提供
融资渠道**

资料来源：Gasparri 和 Muñoz，2018，基于世界银行（2017）
的数据，并经联合国资本发展基金改编。

农村和城市地区的移动货币账户普及率相近，农村地区为 14.3%，而总人口中账户普及率为 16.1%（Gasparri and Muñoz，2018）。在一些处于数字革命前沿的国家，移动货币的普及率更高，而且几乎没有城乡差距。例如，肯尼亚移动货币的普及率为 72%，乌干达的农村和城市人口的移动货币普及率均为 50%。

最令人惊讶的是，转型水平较低的国家实际上比转型水平较高的国家具有更高的移动货币普及率（见图 8.2）。移动电话为快速发展的发票服务开辟了道路，因为在固定电话连接率低的国家中，居民对移动电话的使用极为迅速。类似的变化似乎也发生在金融服务领域，移动货币普及率与一个国家的结构和农村转型水平成反比。由于无法获得正规银行服务，数字金融在银行基础设施不足且需求尚未发掘的国家发展最快。这表明，如今的农村青年在一生中能够比他们的长辈更好地获得金融服务，福利上受到巨大持久的积极影响。

迄今为止，移动货币的主要形式是点对点转账和账单支付。移动信贷和储蓄服务起步较晚，普及率较低，但增长迅速。迄今为止，该领域的两家领军公司均位于东非，分别是肯尼亚的 M-shwari 和坦桑尼亚的 M-pwara。这些初创公司于 2014 年起步，到 2017 年分别拥有 1350 万和 480 万用户，相当于非洲、亚洲和拉丁美洲所有用户的 56% 和 20%。

关于移动信贷和储蓄服务的严谨研究仍然很少，但初步证据表明，这两项金融服务存在积极影响。如果扩大普及范围，移动信贷和储蓄对许多农村青年具有变革性意义，他们能够在进行活动时更易获得信贷。这些活动往往都急需短期信贷，领域包括贸易、潜在的其他非农业活动以及园艺种植，作物生长后期销售作物得到的收益能快速回本。巴斯蒂安等（Bastian et. al.，2018）发现 M-pwara 在推广移动储蓄的同时，还提供商业培训，对坦桑尼亚女性小微企业家的储蓄和信贷使用产生了积极影响。哈比亚利马纳和杰克（Habyarimana and Jack，2018）评估了"厚望"计划的影响，这是一项针对肯尼亚高中生的移动货币管理计划，旨在激励他们实现教育储蓄目标。他们发现，调查受众的金融储蓄增加了 3 倍，有储蓄的父母让孩子上高中的可能性要高出 18%~24%。这些学生处于青年群体的低龄阶段，数字技术可以为这些青年提供另一种储蓄工具，结果是十分理想的。

专栏8.2　数字革命可能会加剧农村地区的梦想差距

托克维尔的"期望值上升革命"的思想认为，社会动荡通常不是在人口的经济和社会状况最糟糕时开始，而是始于生活开始改善但随后趋于平稳时。生活的改善让人们觉得有无限可能，但是一旦进步停止或放慢脚步，人们就会感到沮丧。最近，雷伊（Ray，2016）发表观点，认为在快速变化的发展中国家，人们的梦想存在差距。

发展中国家在过去20年里经济增长强劲，非洲、亚洲以及拉丁美洲的一些国家尤为如此，贫困和营养不良的情况显著减少，教育取得良好进步。此时正值数字革命在包括发展中国家在内的世界各地同时推进，两股变化浪潮一起促进了青年对更美好生活的强烈期盼。

由于增长在过去几年广泛停滞，不少人认为应该降低对长期快速增长的预期（McMillan，Rodrik and Sepulveda，2017）。国家实施投资计划时一直都雷打不动地偏向发展城镇地区，因此一旦政府面对困难形式作出相应调整，农村地区以及城乡接合部地区将率先受到冲击。投资匮乏加上相应的竞争加剧、道路不畅、供电不稳、卫生服务不到位以及农村边缘化问题（在那些城镇化快速发展的国家中，农村地区逐渐淡出社会关注的视野），这些都导致农村青年比城镇青年更需要应对互联网和移动电话分布不均的问题，甚至是看不见的挑战。因此，挫败感导致他们更多地从农村地区迁出，政治和社会动荡发生的概率也由此升高，同样贫困率也直线上升。

如果政府强调实施透明和有效的治理、鼓励数字服务提供方面的竞争、投资本国包括健全的农村发展在内的基本能力，并努力确保将农村青年纳入这些进程，上述的不利影响就可以被妥善地防范化解。

抓住时机利用数字革命给农村青年带来的潜在好处，在国家层面实施新的投资并培养青年的新技能是必要之举

数字革命意味着发展中国家人们的生活和工作方式发生深刻的变化。数字技术比传统技术更具包容性，证据表明农村地区和城镇地区、女性和男性、低收入人群和高收入人群一样都能够快速运用新技术。令人惊讶的是，在转型水平最低的国家中，移动货币的使用率竟然高于其他地区，表明了这项技术的颠覆性和无限可能。

基本能力的提高以及适当的监管环境，是提高数字技术普及的关键要素

落后的基础设施与教育对农村地区的影响最大。如果此类投资一直存在城乡差距，那么农村青年即便采取数字技术也无法获得与城镇青年比肩的回报，总体差距将继续扩大。因此，这是一个明确的公共行动领域。

对移动电话和移动宽带基础设施进行直接投资不是公共责任，而是私人机会。政府的主要责任是创造一个监管环境，促进多个私人移动网络运营商的竞争性投资，以降低成本。围绕移动货币存在以下几个重要的监管问题：

首先，监管框架应促进代理网络的生成并提供金融服务。此类代理网络在促进人口稀少的农村地区的普惠金融方面前景广阔，尽管在那里建设实体分支的成本高得令人望而却步。这一理念

的基础在于通过便利网点和营业网点提供金融服务，这些分支与服务提供商签订过代理协议，并从代表供应商进行的每笔交易中赚取佣金。

代理网络允许金融服务提供商降低开设分行或安装自动取款机相关的成本，从而克服实体模式的局限性，以保证客户网络覆盖范围更大并将其服务扩展到"最后一英里"。它们还为移动网络运营商提供进入金融服务提供商无法触及的地点的可能性。在农村地区，无论是成人还是青年，周围存在代理商意味着他们不花钱长途跋涉就能到达提供金融服务的分支机构。在代理点，农村青年还可以支付账单、向/从家人和朋友汇款/收款，或通过现收现付技术购买分期付款等服务。

其次，公司需要技术援助来确保移动货币平台的互操性——假设政府监管框架起到了促进作用。仅在2016年2月至2016年9月期间，国际金融公司向坦桑尼亚公司提供的此类援助就将移动货币交易量增加了两倍（Moretto and Scola，2017）。

再次，法规应允许移动网络运营商（不仅仅是银行）提供移动货币，这对促进竞争和推动代理网络的出现至关重要，因为代理网络对于移动货币在肯尼亚和坦桑尼亚的扩张至关重要。

最后，由于非洲大多数移动货币服务由外国公司提供（Nakasone and Torero，2016），因此为提高准入，扩大对外国投资的开放非常重要。这里需要再次重申一点，我们应当制定政策鼓励广泛竞争，而不再局限于本地或区域供应商之间的竞争。

寻求从数字技术中受益的人们需要具备更牢固的认知和非认知技能，以寻求并有效地利用信息

信息的高效利用绝非易事，人们为此需要具备多种技能。如果不具备这种能力，即便能够获取移动技术，获取的回报也将大打折扣。具备此类能力的人因此能够大幅提高生产率，反之则成效甚微。农村教育需要改善如今差强人意的教育成果，纳入非认知技能和社会行为技能的培养，这在当今新型经济的背景下十分重要。为了使用移动货币和其他数字金融服务，农村青年需要接受金融教育，因此具备金融知识是另一重要因素。为了掌握这些技能，学校应当注重培养学生具备学习的能力，而不仅仅是灌输给学生现成的知识。数字革命是信息和知识更新的主要因素，任何知识都需要不断更新才能在我们的一生中历久弥新并发挥重要作用。

聚焦：移民汇款促进农村青年的发展

移民对农村青年的发展做出了重大贡献

2015年，低收入国家和中等收入国家接受移民汇款的金额约为3890亿美元，[①]其

① 此计算中包含的国家与第一章中的国家类型所涵盖的国家相同。国家的完整列表见附录C，可在www.ifad.org/rural developmentreport上获取。汇款数据来自世界银行的年度汇款数据（更新至2018年4月）。

中约44%的移民汇款流入农村青年占比超过50%的国家。2000年~2015年，结构水平程度高的国家迎来了移民汇款流动的快速增长，凸显了国际移民对自己国家的发展做出了重大的贡献。在许多地方，移民汇款量甚至远远高于外国发展援助投资。即便是转型水平最低的国家在过去的15年中都见证了移民汇款的增长，但其全球占比仅为4%。由于

移民汇款是私人型流动资金，因此具有促进农村普惠发展的巨大潜力。农村青年能够从移民汇款中受益，他们获得金融服务的机会得到改善、卫生和教育设施得到发展，另外农村青年创业家能够获得直接的资金和知识投资。

国内移民的汇款更有可能返回农村地区，在减少家庭贫困方面发挥重要作用。全球预测显示，只有40%的国际移民汇款会返回农村地区（IFAD，2017），这意味着向农村地区汇款的来源更可能是国内的流动人口。事实上，这些汇款的金额较小，但它们可以惠及更多家庭（McKay and Deshingkar，2014），有助于减少家庭贫困程度并增加对住房和教育的投资（Housen，Hopkins and Earnest，2013）。当家庭遭受经济影响时，汇款尤其重要，因为它们可以让家庭减轻负担，还能让儿童和青年继续接受教育（Alcaraz，Chiquiar and Salcedo，2012；Adams and Cuecuecha，2010）。最近进行的一项研究收集了来自11个国家的数据，那些有亲属在外的农村青年的平均收入（不包括汇款）低于其他农村青年，说明汇款对农村青年的收入产生缓冲作用（Orozco and Jewers，2018）。

返回农村地区的移民汇款促进青年获得金融服务

有证据表明，移民汇款加大了发展中国家金融服务的普及度（Efobi，Osabuohien and Oluwatobi，2015；Aggarwal，Demirgüç-Kunt and Martínez Pería，2011）。农村社区中的移民汇款接收者占比更高，意味着该地区的人们可以获取更多的金融服务（Efobi，Osabuohien and Oluwatobi，2015；Aggarwal，Demirgüç-Kunt and Martínez Pería，2011）。奥罗斯科和杰韦尔斯（Orozco and Jewers，2018）进行的一项研究发现，大约46%的接收汇款的农村青年拥有至少一种金融产品。最常见的金融产品是储蓄账户（32%），这些青年储蓄的平均金额比没有收到汇款的青年要多得多。但是，农村青年仍然是接触银行最少的人群（Orozco，Yansura and Carmichael，2014）。为了使移民汇款完全发挥促进发展的作用，建立一套运转良好的金融生态体系是必要条件。为此，最近开发的包括移动货币和其他数字科技在内的辅助工具大大降低了将移民汇款转回农村地区的交易成本，尤其是在移动电话普及率高、相关制度系统运转良好的情况下（IFAD，2017）。然而，在更偏远的农村地区，落实基于互联网的服务可能性较低，较贫困的家庭不太可能拥有智能手机。

海外聚居同胞对农村社区实施的投资造福农村青年

转回家乡的移民汇款不仅是对自身家庭的私人投资，聚居的流动人口还促进了社区的发展。家乡组织在某国某地将移民私人的钱款汇合，然后全部转回这些移民母国的当地社区，其中有很多位于农村地区（Orozco and Jewers，2018）。投资领域主要涉及经济发展，包括教育、农村发展以及健康和卫生升级。农村青年能从这些领域受益，更好地接受高质量教育、享受健康服务，并获得一些当地政府未能提供的基础设施。但是，聚居的流动人口参与农村社区的发展并不意味着必须取代当地政府。相反，公共和私人机构合作能促进农村发展计划有效进行。国际移民除了作出财政贡献，还能够与本国技术水平较低和经验不足的群体分享宝贵经验。

非洲侨民市场是政府和捐助者共同合作计划的一个例子，它为来自非洲国家的国际移民提供资金帮助，而这些国际移民在每国都有商业伙伴和投资计划。尽管该计划的规模尚小，但其潜在的投资领域有望让农村地区的青年企业家成功创办和经营企业（Orozco and Jewers，2018）。

公共投资要致力于将移民汇款转移至高生产力领域。为此，有两种方案。一是实施投资，满足农户基本生活需求，将移民汇款用于储蓄和投资生产活动，而不是用于支付日常消费。二是针对农村地区的商业环境，帮助建立运转良好的金融生态系统和市场联系以激励私人投资。这些投资使得农村青年降低自身的贫困率、接受更多的教育、拥有更健康的身体并获得创业活动的资金。

专栏8.3 农发基金的移民汇款融资机制：降低成本并将汇款对发展的影响最大化

农发基金的移民汇款融资机制项目，拥有多个投资人，加强了汇款和移民投资的发展影响，促进了该领域的能力建设、宣传和研究。自2006年以来，移民汇款融资机制在超过45个发展中国家提供资金扶持了60多个项目，通过使用创新技术降低汇款的交易成本，促进偏远地区金融服务的普及，推进移民投资和创业。移民汇款融资机制也是提供汇款和移民投资方面知识的重要来源。

在其他项目中，移民汇款融资机制率先为引入移动汇款和银行服务创造了有利环境，降低了成本，增加了对未（充分）接触银行服务的人群的金融服务普及度，并增加了移民汇款对可持续发展作出的贡献。更多信息请见：https://wwwifadorg/web/guest/ffr。

参考文献

Abate, G., Bernard, T., Makhija, S. and Spielman, D. 2019. A Cluster Randomized Trial of Video-Mediated Agricultural Extension Services in Ethiopia. AEA RCT Registry.

Adams, R.H. and Cuecuecha, A. 2010. Remittances, Household Expenditure and Investment in Guatemala. World Development, 38 (11): 1626-1641.

Aggarwal, R., Demirgüç-Kunt, A. and Martínez Pería, M.S. 2011. Do Remittances Promote Financial Development? Journal of Development Economics, 96 (2): 255-264.

Aker, J.C. 2018. ICTs and Rural Youth. Background Paper for the Rural Development Report 2019, Rome: IFAD.

Aker, J.C. 2017. Using Digital Technology for Public Service Provision in Developing Countries: Potential and pitfalls. Digital Revolutions in Public Finance. Washington, D.C.: IMF.

Aker, J.C. 2010. Information from Markets Near and Far: Mobile phones and agricultural markets in Niger. American Economic Journal: Applied Economics, 2 (3): 46-59.

Aker, J.C. 2008. Does Digital Divide or Provide? The impact of cell phones on grain markets in Niger. Center for Global Development, Working Paper 154.

Aker, J.C., Ghosh, I. and Burrell, J. 2016. The Promise (and Pitfalls) of ICT for Agriculture Initiatives. Agricultural Economics, 47 (S1): 35-48.

Aker, J.C. and Mbiti, I. 2010. Mobile Phones and Economic Development in Africa. Journal of Economic Perspectives. 24 (3): 207-32.

Alcaraz, C., Chiquiar, D. and Salcedo, A. 2012. Remittances, Schooling, and Child Labour in Mexico. Journal of Development Economics, 97 (1): 156-165.

Bastian, G., Bianchi, I., Goldstein, M. and Montalvao, J. 2018. Short-Term Impacts of Improved Access to Mobile Savings, With and Without Business Training: Experimental evidence from Tanzania. Center for Global Development, Working Paper 478.

Bello, A.R.S., Allajabou, H.A. and Baig, M.B. 2015. Attitudes of Rural Youth Towards Agriculture as an Occupation: A case study from Sudan. International Journal of Development and Sustainability, 4 (4): 415-424.

Clement, M. 2018. Closing the Global Gender Gap in Access to Financial Services. Pacific Standard, 25 April (available at: https://psmag. com/economics/closingthe- global-gender-finance-gap).

CTA (Technical Centre for Agricultural and Rural Co-operation). 2018. Is the Internet of Things the Future of Farming? (Available at: https:// www.cta.int/pt/article/ is-the-internet-of-things-the-future-offarming- sid0f442c544-a1bc-4445-af71- f78e25403a36. Retrieved 17 October 2018).

de Vries, G., de Vries, K. and Gouma, R. 2014. GGDC 10-Sector Database: Contents, sources and methods. Groningen Growth and Development Centre, University of Groningen (available at: https://www. rug.nl/ggdc/ productivity/10-sector/).

Efobi, U., Osabuohien, E. and Oluwatobi, S. 2014. One Dollar, One Bank Account: Remittance and bank breadth in Nigeria. Journal of International Migration and Integration / Revue de l'integration et de la migration international, 16: 761-781 (available at: doi:10.1007/s12134-014-0358-0).

FAO and ITU (Food and Agriculture Organization and International Telecommunication Union). 2017. E-Agriculture in Action. Bangkok: FAO and ITU.

Gasparri, N.I. and Muñoz, L. 2018. Inclusive Finance and Rural Youth. Background paper for the Rural Development Report 2019. Rome: IFAD.

Ghani, E. 2014. Growth Escalators and Growth Convergence. Vox, CEPR Policy Portal. 17 August.

Greatrex, H., Hansen, J., Garvin, S., Diro, R., Blakeley, S., Le Guen, M., Rao, K. and Osgood, D. 2018. Scaling Up Index Insurance for Smallholder Farmers: Recent evidence and insights. CCAFS Report No. 14. Copenhagen: CGIAR Research Program on Climate Change, Agriculture and Food Security (CCAFS) (available at: www.ccafs.cgiar.org).

GSMA. n.d. Mobile for Development Resources (available at: https://www. gsma.com/ mobilefordevelopment/ resources-2/?utm_source=Nav).

Habyarimana, J. and Jack, W. 2018. High Hopes: Experimental evidence on saving and transition to high school in Kenya. Georgetown University Initiative on Innovation, Development and Evaluation, Working Paper Series (available at: https://repository.library.georgetown. edu/bitstream/handle/10822/1048254/ WP004_Habyarimana. Jack_ v3.pdf?sequence=8&isAllowed=y).

Housen, T., Hopkins, S. and Earnest, J. 2013. A Systematic Review on the Impact of Internal Remittances on Poverty and Consumption in Developing Countries: Implications for policy. Population Space and Place, 19 (5): 610-632.

IFAD (International Fund for Agricultural Development). 2017. Sending Money Home: Contributing to the SDGs, one family at a time. Rome: IFAD.

IOT For All. 2018. IoT Applications in Agriculture (available at: https://www.iotforall.com/ iot-applications-in-agriculture/).

IT News Africa. 2018. New Mobile App Uses IoT to Help African Farmers. 2018. (Available at: http://www.itnewsafrica.com/2018/07/ new-mobile-app-uses-iot-to-help-africanfarmers/. Retrieved 17 October 2018).

IT News Africa. 2017. Top 10 African Internet of Things Start-Ups to Watch. (Available at: http://www.itnewsafrica.com/2017/12/ top-10-african-internet-of-things-startupsto- watch/. Retrieved 17 October 2018).

ITU (International Telecommunication Union). 2017. Statistics. Geneva: ITU.

Jensen, R. 2007. The Digital Provide: Information (technology), market performance, and welfare in the south Indian fisheries sector. Quarterly Journal of Economics, 122 (3): 879-924.

Lawson, M. 2017. Mobile Technology Puts Kenya A Step Ahead For Food Security. Agrilinks (available at: https://www.agrilinks.org/post/ mobile-technology-puts-kenya-step-aheadfood-security. Retrieved on 11 October 2018).

Lee, H.W. 2018. Agriculture 2.0: How the Internet of Things can revolutionize the farming sector. World Bank: Information and Communications for Development (IC4D) (available at: http:// blogs. worldbank.org/ic4d/agriculture-20-howinternet- things-can-revolutionize-farmingsector. Retrieved 18 October 2018).

McKay, A. and Deshingkar, P. 2014. Internal Remittances and Poverty: Further evidence from Africa and Asia. Working Paper No. 12. Migrating Out of Poverty Research Programme Consortium. Brighton, UK: University of Sussex.

McMillan, M., Rodrik, D. and Sepulveda, C. 2017. Structural Change, Fundamentals and Growth: A framework and case studies. NBER Working Paper 23378. National Bureau of Economic Research.

Moretto, L. and Scola, B. 2017. Development Finance Institutions and Financial Inclusion: From institution-building to market development. Focus Note No. 105. Washington, D.C.: Consultative Group to Assist the Poor (CGAP).

Nakasone, E. and Torero, M. 2016. A Text Message Away: ICTs as a tool to improve food security. Agricultural Economics, 47 (S1): 49-59.

Noorani, M. 2015. To Farm or Not to Farm? Rural Youth Perceptions of Farming and their Decision of Whether or Not to Work as a Farmer: A case study of rural youth in Kiambu County, Kenya. Ottawa, ON: University of Ottawa School of International Development and Global Studies.

Orozco, M. and Jewers, M. 2018. The Impact of Migrants' Remittances and Investment to Rural Youth, Background paper for the Rural Development Report 2019. Rome: IFAD.

Orozco, M., Yansura, J. and Carmichael, B. 2014. Financial Literacy in Mexico, Washington, D.C.: Inter-American Dialogue.

Pew Research Center. 2018. Social Media Use Continues to Rise in Developing Countries but Plateaus Across Developed Ones (available at: http:// assets.pewresearch.org/wp-content/uploads/sites/2/2018/06/15135408/ Pew-Research-Center_Global-Tech- Social-Media-Use_2018.06.19.pdf).

Raghavan, S. 2013. New Apps Transforming Remote Parts of Africa. The Washington Post. 31 March (available at: https:// www.washingtonpost.com/ world/ africa/new-apps-transforming-remoteparts-of-africa/ 2013/03/31/2149f93a- 9646-11e2-8764- d42c128a01ef_story.html?noredirect=on&utm_term=.319237d881a4. Retrieved 3 October 2019).

Ray, D. 2016. Aspirations and the Development Treadmill. Journal of Human Development and Capabilities, 17 (3): 309-323 (available at: doi: 10.1080/19452829.2016.1211597).

Rotberg, R.I. and Aker, J.C. 2013. Mobile Phones: Uplifting weak and failed States. The Washington Quarterly, 36 (1): 111-125.

Sekabira, H. and Qaim, M. 2017. Can Mobile Phones Improve Gender Equality and Nutrition? Panel data evidence from farm households in Uganda. Food Policy, 73 (C): 95-103.

Tinsley, E. and Agapitova, N. (eds.). 2018. Private Sector Solutions to Helping Smallholders Succeed. Social enterprise business models in the agriculture sector. Washington, D.C.: The World Bank Group.

Van Campenhout, B., Spielman, D. and Lecoutere, E. 2018. The Role of Gender in ICT-mediated Agricultural Information Campaigns. 2018 Conference of the International Association of Agricultural Economists. Vancouver, BC, Canada (available at: RePEc: ags:iaae18:277438).

World Bank. 2019. World Development Report 2019: The changing nature of work. Washington, D.C.: World Bank.

World Bank Group. 2018. IoT: The Internet of tractors. Open Learning Campus (available at: https://olc.worldbank. org/content/iot-internet-tractors).

World Bank Group. 2017. ThirdEye: Flying sensors to support farmers' decision making. Open Learning Campus (available at: https:// olc.worldbank.org/ content/thirdeye-flying-sensors-supportfarmers% E2%80%99-decision-making).

第九章
农村青年在所在地区内外面临的挑战和机遇

农村青年所在地区的内部和外部有着不同的变化结构，他们也面临着不同的挑战和机遇。本报告前几章已经讨论过，这种差异的形成取决于青年所在国家结构和农村转型水平的高低、所在地区的商业和农业前景以及所属家庭的类型。另外，农村地区的年轻妇女在生计选择上面临着另一个难题，青少年与已成年的青年面临着不同的挑战，这些问题以及这些模式在不同地区间存在的差异都引发了广泛关注。

本章概述了不同区域间农村青年面临的挑战存在显著差异，并讨论了区域内存在的差异，以此作为当地筹划行动领域的重要基础。为此，本章概述将以发展中国家中的四个地区为例：撒哈拉以南非洲、近东、北非、（东南）欧洲和中亚、拉丁美洲和加勒比地区，以及亚洲和太平洋地区。这些区域又被划分为 10 个子区域，如表 9.1 所示。实际上，鉴于地区内的青年也存在显著差异，因此本章在必要的情况下提供了次区域数据并进行讨论。

广泛的区域模式：人口转型和投资农村青年的能力

不同地区间最显著的差异在于各自人口结构转型所处的不同阶段，这决定了该地区青年将会遇到何种挑战。第五章曾提到，人口红利将为青年人口激增的国家短暂地提供享受人口红利的机会；在人口红利期间，如果对增长的基本要素进行投资，这些国家就能够收获人口红利，在人口老龄化进程开始的同时继续保障并改善国民的福利待遇。包括基础设施、政策和机制在内的基本要素有利于推动创新、增长以及人力资本的发展。这些投资大多数都促进了经济的广泛发展，但是实施人力资本投资对于青年来说尤为重要。这些投资不只局限于优化正规教育，还将培养学生掌握非认知技能涵盖在内，其重要性正日益受到重视（世界银行，2018）。为了帮助这些国家在人口转型期间获得人口红利，需要实施投资，提高青年的生产率、联系性和能动性。

每个国家必须实施的投资类型不仅取决于该国青年（及农村青年）人口数量、人口占比和人口转型期间预计发生的变化，还受到各自结构和农村转型进程的影响。

在做出投资决策时应尽可能考虑所有变量，如农业部门生产率、经济中非农部门的重要性以及政治和机制结构等。每个国家存在的众多因素以不同方式结合在一起，决定了将农村青年纳入农村转型结构会遇到的机遇和挑战。不过存在许多区域性和次区域性模式，它们覆盖面积广泛，能够影响政策制定者对农村青年的规划。本章将对这些模式进行讨论。

撒哈拉以南非洲是唯一一个农村青年数量上升的地区，其他地区的该数值要么保持平稳，要么呈下降趋势。非洲地区缓慢的人口转型导致了这种模式的形成，生育率居高不下，农村地区尤甚。如今亚洲和太平洋地区的青年人口数量最多，但是呈下降趋势。预计到 2070 年，撒哈拉以南非洲的人口数量会超过亚洲和太平洋地区，成为世界上青年人口最多的地区（Stecklov and Menashe-Oren，2018）。图 9.1 显示，亚洲和太平洋地区总共有 6 亿多青年，当前面临的挑战最为严峻。在亚洲和太平洋地区内部的次区域，南亚拥有亚洲和太平洋地区一半以上的青年总人口，形式最为严峻。但是，这些次区域的青年人口呈下降趋势，表明当前青年遇到的挑战早已存在。亚洲和太平洋地区许多国家在 20 世纪 90 年代成功获得了人口红利，因此能够起到表率作用（见专栏 5.1）。

另外，撒哈拉以南非洲及其次区域正在应对一场史无前例的挑战。即便青年人口占比会保持平稳或有所下降，2050 年该地区的青年人口预计将翻一番，达到 3.8 亿以上，西非和中非的上升幅

表 9.1　　　　　　　　　　　　　　　　　　地区和次区域

地区	国际农业发展基金划分的次区域	次区域的低收入和中等收入国家和地区
近东、北非、欧洲和中亚	近东和北非	阿尔及利亚、吉布提、埃及、伊拉克、约旦、黎巴嫩、利比亚、摩洛哥、索马里、苏丹、叙利亚、突尼斯、西岸和加沙、也门
	中欧和东欧以及新独立国家	阿尔巴尼亚、亚美尼亚、阿塞拜疆、白俄罗斯、波黑、保加利亚、格鲁吉亚、哈萨克斯坦、科索沃、吉尔吉斯斯坦、北马其顿、摩尔多瓦、黑山、罗马尼亚、俄罗斯、塞尔维亚、塔吉克斯坦、土耳其、土库曼斯坦、乌克兰、乌兹别克斯坦
撒哈拉以南非洲地区	东非和非洲南部	安哥拉、博茨瓦纳、布隆迪、科摩罗、厄立特里亚、斯威士兰、埃塞俄比亚、肯尼亚、莱索托、马达加斯加、马拉维、毛里求斯、莫桑比克、纳米比亚、卢旺达、塞舌尔、南非、南苏丹、坦桑尼亚、乌干达、赞比亚、津巴布韦
	西非和中非	贝宁、布基纳法索、喀麦隆、佛得角、中非共和国、乍得、刚果（布）、科特迪瓦、刚果（金）、赤道几内亚、加蓬、冈比亚、加纳、几内亚、几内亚比绍、利比里亚、马里、毛里塔尼亚、尼日尔、尼日利亚、圣多美和普林西比、塞内加尔、塞拉利昂、多哥
亚洲和太平洋地区	东亚	中国、朝鲜、蒙古国
	南亚	阿富汗、孟加拉国、不丹、印度、伊朗、马尔代夫、尼泊尔、巴基斯坦、斯里兰卡
	东南亚和太平洋地区	文莱、柬埔寨、印度尼西亚、老挝、马来西亚、缅甸、菲律宾、泰国、东帝汶、越南、美属萨摩亚、斐济、基里巴斯、马绍尔群岛、密克罗尼西亚联邦、瑙鲁、巴布亚新几内亚、萨摩亚、所罗门群岛、汤加、图瓦卢、瓦努阿图
拉丁美洲和加勒比地区	加勒比地区	古巴、多米尼克、多米尼加、格林纳达、海地、牙买加、圣卢西亚、圣文森特和格林纳丁斯
	中美洲	伯利兹、哥斯达黎加、萨尔瓦多、危地马拉、洪都拉斯、墨西哥、尼加拉瓜
	南美洲	委内瑞拉、巴西、哥伦比亚、厄瓜多尔、圭亚那、巴拉圭、秘鲁、玻利维亚、苏里南

度将显著高于其他地区。除了这些惊人的数据，该片大陆上拥有的众多结构转型和农业转型水平较低的国家同样也让农村青年的融入难度与日俱增，因此该地区关于农村发展的讨论总是围绕这个议题展开。

其他两个地区的青年人口数量较少，但是在确保青年融入社会方面遇到的难度丝毫未减。在拉丁美洲和加勒比地区，所有次区域的人数根据预测都呈下降趋势，但是南美洲的青年人口最多。近东和北非地区与撒哈拉以南非洲有着类似的模式，预计到2050年青年人口将从4200万人增加到6200万人。因此，人口转变进程的滞后将导致这些次区域的青年人口在融入方面同样面临愈演愈烈的新挑战。

生育率的下降速度使得不同地区间人口转型存在差异。撒哈拉以南非洲的人口转型水平处在落后状态，拉丁美洲和加勒比地区以及亚洲和太平洋地区则处于领先地位，近东、北非、欧洲和中亚处于中间态势。撒哈拉以南非洲的农村跟城镇部门的人口都呈年轻化：农村地区（根据国家行政区划定义）65%的男性人口都在25岁以下，19%属于15~24岁年龄段。该地区的农村总生育率保持在每位妇女生育6个左右的孩子，自1980年以来未见下滑，与之形成鲜明对比的其他地区都迎来了生育率的大幅下降，亚洲和太平洋地区总生育率下降速度逐步减缓，保持在每名妇女生育4个孩子的水平（见图9.2）。近东、北非、欧洲和中亚与撒哈拉以南非洲的人口结构大不相同，但是15~24岁的人群占农村人口比例大致相等（19%）。亚洲和太平洋地区以及拉丁美洲和加勒比地区 25 岁以下人口占比较小，城市地区尤为如此，表明这些地区生育率呈下降趋势。在拉丁美洲和加勒比地区，青年男女在农村人口中占比 19%，这一数字在亚洲和太平洋地区仅为 16%。所有地区的农村生育率都较高，并且随着城乡梯度下降（Stecklov and Menashe-Oren，2018）。

生育率下降决定人口红利的到来。撒哈拉以南非洲的生育率居高不下，农村地区尤甚，因此在该地区实现生育率下降是工作的重中之重。通常而言，生育率下降前会先出现婴儿和 5 岁以下儿童死亡率的下降，但是撒哈拉以南非洲是个例外，其农村是世界上婴儿死亡率最高的地区（Stecklov and Menashe-Oren）。另外，如果儿童是青年女性所生，所有地区的婴儿及 5 岁以

1950~2050 年按次区域划分的青年人口（百万人）

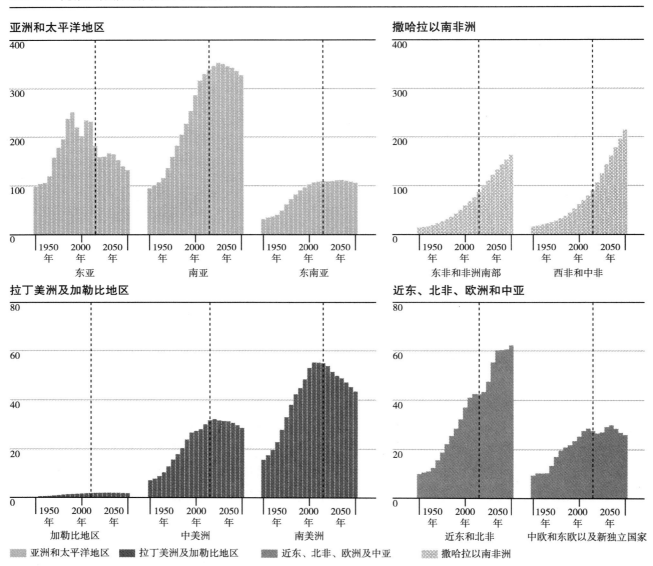

图 9.1　青年人口的历史和轨迹在区域之间和区域内差异很大

注：每个条柱以 5 年为间隔，显示了 15~24 岁青年人口年龄段人数的估值（截至 2015 年）或中间变量（2015 年之后）的预测值。请注意各图纵轴的比例差异（亚洲和太平洋地区以及撒哈拉以南非洲为 0~4 亿，拉丁美洲和加勒比地区以及近东、北非、欧洲和中亚为 0~8000 万）。

资料来源：作者根据联合国《世界人口展望：2017 年修订版》进行的计算。

1986~2014年各地区总生育率（例）

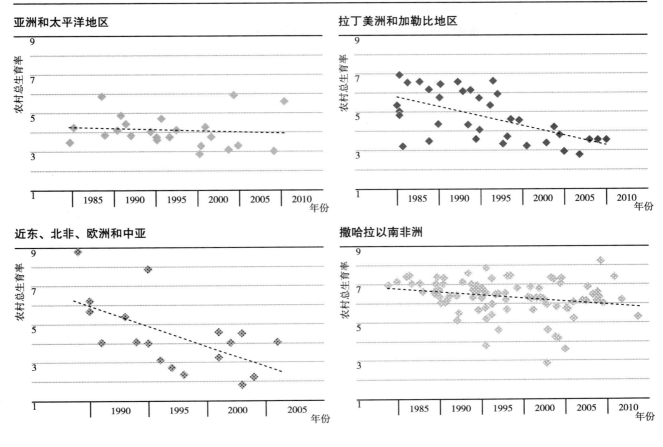

图 9.2　撒哈拉以南非洲农村总生育率历来最高，但已呈缓慢下降趋势

注：总生育率是特定年份观察到的特定年龄生育率，假设她在 50 岁时的平均活产数量。

资料来源：作者根据人口与健康调查数据以及斯特克洛夫和梅纳什—奥伦（Stecklov and Menashe-Oren，2018）的研究进行的计算。

下儿童的死亡率都将保持更高的水平。这说明，如果这些国家要想抓住人口红利的机遇，对女性青年的生理教育以及融入经济活动进行投资是至关重要的。

　　尽管人口结构转型水平不一，全球范围内所有地区的青年人口占比实际上都呈下降趋势（见图9.3）。在撒哈拉以南非洲，各国城镇和农村人口的平均占比预计将小幅上涨，到2045年维持在20%以上。但自20世纪90年代末以来，其余地区这些数字一直都呈下降趋势。城镇化发展导致青年总数和农村青年占比趋势存在差异（换言之，即农村—城镇人口迁移）。不同地区的城镇化率存在显著差异，亚洲和太平洋地区以及撒哈拉以南非洲仍然以农村为主，其他大部分地区都实现了城镇化。劳动力转至城镇部门以及对高附加值食品的需求上涨使得撒哈拉以南非洲以及亚洲和太平洋地区实现农业转型以及结构转型的可能性十分可观（Timmer，2009）。不过，这些国家都需要为农村和城镇部门的农村青年创造就业机会，因此农村青年占比的下降丝毫不意味着挑战会变少。

预计到 2050 年的按地区划分的青年和农村青年占比

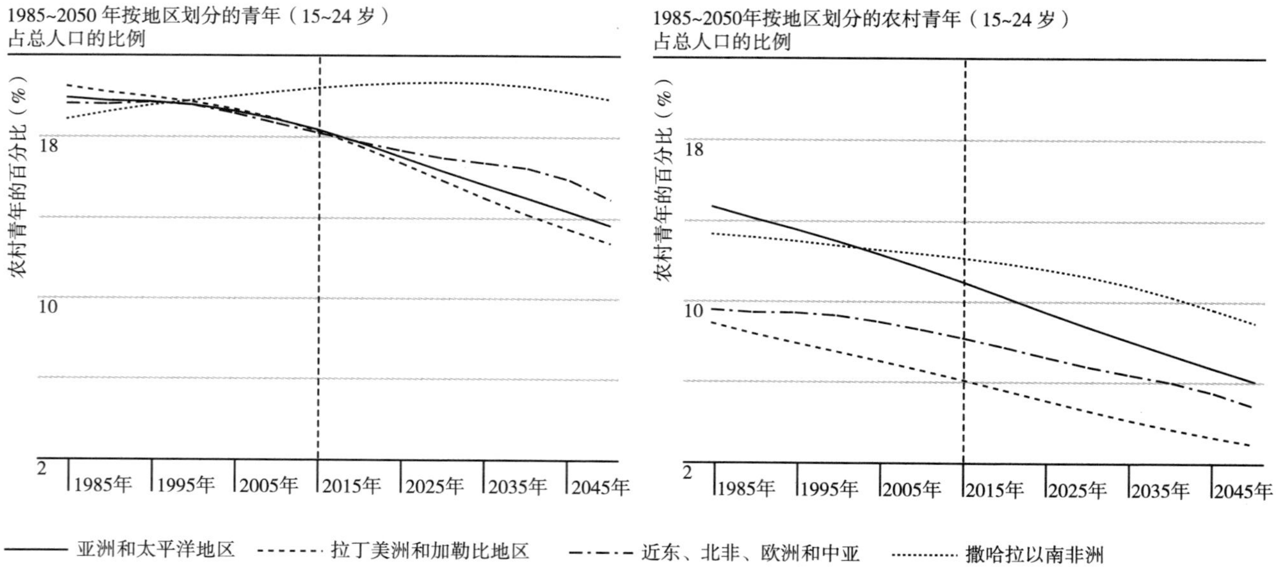

1985~2050 年按地区划分的青年（15~24 岁）
占总人口的比例

1985~2050年按地区划分的农村青年（15~24 岁）
占总人口的比例

———— 亚洲和太平洋地区　　-------- 拉丁美洲和加勒比地区　　-·-·-· 近东、北非、欧洲和中亚　　········· 撒哈拉以南非洲

**图 9.3　除撒哈拉以南非洲外，其他地区的青年占比预计将下降，而农村青年人口的
相对规模在各地都呈下降趋势**

注：数据集涵盖 85 个低收入和中等收入国家（基于世界银行的定义和 2018 年数据）。城乡定义基于联合国编制的数据表格中使用的行政类别。

资料来源：作者根据联合国《世界人口展望：2017 年修订版》进行的计算。

次区域间农村青年的分布以及实施青年投资的能力

次区域间农村青年占全球农村青年的比例、农村青年平均占比以及决定投资农村青年能力的变量在不同次区域之间存在巨大差异（见表9.2）。南亚次区域有着全球将近一半的农村青年，占比为42%，紧随其后的是东亚（15%）、东非和非洲南部（12%）。拉丁美洲和加勒比地区以及近东、北非和欧洲地区占比最小，为2%~4%左右。农村青年占各自国家总人口的比例影响着每个国家针对农村青年所相关的行动，东非和非洲南部农村青年平均占比最高，为14%，南非地区的次区域紧随其后。东非和非洲南部这一比例预计到2050年将缓慢下降，南非地区的比例将快速下降。目前，西非和中非与东南亚和太平洋地区农村青年平均占比均为10%，但是这些比例下降速度预计将大不相同。东南亚国家到2050年农村青年平均占比仅仅达到6%，但是西非和中非地区这一比例将达8%，撒哈拉以南非洲的两个次区域平均占比最大。

区域内各国投资于农村青年的能力差异显著。近东、北非、欧洲和中亚的两个次区域（中东欧和新独立国家，以及近东和北非）的人均收入都非常高，但贫困率方面却存在明显的差异。中东欧以及新独立的国家收入更高，但其平均贫困率高于近东和北非，不平等现象十分严重。撒哈拉以南非洲是世界上最贫穷的，东非和非洲南部地区，以及西非和中非地区的收入情况和贫困状况所差无几，农村人口中有一半以上仍然生活贫困。在亚洲和太平洋地区，南亚的贫困水平最高，农村贫困率也最高。南亚农村青年占全球农村青年比例最大，因此面临艰巨的挑战。东亚在经济条件方面最富裕，是亚洲和太平洋地区贫困率最低的。总之，除中美洲以外，拉丁美洲及加勒比地区是发展中国家最富裕的地区。中美洲农村青年占比最大，和南美洲一样农村贫困率呈相对较高水平。

收入和贫困率影响了农村青年相关政策的制定和投资需求，但政府效率决定了实施这些政策的能力。东亚的政府效率最高，东南亚以及拉丁美洲和加勒比地区的次区域紧随其后。南亚以及中欧、东欧和新独立国家并列38位，北非和近东、东非和非洲南部以及西非和中非紧随其后，是政府效率最低的一些次区域。撒哈拉以南非洲的次区域收入最低，贫困率最高，陷入困境的国家数量最多（西非和中非尤甚）。因此，该地区农村青年面临的挑战与农村转型过程中面临的挑战息息相关。另外，近东和北非地区面临全然不同的挑战，尽管收入高、贫困率低，但是该地区威权主义政权的存在和众多陷入长期冲突的国家导致了政府效率十分低下。因此，各个次区域都面临不同的挑战，C部分会对此进行更详细的讨论。

表 9.2　　农村青年的比例以及投资青年人口能力的指标呈现多样化的态势

地区	次区域	次区域占所有农村青年的比例（%）	农村青年占总人口的平均比例（%）			人均收入（美元）	贫困率（%）		政府效率指数	冲突国家数量/国家总数
			2015年	2030年	2050年		农村	城市		
近东、北非、欧洲和中亚	近东和北非	4	7	7	5	10526	3	1	32	4/14
	中欧、东欧及新独立国家	2	9	8	6	11913	10	7	38	2/9
撒哈拉以南非洲	东非和非洲南部	12	14	13	10	3339	54	30	30	6/20
	西非和中非	9	10	10	8	3119	51	28	18	8/24
亚洲和太平洋地区	东亚	15	5	4	2	10288	11	0	68	0/2
	南亚	42	12	10	7	7156	15	13	38	4/9
	东南亚	11	10	8	6	9664	14	9	44	4/19
拉丁美洲和加勒比地区	加勒比地区	0	4	2	1	13921	3	2	44	0/7
	中美洲	2	7	5	4	8892	12	5	39	0/7
	南美洲	2	5	4	3	11253	9	2	41	1/9

注：收入按照购买力平价，以人均国民总收入为指标（2011年不变国际美元）（资料来源：世界发展指标，世界银行）。贫困的衡量标准是每天1.25美元（2011年购买力平价）（人口百分比）的贫困人数比率（资料来源：世界发展指标，世界银行）。政府效率是衡量公共服务质量、公务员质量及其不受政治压力影响的程度、政策制定和实施的质量以及政府对此类政策承诺的可信度的衡量标准（Kaufmann，Kraay and Mastruzzi，2010）。表中的数字是每个次区域国家的平均百分位排名，因此数字越大表明结果越好。冲突国家的定义取自乌普萨拉冲突数据计划/奥斯陆和平研究所武装冲突数据集（Baliki et al.，2018）。脆弱性的定义基于《2019财年脆弱情况协调清单》和世界银行2015年的数据（资料来源：联合国和平行动部、非洲联盟和欧盟网站）。该数据集涵盖85个低收入和中等收入国家。

农村机会空间如何影响青年在不同地区参与经济活动

第一章中引入并在第二章中详细讨论的农村机会空间的概念由商业前景和农业生产前景决定（见专栏2.1）。人口密度是衡量商业前景的指标，人口密集的地区经济活动和机会多于人口稀密的地区。行政区域的城乡划分通常体现了上述差异，并指导政策制定、投资实施以及发展资金的分配。但是，随着农村转型在农场之外创造更多的机会，农业粮食体系正在向二线城市和农村城镇扩展，情况逐渐发生改变。正如本报告所指出的，要想明确自身的机遇，首先要搞清农村青年在这个统一体中生活的地方。下文讨论了各次区域在这方面存在的显著差异。

1/3 以上的青年人口居住在所有次区域（西非和中非除外）的半农村和城乡接合部地区。图9.4 显示了沿城乡梯度居住（农村、半农村、城乡接合部和城市地区）的青年的平均百分比，以及每个次区域按行政划分的城市化率。从官方行政区划来看，拉丁美洲和加勒比地区次区域的城市化率最高，但大多数青年生活在全球人口密度阈值所定义的农村和半农村地区。官方统计数据显示，南美洲只有 1/3 的青年生活在城市地区以外，但实际上 70% 以上的人生活在农村、半农村和城乡接合部地区，其中 42% 生活在偏僻的农村地区，商业前景暗淡，因此就业机会相对较少。

亚洲和太平洋地区（及其所有次区域）是唯一一个城乡接合部和半农村地区始终拥有 1/5 以上青年人口的地区，表明该地区比其他地区平均联系性更发达、发展阶段更高级。但是，平均价值背后是国家间存在的巨大差异，农村青年占比从 1% 到 80% 不等。因此，在制定国家政策和投资战略之前，确定农村青年在机会空间中所处的位置非常重要。

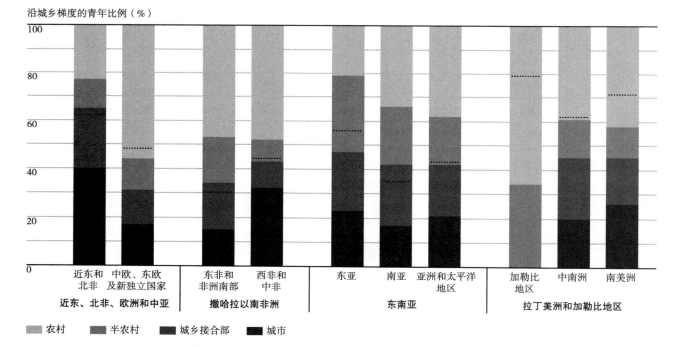

图 9.4 大多数年轻人生活在按人口密度划分的非城市地区

注：城乡梯度是根据世界人口项目的人口密度数据定义的，将世界划分为四个四分位数，每个四分位数包含 1/4 的人口。隐含的人口密度用于将数据库中的每个网格归类为四个类别之一。该数据集涵盖 85 个低收入和中等收入国家。东亚地区仅包含中国，而加勒比地区仅包含多米尼加共和国。

资料来源：作者。

西非和中非次区域只有大约10%的青年生活在半农村或城乡接合部地区，而大约一半的青年人口居住在农村地区。东非和非洲南部地区也有大约一半的青年人口居住在农村地区，但联系性更强，大约20%的青年生活在半农村地区，另外20%生活在城乡接合部地区。近东、北非、欧洲和中亚的两个次区域在其农村青年居住地的商业化前景方面体现为截然不同的模式：40%的青年生活在近东和北非国家人口最稠密的城市地区，但只有17%的青年生活在这些地区中东欧和新独立的国家，56%生活在人口最稀少的农村地区。

农村机会空间包括商业前景和农业生产前景，农业生产率增长推动农村发展和结构转型。第二章讨论的增强型植被指数（EVI）是衡量农业潜力的指标，决定着农村青年的就业机会。图9.5显示了按次区域划分的城乡所有空间的平均增强型植被指数值。NEN各区域的增强型植被指数最低，反映出干旱现象和水资源有限影响了该区域的农业转型（Kabbani，2018）。半农村地区的增强型植被指数总体上高于农村地区（东南亚和拉丁美洲和加勒比海地区除外），距离城市地区越近，该指数就越呈下降。然而，预计差异将非常小，因为增强型植被指数是一个标准化指数，范围为-1~1。另外，发展中国家2/3的农村青年生活在农业潜力大的农业机会空间（见图2.4），农村机会空间的城乡梯度轴愈发凸显。在许多地方，农村地区面临的生产率挑战（如低产量、低劳动生产率或土壤退化）将随气候变化而恶化，因此需要在城乡梯度框架内实现概念化。随着沿这条梯度的联系性的改善，大多数限制低生产率的因素可以通过加大投入、增强信息互通和优化市场准入来解决。

大部分聚焦农村青年就业的话题都认为，青年从务农转向去城市发展会过上不稳定的生活，

按次区域划分的城乡梯度上的增强型植被指数值

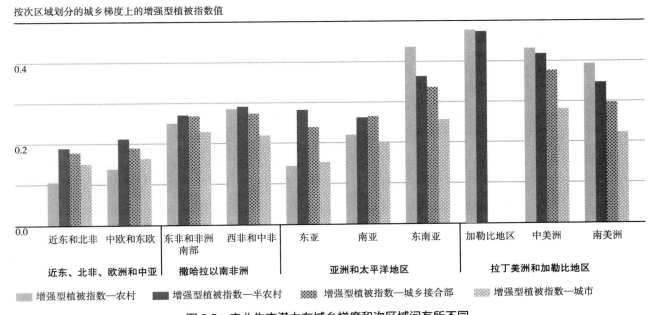

图 9.5　农业生态潜力在城乡梯度和次区域间有所不同

注：所描绘的值是三年平均增强型植被指数值，以消除季节性影响。

资料来源：作者使用了美国国家航空航天局（MODIS-NASA）利用中分辨率成像光谱仪测算的增强型植被指数（EVI），在此基础上进行了数据计算。此外，本报告还使用了世界银行对于85个低收入和中等收入国家的定义和其2018年的数据。

最终可能加剧社会分裂。但是，没有证据支撑这一说法（见图9.2）。本报告所有次区域的大部分青年居住在农村和半农村地区，记录这些青年究竟是否以及在何种程度参与农业活动并非易事，因为必须收集详细的个人就业数据，另外正式的就业数据未将大部分非正式农业活动记录在册，农村地区尤为如此。现有案例和新的证据似乎表明，实际情况与设想不同，青年确实在不同程度上从事农业活动，（以农业粮食体系为主）（Abay et al.，2018；Yeboah and Jayne，2018；Van den Broeck and Kilic，2018；Kafle、Benfica and Paliwal，2019）。几乎所有证据都与非洲存在关联，因为高质量的家庭数据都由非洲大陆生活标准测量研究提供。以下讨论纳入亚洲和太平洋地区以及拉丁美洲和加勒比地区农村青年的数据以进行区域间比较，从而加大证据的支撑力度。

青年沿城乡梯度参与不同部门的模式在地区间存在差异。沿城乡梯度不同部门的青年参与模式因地区而异。这些模式既取决于各国的结构转型水平，也取决于各自农业粮食体系的转型阶段（见第六章）。在非洲的大部分地区，农业粮食体系正处于传统与过渡阶段的中间阶段。亚洲和太平洋地区的大部分地区一直处于过渡阶段，并逐渐向现代阶段迈进，而拉丁美洲和加勒比地区已经开始向现代阶段广泛过渡（Reardon et al.，2018）。不同地区间甚至是国家内部的农业粮食体系转型阶段都大不相同。即使在印度，一些邦的农业粮食体系已经被认定为进入现代阶段，其余邦仍然被定义为停留在传统阶段（Reardon et al.，2018）。因此，有效的政策设计需要了解每个环境中青年在农业粮食体系内外工作的部门，以便能够确定具有增长潜力和扩大农村青年就业机会的部门。

来自12个国家的128227个涉及约1.34亿农村青年的调查数据更清晰地描绘了青年按照城乡梯度参与经济的差异变化（见附录A，可在www.ifad.org/rural development report上获取）。严格来说，虽然这些数据不能完全代表这些地区，但它们提供了迄今为止最全面的农村青年活动信息，并可用于空间分析。虽然年轻人渴望离开农业部门，但其他机会的匮乏导致其仍在从事农业活动。因此，了解他们实际工作的部门非常重要，这可以为未来的政策和投资决策提供重要参考。

图9.6描绘了农村、半农村和城乡接合部青年在六个部门和功能性就业类别中的工作时间分布（以全时当量为指标）（见图2.7）：自有/家庭农场、农场工资、农业粮食体系的非农业劳动工资、非农业粮食体系中的非农业劳动工资、农业粮食体系企业和非农业粮食体系企业。农村青年将其全部工作时间的50%及以上用于农业（自给自足或工资）在所有地区。自家或家庭农场的工作比例在撒哈拉以南非洲最高，超过60%，其次是亚洲和太平洋地区，略低于60%。拉丁美洲和加勒比地区的农村青年相对更多地在他人农场里工作。随着人口密度的增加，农业对于农村青年来说已经不再是一项很重要的经济活动，非农就业以及企业工作的重要性增加。农业的重要性沿城乡梯度下降，这在亚洲和太平洋地区最为显著。但是在撒哈拉以南非洲国家，半农村和城乡接合部地区之间的差异似乎很小，青年仍然有40%的时间用于从事农业活动。

在拉丁美洲及加勒比海地区以及亚洲和太平洋地区人口稠密的地方非农业粮食体系对于那里的农村青年更为重要，不过即便是在撒哈拉以南非洲，非农业粮食体系就业仅占青年总就业的30%左右。非农业粮食体系部门提供的就业份额也反映了样本国家的结构转型水平：拉丁美洲和加勒比地区的三个样本国家（墨西哥、秘鲁和尼加拉瓜）都属于高度转型组；亚洲和太平洋地区样本包括两个结构转型水平较低的国家（孟加拉国和尼泊尔）；而在撒哈拉以南非洲，几乎所有纳入数据的样本国家的结构和农业转型水平都较低（埃塞俄比亚、马拉维、坦桑尼亚和乌干达）。

按地区划分的沿城乡梯度，农村青年在各项活动的全时当量的百分比（%）

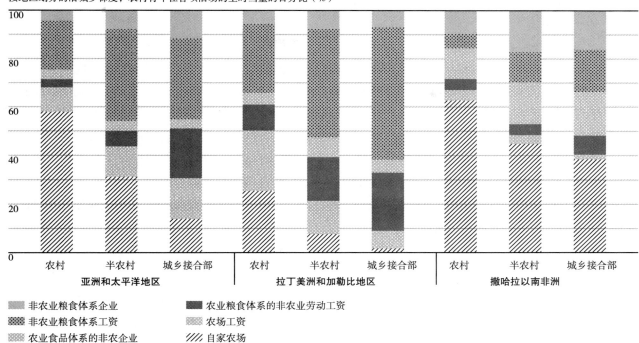

图例	
非农业粮食体系企业	农业粮食体系的非农业劳动工资
非农业粮食体系工资	农场工资
农业食品体系的非农企业	自家农场

图 9.6 农村青年将 50% 或更多的工作时间花在农业上

资料来源：作者根据亚洲、拉丁美洲和加勒比地区以及撒哈拉以南非洲的 12 项社会经济住户调查进行的计算。

正如第一章所讨论的，制约农村青年生产力就业的一大挑战是对土地资源的获取。不同地区间，农村青年获取土地的能力和水平存在差异，性别间也存在显著差异。众多变化（包括土地持有模式的快速转变）极大地改变了农村青年获取土地资源的情形。农村人口密度的增加使得土地资源越来越稀缺。人均寿命变长意味着农村青年从父母那里继承土地的年龄也在不断增加，这对农村青年如何以及何时过渡到独立生计产生影响。总之，这些因素使年轻人在组建家庭时更难成为土地所有者。尽管租赁市场在一定程度上缓和了这一难题，但近年来农村家庭的比例急剧增加，尤其是以青年为首的家庭，出租土地、土地市场（用于出租和购买）远未解决农村青年面临的所有难题，为此采取具体干预措施是必要之举。中亚和南亚农村青年的土地拥有率最高。在南亚，40% 的农村年轻男性拥有土地——是拥有土地的女性青年人数的两倍。在其他地区，土地拥有率低于 20%，而拉丁美洲和加勒比地区低于 10%（Doss at al.，2018）。

正如本报告前面所讨论的，应将青年政策纳入更广泛的发展政策，同时关注青年在农村机会空间中遇到的不同问题，通过包容式发展的方式帮助农村青年应对挑战，实现农村地区的转型。另外，讨论还包括影响农村发展格局的整体变化动态，如数字革命、农业粮食体系转型和气候变化，在关闭一些机会的同时为农村青年开辟了新的机会。每个地区已有的关于农村青年的诠释取决于这些因素的综合作用，并不总是需要证据的支持。以下部分根据现有证据讨论了每个地区的一些突出要点，以期在地区之间和地区内扩大农村青年的话语权。

农村青年面临的区域特有挑战可以为政策和投资提供参考

撒哈拉以南非洲

现有的关于非洲青年的阐述主要围绕失业和贫困状况。因此，非洲国家制定了许多青年战略和政策，致力于为青年创造就业机会和减少青年失业（Mabiso and Benfica，2018）。这些战略和政策大多都旨在通过让年轻人就业（不一定是新增就业岗位）或让年轻人参与创业来解决这个问题（UNDP，2014；2016a）。然而，有关劳动力的证据和从学校到单位过渡时期的调查表明，失业率并不像分析中所暗示的那么高（ILO，2017）。大多数情况下，劳动力中的青年人群都在从事某种工作，尽管他们可能就业不充分和/或从事低薪工作，且通常是在农业部门。

"失业"的说法与因为缺乏吸引力而导致非洲青年不从事农业活动的论点密切相关，但新的证据也没有对此提供足够支撑。由于包含个人详细活动信息且具有全国代表性的数据集越来越丰富，更多的证据表明，大多数农村青年从事的农业是父母或亲戚所拥有的耕地，这也属于更广义的农业粮食体系（Yeboah and Jayne，2018；Abay et al.，2018；Kafle，Benfica and Paliwal，2019）。事实上，农业就业的绝对人数预计会上升，尽管这一就业部门的相对份额将随着时间的推移而下降（Davis et al.，2017）。因此，以可持续的方式提高农业生产率、减少就业不足的投资应当被视作非洲大陆聚焦青年的农村发展工作重心。

此外，尽管有证据表明非洲企业家的平均年龄和中位数要比定义中的青年人口的最大年龄高得多（当然在 30 岁以上，大多数发达国家甚至超过 40 岁），青年创业在增加就业方面始终吸引了较多关注。大多数成功的企业由老年人创办，部分原因是老年人日积月累获得了青年无法匹及的经验、技能和资产，且无法通过创业培训来传授于青年。因此，比起将农村青年创业作为一个特定的重点投资领域，也许投资创建一个以雇佣青年为目标的企业更为明智（Mabiso and Benfica，2018）。

前文在讨论农村机会空间时已经强调过投资提高联系性的重要性：撒哈拉以南非洲 50% 左右的青年住在最偏远的地区，商业前景最为暗淡。为发展农村，通过对半农村、城乡接合部地区进行投资来提高农村和城镇地区的联系性是必要之举。在这里，联系性包括物理联系和数字联系，二者在提高生产率方面起到互补作用。数字联系性在青年相关议题上引发更大的关注，人们认为青年更善于利用信息通信技术进行生产力投资。

然而，没有大量证据支持信息通信技术相关的说法。换言之，很少有证据证明移动手机在非洲提高联系性方面的重要作用。阿克尔和姆比蒂（Aker and Mbiti，2010）全面阐述了移动电话促进经济发展的渠道，并突出了以降低通信成本、改善市场准入和信息、增加获得农业推广服务和潜在改善就业的形式体现潜在的经济效益。总之，移动电话对经济以及农村青年的实际影响没有太多的证据支撑，农村青年相关的证据更为罕见。此项研究空白仍有待填补（Aker，2018）。不过，手机仍然是非洲农村最常见的联系工具之一，一些国家已经展示了如何激发其普惠金融潜力（见第八章）。然而，要让农村青年从中受益，一个重要的先决条件是买得起手机。由于缺乏竞争，大多数非洲国家的通信运营成本非常高，大多数农村青年无法使用手机，尤其是在西非和中非的次区域（见图 9.7 和表 9.3）。此外，在人口稠密的地区投资移动基础设施成本更高，在农村青年相关议题框架内实施降低农村和半农村地区的投资成本远未引起广泛关注。

最后，在关于非洲农村青年的讨论中，包括认知技能和非认知技能在内的基本学习问题应当受到更广泛的关注。正如下一节中的图9.8所示，在全球范围内，撒哈拉以南非洲的教育回报最高，因为其总体技能水平较低（世界银行，2018）。对高技能人才的需求增加是导致这一情况的另一个原因。这个问题至关重要，尤其是要将年轻农村女性纳入学习和就业议程，因为她们是加速非洲大陆人口转变的关键，而非洲大陆落后于世界上所有其他地区。

高生育率是撒哈拉以南非洲面临的独特挑战之一。图3.5显示，与其他地区的同龄人相比，该地区的女性青年希望生育更多孩子，农村地区尤甚。生育目标预示着未来的趋势，这表明未来地区间和部门之间的差距将继续存在，因此加大对卫生部门的投资是必要之举（尤其是农村地区），达到降低婴儿和儿童死亡率并改善计划生育选择的目标。更重要的是，将女性青年纳入高等教育以及劳动力队伍中，往往会为降低生育率提供更强大的动力（Martin，1995；Bongaarts，2010；Keats，2014；Cannonier and Mocan，2014；Lavy and Zablotsky，2011）。

2014年占人均国民总收入的百分比

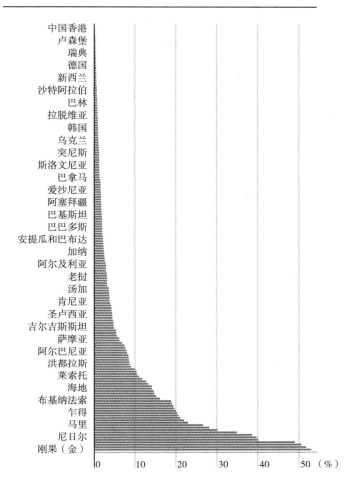

图9.7　在许多国家运营移动电话的年度成本高得令人望而却步

注：此图的绘制利用了世界银行的图表集法。
资料来源：作者。

表9.3　撒哈拉以南非州（尤其是西非和中非）的移动电话年度运营费用位居全球之首（占人物国民总收入的百分比）

地理区域	国家数量	中位数	标准误差	最小值	最大值
西非	15	20.80	12.19	2.45	39.99
中非	9	21.76	19.98	1.99	52.76
北非	5	5.36	6.09	1.20	16.00
东非	10	12.69	14.96	0.77	50.45
南非	10	13.37	15.46	1.53	48.86
非洲（全部）	49	16.23	15.12	0.77	52.76
非洲以外	124	2.78	3.57	0.10	20.54

资料来源：作者根据国际电信联盟（ITU）2017年的数据计算得出。

来自乌干达的随机对照试验的最新证据表明，校外（社区级别的俱乐部）进行的多维培训干预，能够同时关注生活技能和职业培训，极大地增加了女性青年的收获（Bandiera et al.，2018）。青少年赋权与生计干预（见专栏3.1）是一项针对青春期少女的课后计划，提供职业和生活技能培训。它将少女从事创收活动的可能性提高了48%，将少女怀孕率减少了34%，同时还将早婚或同居的可能性降低了62%——这一切只需要每位参与者花费100美元。

近东、北非、欧洲和中亚

在该地区，众多国家的青年人口平均占比一直都保持最高水平，直到最近被撒哈拉以南非洲超越。自2005年以来，尽管北非和近东以及中欧、东欧及新独立国家的次区域青年人口占比一直在下降，到2015年分别降至18%和17%，但这些区域从未享受过人口红利。一个有力的佐证就是该地区的青年失业率位居世界最高（相比于世界青年失业率的13%，该地区比率为30%左右）（ILO，2017）。

近东和北非地区以及中欧、东欧和新独立国家这两个次区域的发展历史截然不同，但对其各自的经济结构和挑战却发挥了相近的影响作用。一方面，许多北非和近东国家见证了后殖民（奥斯曼帝国）时期权威政体的出现，这有助于建立政府主导的发展模式和更广泛的"权利交易"，公民放弃任何有效的政治参与形式以换取工作、福利和公共服务（Desai，Olofsgard and Yousef，2009）。另一方面，在苏联解体后，尽管大多数中欧、东欧和新独立国家仍在应对几十年中积累的管理不善和错位的经济激励措施，所有国家都开始了漫长的经济、社会和制度的现代化进程（Kabbani，2018）。因此，由于严重依赖公共部门就业（世界银行，2004；Assaad，2014）、私营部门监管过度以及腐败和裙带资本主义造成的商业环境疲软，近东和北非以及欧洲和中亚大多数国家的经济机会呈稀缺状态（世界银行，2009；欧洲复兴开发银行等，2016）。

农村青年受到的冲击表现为高失业率，这最终与整个经济中创造的就业机会疲软息息相关。公共部门在总就业中的份额仍然相对较大，并压缩了私营部门创造的就业机会（ILO，2010）。大多数青年更愿意排队参加公共部门的工作（在那里他们几乎没有生产力的压力），这也拉低了私营部门的生产率（Chaaban，2013年）。在这些经济体中，教育对经济增长的影响微乎其微，因为增长的认知技能并没有用于促进生产力发展（Pritchett，2001）。

过去一个世纪中，尽管北非和近东、欧洲和中亚在提高小学教育完成率方面取得了巨大进展，但我们仍需对这些地区的教育系统进行探讨并采取重要的干预措施以改善青年的经济状况（Kabbani，2018）。虽然近东和北非地区和中东欧及新独立国家地区的小学教育完成率几乎是覆盖全人口的，但除了约旦和巴勒斯坦之外，其他地方中学教育的完成率都不足50%。在教育回报率低的国家，个人和家庭都没有动力对教育进行投资。图9.8显示，近东和北非以及欧洲和中亚的两个次区域该指数的排名在世界上垫底，多接受一年学校教育所带来的工资回报最低——男性尤甚（世界银行，2018）。这一发现可能与无法提供必要技能的低水平教育有关，也与缺乏新增就业潜力的活跃经济有关。由于前者只有在后者到位的情况下才能改善青年的经济状况，因此青年就业政策应当聚焦鼓励新企业的发展和商业环境的成长，农村地区发展相关农业价值链更是如此（Kabbani，2018）。

按国家/地区、群体和性别划分，每增加一年学校教育相应的中位数百分比增长

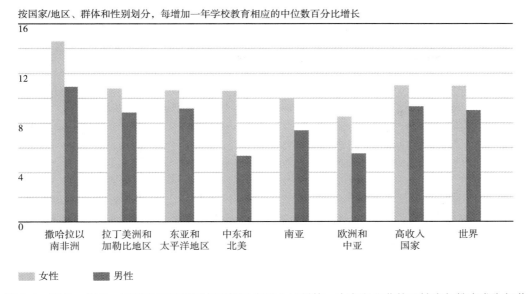

图 9.8　近东、北非、欧洲和中亚的教育回报是世界上最低的，中东和北非的男性青年教育尤为如此

注：指定地区不包括高收入国家。

资料来源：《世界发展报告（2018）》；来自黑山和帕特里诺斯（2017）的数据。数据可从 http://bit.do.WDR2018–Fig.1–1 上获取。

　　图9.8显示该地区女性的教育回报更高，且她们的受教育水平与男性相同甚至更高，但女性的经济情况并没有相应地改善。文化和社会规范限制了妇女参与经济、社会和政治，削弱了女性青年的潜力并阻碍了她们的发展前景（UNDP，2016b）。近东和北非地区次区域国家的女性青年劳动力参与率在全球范围内排名最低，为15%，而世界平均水平为35%（见图9.9）（Kabbani，2018）。中欧、东欧和新独立地区次区域各国的相应比率约为30%，因此这一问题对于近东和北非次区域来说尤为重要。

女性青年的劳动参与率（%）

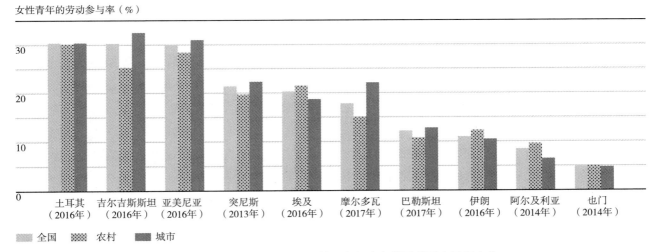

图 9.9　近东和北非次区域的女性青年劳动参与率在世界范围内居于末位

资料来源：卡巴尼（Kabbani，2018）基于国际劳工组织（ILO，2017）的数据。

考虑到文化惯例根深蒂固的影响力，当地实施强有力的干预措施是必要之举。其中一个例子是埃及的 Ishraq（"启蒙"计划）。与青少年赋权与升级干预一样，Ishraq 是一项多维举措，自 2001 年以来一直致力于优化上埃及农村数千名少女的教育、健康和社会机会。参与者识字水平获得了提高，生活技能的发展得到了进步，自信心增强，社会流动性提高，社区参与度也越来越高。重要的是，该计划成功地与父母、兄弟和社区领导开展了合作，在保守社会中与年轻女孩的"看门人"共同合作是此类计划成功的基本要素（Brady et al.，2007）。

此类计划可以帮助女性青年在现有的青年公民参与框架内获得更大的能动性，但总体上需要在近东和北非次区域改进这种参与形式。该次区域的国家在青年公民参与环境方面取得了明显进步，特别是自阿拉伯之春以来，但是，此类活动仍然由富裕的、居住在城市的且受过教育的青年主导。公民参与计划需要努力将农村地区的青年纳入其中，尤其是女性青年，以赋予这些边缘化群体更大的能动性（Iancovichina，2017）。

最后，有证据表明，比起成为冲突的煽动者，青年通常更可能成为冲突的受害者，其教育和福利将受到长期负面影响（Baliki et al.，2018）。相对而言，该地区的难民人口最多（主要在约旦和黎巴嫩），其中儿童和青年的比例过高（Verme et al.，2015）。现有的福利计划在短期内似乎可以有效解决贫困问题，但它们难以持续发展，无法改善这些儿童和年轻人的未来前景。只有在难民可获得的经济机会范围扩大的情况下，教育、技能和劳动力方面的传统发展政策才能行之有效（Verme et al.，2015）。

拉丁美洲和加勒比地区

大多数官方统计数据显示，拉丁美洲和加勒比地区的城市化程度远高于世界其他地区（约80%），但如果使用具体的空间数据和方法解决官方定义的不一致问题，情况就会大不相同（Roberts et al.，2017）。使用超越城乡二元定义的全球可比人口密度标准显示，拉丁美洲和加勒比地区 70% 以上的青年生活在非城市地区，其中 30%~40% 生活在半农村和城乡接合部地区（见图9.4）。随着该地区农村转型的推进，农村青年越来越多地到此寻求谋生机会，在讨论拉美地区农村青年的包容性时，需要牢记这一事实。

拉丁美洲及加勒比地区青年相关讨论的特征之一是总体上聚焦当地青年面临的挑战，尤其是农村地区。在该地区的所有国家，缓慢的人口转型速度，导致原住人口的青年比例更大，且原住青年比外来青年更贫穷（ECLAC，2008）。这两个群体之间还存在教育程度的差距，原因之一可能在于原住民经济状况较差。由于难以获得该地区所有国家按当地身份和农村地区分类的相关数据，图 9.10 显示了三个国家原住和外来青年的教育程度差异。所有国家的女性青年差距都很大，委内瑞拉的差距最大，原住女性青年的平均教育比外来同龄人少 2.6 年。

正规教育系统并未成功惠及原住青年，一方面未能将他们涵盖在内（以完成学业的年数为指标衡量），另一方面未能提供适合原住青年需求和语言的教育（Trucco and Ullmann，2015）。尽管该地区几乎所有国家都制定了跨文化双语教育的特殊计划，但这些计划设计不当、针对性不强且几乎没有实施（世界银行，2015）。农村当地人口的贫困率居高不下是造成教育系统存在弊病的原因之一。因此，如果农村转型要将当地青年包含在内，教育系统是需要重点采取行动的领域之一。

当地青年的问题有时也与农村青年迁移息息相关，他们未被包含在讨论之内的主要原因一般是从农村向外迁移。农村地区缺乏教育和就业机会以及缺乏公共服务，这些都导致了农村青年向外迁移（ECLAC，2008）。然而，很少有确凿的证据表明拉丁美洲和加勒比地区农村青年迁移与这些因素有关（de Brauw，2018）。现有的有限证据表明，城乡之间的教育机会差异是农村青年迁移的一个决定性因素（Heckert，2015；Valentine et al.，2017）。与其他地区的情况不同，拉丁美洲和加勒比地区的女性青年迁出农村地区的速度更快，见图9.11（Giuskin，Yanes and del Castillo，2018），导致相对更多的年轻男性居住在该地区的农村地带（Stecklov and Menashe-Oren，2018）。

这些模式使该地区与众不同，其他地区年轻男性的迁移高于女性，表明该地区女性青年在流动性方面的赋权水平更高。近几十年来拉丁美洲和加勒比地区的女性劳动参与率有所提高，但仍落后于男性，这使得提高女性劳动参与度成为需要关注的农村总体发展策略之一。

另外，年轻男性在拉丁美洲和加勒比海地区受暴力犯罪的影响更大，该地区有着世界上7个暴力犯罪率最高的国家（Giuskin，Yanes and del Castillo，2018）。暴力等级增加的主要原因包括经济和社会排他性、不平等、武装冲突、贩毒和归属感缺失（Trucco and Ullmann，2015）。大多数暴力犯罪的年轻受害者都生活在城市地区，但解决这个问题对于任何青年包容议程都很重要——尤其是农村和城市地区之间的联系日益紧密。本报告中概述的青年包容议程的主要支柱之一是能动性，它在减少暴力动机方面发挥着重要作用。该地区在促进公民参与方面取得了进展，但大多数现有举措都以城市为重心，并以精英为主（Trivelli et al.，2018）。沿城乡梯度在青年之间建立可持续联系、利用信息通信技术为青年提供信息并与他们进行咨询和合作，以及确保政治接受度是农村青年成功参与计划的共同特征（Trivelli et al.，2018）。

最后，拉丁美洲和加勒比地区在过去30年中一直是社会保护计划的焦点（有条件和无条件

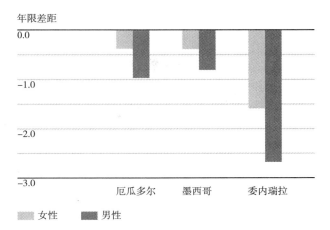

图 9.10　原住和外来青年之间的教育差距导致经济潜力持续存在差距

资料来源：Giuskin，Yanes and del Castillo（2018），基于拉丁美洲和加勒比人口中心（CELADE）拉加经委会人口司的2010年人口普查数据和原住民社会人口指标系统。

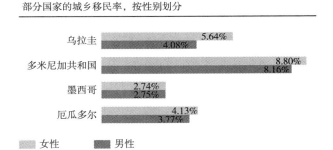

图 9.11　拉丁美洲和加勒比地区女性青年的城乡迁移率超过男性青年

资料来源：Giuskin，Yanes and del Castillo（2018），基于"Microdatos" Censo de Población y Vivienda 2010 和人口预测，Datosmacro，厄瓜多尔；Encuesta Intercensal 2015 和 Tablas Dinámicas，Censo de Población y Vivienda 2010，墨西哥；Muestra Censo de Población y Vivienda，2010 年和 2000~2030 年人口预测，多米尼加共和国；Censo de Población y Vivienda 2011（REDATAM）和人口预测 1950~2050 年，乌拉圭。

现金转账）。事实证明，这些计划在改善贫困家庭儿童的教育和健康状况方面非常有效（Molina-Millan et al.，2016；Morris，2010）。这些计划还成功地改善了生产和其他成果，比如粮食安全和饮食多样性（Davis，2017；Salazar et al.，2015）。最近的证据还表明，在某些情况下这些计划在解决使该地区青年失去话语权的排外问题方面也行之有效（Lopez-Calva and Patrinos，2015；Quiñones and Roy，2016）。社会保护计划对农村青年经济成果的长期影响直到最近才被记录下来，这些计划主要聚焦儿童，生命周期影响直到现在才纳入研究。有证据表明，短期影响并不会累计转为长期的福利改善。一些研究表明，农村青年的长期收入、学业成绩或生育水平受到积极影响，但其他研究并未发现任何影响（Barham et al.，2017；Baird，McIntosh and Özler，2016）。前景广阔的长期影响包括提高女性青年的受教育程度以及降低其生育率，这是应纳入聚焦青年的农村发展计划的一个要素。扩大此类方案面临巨大的政治压力，应注意从大量严格证据中汲取教训，以确保这些方案有益于今天的儿童以及未来的青年和成人。

亚洲和太平洋地区

亚洲和太平洋地区可以被视为当今农村青年面临挑战的重地，它拥有世界上 60% 以上的农村青年。然而，该地区在全球青年人口中的主导地位需要结合具体情况加以考虑，因为该地区有 10 个人口最多的中低收入国家，其中 7 个国家的人口规模发挥重要影响。在次区域层面，东亚在世界范围内平均青年占比最低，仅仅为 5%，南亚占比高达 12%，仅次于撒哈拉以南非洲的东非和非洲南部地区。如上所述，较高的人口结构转型水平使得亚洲和太平洋地区在接下来的几十年中整体将见证越来越少的挑战（见图9.1）。

亚洲和太平洋地区在人口年龄结构方面具有最明显的次区域差异（见图9.12），因此非常需要采取不同类型的干预措施来确保农村转型过程将农村青年涵盖在内。一方面，东亚地区的大多数国家（如韩国，见专栏5.1）在人口转变方面进展非常迅速，并实施了适当的投资，因此它们能够

2015年人口金字塔

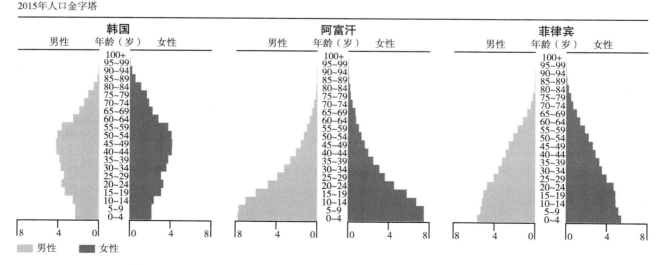

图 9.12   亚洲和太平洋地区次区域有众多处于人口结构转型不同阶段的国家

资料来源：https://www.populationpyramid.net/。

在经济快速转型时期获得人口红利。另一方面，包括阿富汗在内的南亚有着世界上总生育率最高的30个国家，包括菲律宾等在内的许多东南亚国家在降低生育率方面取得一些进展，但将仍在未来几十年见证青年人口相对规模的先升后降。正是后两类国家主导了该地区关于农村青年的讨论，其主要议题是青年失业问题持续存在（在某些情况下还在增加）（ILO，2017）。从绝对角度出发，可以更好地理解南亚和东南亚青年面临的失业挑战。南亚经济快速增长导致失业率相对稳定（约11%）或呈下降趋势，失业仍然是一个急需解决的问题。2017年有近1400万参与经济活动的南亚青年失业，约占全球所有失业青年人数的20%。即使对于那些工作的青年来说，贫困发生率也高于成人，仅低于撒哈拉以南非洲（ILO，2017）。在过去几年，东南亚青年失业率增幅很高，位居前两位。这两个次区域的青年与成人失业率在世界上名列前茅（见图9.13）。但是，亚洲和太平洋地区85%左右的青年都属于非正式就业，因此比起农村青年，这些数据更可能反映的是城镇地区和城乡接合部地区的青年就业情况（Briones，2018）。

2007年和2017年各地区青年与成人失业率比率

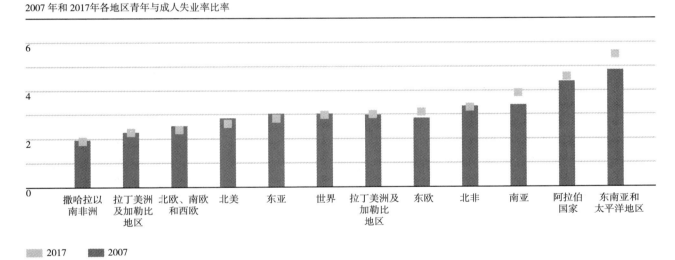

图 9.13　南亚和东南亚的青年与成人失业率位居世界之首

资料来源：国际劳工组织（2017），基于国际劳工组织（ILO）的趋势计量经济学模型（2017）。

尽管亚洲和太平洋地区已处于农业粮食体系转型的后期，但该地区的青年仍将50%左右的时间花在农业上（Elder et al.，2015）见图9.6。这可能是因为动态农村转型和农业粮食体系转型往往发生在小城镇和城市附近，而在城乡联系仍然薄弱的地区，低生产率农业和农村地区低薪非农就业仍然是主要的就业选择（Reardon and Timmer，2014；Vos，2018）。另外，在结构和农村转型方面进展最快的东亚地区，青年参与农业的人数显著下降。促成其成功转型的政治和体制改革可为其他地区提供经验教训（在本报告讨论的变化动态的背景下）。东亚关于青年就业挑战的讨论与老龄化社会也存在关联，因此需要采取一套完全不同的投资策略，使该次区域能够收获第二次人口红利。

亚洲和太平洋地区内部存在一个看似有趣的对比，即农村转型的水平和速度影响了农村青年的营养状况。结构转型大大降低了亚洲和太平洋地区的贫困率和营养不良现象，但在南亚和东南

各地区青年体重不足和超重发生率的百分比变化

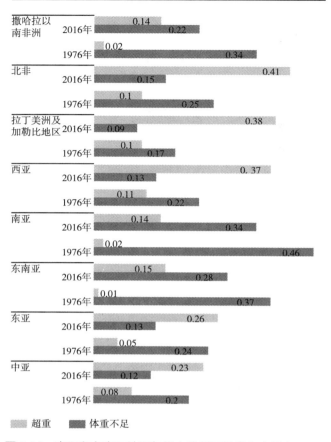

| | 超重 | 体重不足 |

图 9.14   南亚和东南亚地区年轻人体重不足发生率居高不下，
超重发生率显著增加

资料来源 : Kadiyala et al.（2018），基于 NCD-RisC 的数据。

亚，体重不足的发生率仍然居高不下，超过 1/3 的青年（主要在农村地区）仍然体重不足（见图 9.14）。正在发生的饮食和粮食系统变化带来了新的营养不良问题，而超重和肥胖症发生率也呈上升趋势（Vos，2018）。东亚地区这个问题的严重性随着农村转型进入高级阶段而愈发严重。对农村转型进行投资需要重视解决该次区域农村青年面临的双重营养问题。

最后，如果关于亚洲和太平洋地区农村青年融入的讨论没有涉及气候变化，则这个讨论将被视为不完整。尽管所有地区都不同程度地受到气候变化的影响（包括缓发效应和极端事件），但亚洲和太平洋地区最容易受到极端天气事件的影响（IPCC，2014）。太平洋岛国面临的挑战尤甚，那里劳动力的未来在很大程度上取决于气候变化。这些国家的大部分收入和就业来源都在农业、渔业和旅游业等极易受气候变化影响的部门（ADB-ILO，2017）。由于青年和妇女在这些部门占比过高，而且这些工人中的大多数都是非正式就业，因此他们受到的影响程度更大（ILO，2008）。太平洋岛国一直在国家层面实施针对农村青年的季节性农业工人计划，尤其是在那些极易受到气候冲击的地区，但目标和技能差距问题使得这些举措难以扩大规模，因此需要将技能培训纳入此类计划。绿色基础设施和可持续旅游业也是这些国家在其国家气候政策中的优先投资领域。这些政策还需要采用聚焦农村青年的方法来解决农村青年易受影响的问题（ADB-ILO，2017）。

参考文献

Abay, K., Asnake, W., Ayalew, H., Chamberlin, J. and Sumberg, J. 2018. Landscapes of Opportunity? How young people engage with the rural economy in sub-Saharan Africa. Background paper for the Rural Development Report 2019. Rome: IFAD.

ADB-ILO (Asian Development Bank and International Labour Organization). 2017. Improving Labour Market Outcomes in the Pacific: Policy challenges and priorities. ILO Country Office for Pacific Island Countries.

Aker, J.C. and Mbiti, I. 2010. Mobile Phones and Economic Development in Africa. Journal of Economic Perspectives, 24 (3): 207-232.

Aker, J.C. 2018. ICTs and Rural Youth. Background paper for the Rural Development Report 2019. Rome: IFAD.

Assaad, R. 2014. Making Sense of Arab Labor Markets: The enduring legacy of dualism. IZA Journal of Labor & Development, 3 (6).

Baez, J., Caruso, G., Mueller, V. and Niu, C. 2017. Heat Exposure and Youth Migration in Central America and the Caribbean. American Economic Review Papers and Proceedings, 107 (5): 446-450.

Baird, S., McIntosh, C. and Özler, B. 2016. When the Money Runs Out: Do cash transfers have sustained effects on human capital accumulation? World Bank Policy Research Working Paper No. 7901. Washington, D.C.: World Bank.

Baliki, G., Brück, T., Ferguson, N.T.N. and Stojetz, W. 2018. Rural Youth in the Context of Fragility and Conflict. Background paper for the Rural Development Report 2019. Rome: IFAD.

Bandiera, O., Buehren, N., Burgess, R., Goldstein, M., Gulesci, S., Rasul, I. and Sulaiman, M. 2018. Women's Empowerment in Action: Evidence from a randomized control trial in Africa. London: Economic Organization and Public Policy Programme.

Barham, T., Macours, K. and Maluccio, J. A. 2017. Are Conditional Cash Transfers Fulfilling Their Promise? Schooling, learning, and earnings after 10 years. CEPR Discussion Paper No. DP11937.

Bongaarts, J. 2010. The Causes of Educational Differences in Fertility in Sub-Saharan Africa. Vienna Yearbook of Population Research, 8 (1): 31-50.

Brady, M., Assaad, R., Ibrahim, B., Salem, A., Salem, R. and Zibani, N. 2007. Providing New Opportunities to Adolescent Girls in Socially Conservative Settings: The Ishraq Program in rural upper Egypt. Cairo, Egypt: Population Council.

Briones, R. 2018. Investing in Rural Youth in Asia and the Pacific Region. Background paper for the Rural Development Report 2019. Rome: IFAD.

Chaaban, J. 2013. Expanding Youth Opportunities in the Arab Region. Arab Human Development Report Research Paper Series. United Nations Development Programme (UNDP) Regional Bureau for Arab States.

Cannonier, C. and Mocan, N. 2014. Empowering Women Through Education: Evidence from Sierra Leone (mimeo).

Davis, B., Di Giuseppe, S. and Zezza, A. 2017. Are African Households (Not) Leaving Agriculture? Patterns of households' income sources in rural sub-Saharan Africa. Food Policy, 67 (2017): 153-174.

De Brauw, A. 2018. Rural Youth: Determinants of migration throughout the world. Background paper for the Rural Development Report 2019. Rome: IFAD.

Desai, R., Olofsgard, A. and Yousef, T. 2009. The Logic of Authoritarian Bargains, Economics and Politics, 21 (1).

Doss, C., Heckert, J., Myers, E., Pereira, A. and Quisumbing, A. 2018. Gender, Rural Youth, and Structural Transformation. Background paper for the Rural Development Report 2019. Rome: IFAD.

EBRD, EIB and World Bank (European Bank for Reconstruction and Development, European Investment Bank and World Bank). 2016. What's Holding Back the Private Sector in MENA? Lessons from the Enterprise Survey. Washington, D.C.: World Bank.

ECLAC (Economic Commission for Latin America and the Caribbean). 2008. Juventud y Cohesión Social en Iberoamérica: Un modelo para armar. United Nations: Santiago.

Elder, S., de Haas, H., Principi, M. and Schewel, K. 2015. Youth and Rural Development: Evidence from 25 schoolto- work transition surveys. Work4Youth Publication Series No. 29. Geneva: ILO.

FAO (Food and Agriculture Organization of the United Nations). 2018. Rural Livelihoods Information System (RuLIS). Statistics Division, September.

FAO (Food and Agriculture Organization of the United Nations). 2017. Small Family Farms Dataportrait, Rome: FAO (available at: http://www.fao.org/family-farming/ data-sources/dataportrait/farm-size/en/).

Giuskin, M., Yanes, P. and del Castillo, M. 2018. The Rural Youth Situation in Latin America and the Caribbean. Background paper for the Rural Development Report 2019. Rome: IFAD.

Heckert, J. 2015. New Perspective on Youth Migration: Motives and family investment patterns. Demographic Research, 33 (27): 765-800.

Ianchovichina, E. 2017. Eruptions of Popular Anger: The economics of the Arab Spring and its aftermath. World Bank MENA Development Report. Washington, D.C.: World Bank.

ILO (International Labour Organization). 2017. Global Employment Trends for Youth 2017: Paths to a better working future. Geneva: ILO.

ILO (International Labour Organization). 2010. Global Employment Trends for Youth: Special issue on the impact of the global economic crisis on youth. Geneva: ILO.

IPCC (Intergovernmental Panel on Climate Change). 2014. Part B: Regional Aspects. Contribution of Working Group II to the Fifth Assessment Report of the Intergovernmental Panel on Climate Change. Barros, V. R., Field, C. B., Dokken, D. J., Mastrandrea, M. D., Mach, K. J., Bilir, T. E., Chatterjee, M. (eds.) In: Climate change 2014: Impacts, adaptation, and vulnerability. Cambridge, UK, and New York, NY: Cambridge University Press.

ITU (International Telecommunications Union). 2017. Measuring the Information Society Report 2017. Volume 2. ICT country profiles. Geneva: ITU.

Kabbani, N. 2018. Investing in Rural Youth in the Near East, North Africa, Europe and Central Asia Region. Background paper for the Rural Development Report 2019. Rome: IFAD.

Kaufmann, D., Kraay, A. and Mastruzzi, M. 2010. The Worldwide Governance Indicators: Methodology and analytical issues. Global Economy and Development. Brookings Institution.

Kafle, K., Benfica, R. and Paliwal, N. 2019. Who Works in Agriculture? Exploring the dynamics of youth involvement in the agri-food systems of Tanzania and Malawi. IFAD Research Series No. 36. Rome: IFAD.

Kadiyala, S., Aurino, E., Cirillo, C., Srinivasan, C.S. and Zanello, G. 2018. Rural Transformation and the Double Burden of Malnutrition among Rural Youth in Low and Middle-Income Countries. Background paper for the Rural Development Report 2019. Rome: IFAD.

Keats, A. 2014. Women's Schooling, Fertility, and Child Health Outcomes: Evidence from Uganda's free primary education program. Journal of Development Economics, 135: 142-159.

Kosec, K., Ghebru, H., Holtemeyer, B., Mueller, V. and Schmidt, E. 2017. The Effect of Land Access on Youth Employment and Migration Decisions: Evidence from rural Ethiopia. American Journal of Agricultural Economics, 100 (3): 931-954.

Lavy, V. and Zablotsky, A. 2011. Mother's Schooling, Fertility, and Children's Education: Evidence from a natural experiment. NBER Working Paper 16856. National Bureau of Economic Research.

Lopez-Calva, L. F. and Patrinos, H. A. 2015. Exploring the Differential Impact of Public Interventions on Indigenous People: Lessons from Mexico's conditional cash transfers program. Journal of Human Development and Capabilities, 16 (3): 09-22.

Martin, T.C. 1995. Women's Education and Fertility: Results from 26 Demographic and Health Surveys. Studies in Family Planning, 26 (4): 187-202.

Mabiso, A. and Benfica, R. 2018. The Narrative on Rural Youth and Economic Opportunities in Africa: Facts, myths and gaps. Background paper for the Rural Development Report 2019. Rome: IFAD.

Molina-Millan, T., Barham, T., Macours, K., Maluccio, J. and Stampini, M. 2016. Long-Term Impacts of Conditional Cash Transfers in Latin America: Review of the evidence. IDB Working Paper Series No. IDB-WP-732. Inter-American Development Bank, Washington, D.C.: IDB.

Morris, S. 2010. Conditional Cash Transfer Programs and Health. In: Adato, M. and Hoddinott, J. (eds.) Conditional Cash Transfers in Latin America, International Food Policy Research Institute (IFPRI). Baltimore, MD: The John Hopkins University Press.

Pritchett, L. 2001. Where Has All the Education Gone? World Bank Economic Review, 15 (3): 367-391.

Quiñones, E. J. and Roy, S. 2016. The Impact of Conditional Cash Transfer Programs on Indigenous Households in Latin America: Evidence from PROGRESA in Mexico. IFPRI Discussion Paper 1511. Washington, D.C.: International Food Policy Research Institute (IFPRI).

Reardon, T. and Timmer, P.C. 2014. Five Interlinked Transformations in the Asian Agrifood Economy: Food security implications. Global Food Security, 3: 108-117.

Reardon, T., Echeverria, R., Berdegué, J., Minten, B., Liverpool-Tasie, S., Tschirley, D. and Zilberman, D. 2018. Rapid Transformation of Food Systems in Developing Regions: Highlighting the role of agricultural research & innovations. Agricultural Systems, 172 (2019): 47-59 (available at: https:// doi.org/10.1016/ j.agsy.2018.01.022).

Roberts, M., Blankespoor, B., Deuskar, C. and Stewart, B. 2017. Urbanization and Development: Is Latin America and the

Caribbean different from the rest of the world? Policy Research Working Paper No. 8019. Washington, D.C: World Bank.

Salazar, L., Aramburu, J., González, M. and Winters, P. 2015. Food Security and Productivity: Impacts of technology adoption in small subsistence farmers in Bolivia. IDB Working Paper Series No. 567. Inter-American Development Bank, Washington, D.C.: IDB.

Stecklov, G. and Menashe-Oren, A. 2018. The Demography of Rural Youth in Developing Countries. Background Paper for the Rural Development Report 2019. Rome: IFAD.

Timmer, P.C. 2009. A World Without Agriculture: The structural transformation in historical perspective. Henry Wendt Lecture Series, Washington, D.C.: American Enterprise Institute.

Trivelli, C. and Morel, J. 2018. Inclusion, Empowerment and Participation. Background paper for the Rural Development Report 2019. Rome: IFAD.

Trucco, D. and Ullmann, H. (eds.). 2015. Juventud: Realidades y retos para un desarrollo con igualdad. Economic Commission for Latin America and the Caribbean (ECLAC). Santiago, Chile: United Nations.

UNDP (United Nations Development Programme). 2016a. Youth Global Programme for Sustainable Development and Peace (Youth GPS) 2016-2020. New York, NY: UNDP.

UNDP (United Nations Development Programme). 2016b. Arab Human Development Report 2016. Youth and the prospects for human development in changing reality. New York, NY: UNDP.

UNDP (United Nations Development Programme). 2014. UNDP Youth Strategy 2014-2017: Empowered Youth, Sustainable Future. New York, NY: UNDP.

Valentine, J.L., Barham, B., Gitter, S. and Nobles, J. 2017. Migration and the Pursuit of Education in Southern Mexico. Comparative Education Review, 61 (1).

Van den Broeck, G. and Kilic, T. 2018. Dynamics of Off-Farm Employment in Sub-Saharan Africa. A gender perspective. Policy Research Working Paper No. 8540, Washington, D.C.: World Bank.

Verme, P., Gigliarano, C., Wieser, C., Hedlund, K., Petzoldt, M. and Santacroce, M. 2015. The Welfare of Syrian Refugees: Evidence from Jordan and Lebanon. Washington, D.C.: World Bank.

Vos, R. 2018. Agricultural and Rural Transformations in Asian Development: Past trends and future challenges. WIDER Working Paper 2018/87. The United Nations University World Institute for Development Economics Research. Helsinki: UNU-WIDER.

World Bank. 2018. World Development Report 2018: Learning to realize education's promise. Washington, D.C.: World Bank (available at: doi:10.1596/978-1-4648-1096-1).

World Bank. 2015. Indigenous Latin America in the Twenty-First Century: The first decade. Washington, D.C.: World Bank.

World Bank. 2009. From Privilege to Competition: Unlocking private-led growth in the Middle East and North Africa. MENA Development Report. Washington, D.C.: World Bank.

World Bank. 2004. Unlocking the Employment Potential in the Middle East and North Africa: Toward a new social contract. Tarik Yousef (ed.) MENA Development Report. Washington, D.C.: World Bank.

Yeboah, F. K. and Jayne, T. S. 2018. Africa's Evolving Employment Trends. Journal of Development Studies, 54 (5): 803- 832 (available at: https://doi.org/10. 1080/ 00220388. 2018.1430767).

第十章
换个思路考虑投资农村青年问题

当今世界变化无所不在且多种多样，为此，在投资青年时，我们需要转换思路。如火如荼的数字革命、人口结构的转变以及变化多端的气候都时刻影响着农村的发展。与此同时，由于各国结构转型和农村转型进程不同，国内农村机会空间也有所不同，各国农村青年在提高生产力、强化外界联系和掌控自己未来时，都面临着不同程度的机会和挑战。

要想确保全体青年融入农村发展中，仅依赖农村发展政策和投资或针对青年的干预措施是无法实现的，必须将它们纳入更宏观的发展举措中。因此，聚焦农村青年的政策和投资要实现其价值，就必须在促进更广泛的农村发展和增加农村青年机会之间取得适度平衡。

有效的农村青年政策和投资议程必须在推动更广泛的农村发展和青年自身发展间取得适度平衡

如何在扩大农村机会的投资和针对青年的投资之间找到合适的平衡？实际上，这两种投资之间的最佳平衡取决于青年所在地的不同转型进程（见图 10.1）。在转型水平较低、农村机会有限的地区（如面临严峻挑战的农村机会空间（ROS）以及转型水平最低国家的多数地区）（见第二章），投资青年的专项方案，如对技术和职业教育课程的投资，如果无法解决宏观层面上的问题，就不太可能取得持续的成果。农村地区如果转型水平低，商业化潜力小，其机会也会有限，投资应该重点推动农村的整体转型进程。要推动农村转型进程、增加农村群体的机会，就必须从宏观的角度采取措施，提高农村人口整体的生产效率、增强他们的能动性以及与外界的联系。为此，投资应该重点推动农村青年在更广泛的农村发展中的融入，而非把焦点局限在农村青年本身。例如，在农业生态潜力高但市场准入低的农村地区，农业的盈利性更高，此时的投资战略应重点推动青年参与农业领域并从中获利。

相反，农村地区如果转型水平高，商业化潜力大，农村机会空间会提供较多的机会，政策和投资应主要用于解决制约青年及其家庭发展的因素，如增加青年申请信贷和学习技术技能的机会。此时，投资促进整个农村发展的政策举措仍然是必要的，它可以助力农村的持续转型，但针对青年的投资也不可或缺，它可以补充转型过程中存在的不足，克服阻碍农村青年包容性增长的具体制约因素。

总而言之，为农村青年创造机会，政策和投资既要有整体意识又要有针对性，既要促进农村的整体发展也要重点关注农村青年群体的自身发展。到底是先发展更广泛的农村，还是直接针对农村青年采取措施？这取决于特定地区的现有机会。当每个人（包括青年）的机会都很少时，应优先促进更广泛的农村发展，增加全体农村青年的机会。这要求政府投资提高生产力和联系性，以推动农村转型，同时投资加强农村青年的能动性，促使青年参与到转型过程中去。在转型水平更高的国家和地区，机会更多，政策和投资应侧重于这些机会的扩大，同时有针对性地解决青年及其家庭所受的限制，让青年参与转型并从中受益。

促进更广泛的农村发展的政策和投资与针对农村青年的政策和投资

很少有证据能体现针对性方案对农村青年的影响。表 10.1 中的方案清单取自若干份关于青年的出版物，其中举例展示了侧重于更广泛的农村发展和针对青年群体发展的投资和方案（Filmer and Fox，2014；AfDB，2016；Elder et. al.，2016；OECD，2018；Fox and Kaul，2018）。这份清单

农村机会少

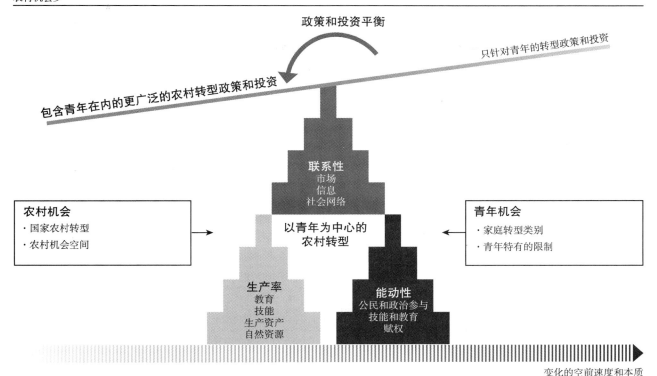

农村机会多

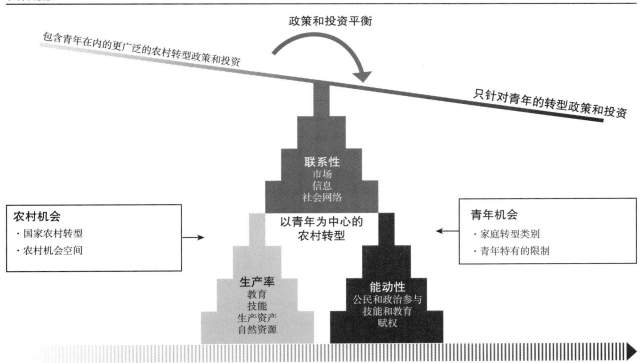

图 10.1　促进扩大农村机会和青年机会的投资平衡

资料来源：作者。

表 10.1   有关更广泛的农村发展和针对农村青年发展的投资、政策和方案

更广泛的农村发展政策和方案	农村青年专项政策和投资
农村—农村与农村—城市的道路基础设施	提高公共教育质量的方案
为促进生产，农村电气化	降低辍学率的方案
农村和小城镇家庭以及中小型企业（SMEs）所需基础设施（包括工作场所）	为校外青年提供再教育机会
农村用水、健康和卫生问题	提供辅导的积极的青年发展方案
扩大农村地区移动通信覆盖的监管机构	针对青年的小额贷款、储蓄小组和为初创企业提供现金转移服务
推广移动货币和移动金融的监管机构	帮助离开农村地区的青年重新从事农业活动的方案
简化商业登记程序	促进创业青年农民获得土地的方案
社区小额贷款、储蓄小组、为初创企业提供现金转移服务	针对青少年女性的课后计划
以对等学习为特色的数字化和需求驱动的农业推广举措	对少女生殖健康（包括计划生育）教育和服务的投资
促进土地租赁市场的政策	青年职业培训和学徒制方案
代际土地转让方案	旨在培养团队建设和实际解决问题等非认知技能的方案
优化土地登记和交易制度	健康饮食选择的社会营销
支持二线城市和城镇的发展，加强农村地区的联系	利用各种方案鼓励非政府组织试行以青年为中心的创业方案
升级批发市场	设立和维护青年就业扶持指数（非洲开发银行）
与私营部门合作设计的价值链投资	向小额贷款机构提供技术援助，帮助它们创新、提供和记录为青年提供的金融服务
农村中小企业贷款担保	针对失业者的积极劳动力市场

并非详尽无遗，但确实展示了正在实施的各种方案。从这份清单中，我们可以得到一个关键信息：一项投资或方案越具体（即对农村青年的针对性越强，而非关注农村全体人口），有关它影响和成本效益的信息就越少。关于针对农村青年的投资和方案的效果，收集到的证据非常有限。

目前，仅有城市地区设计过用于帮助青年就业或创业的投资和方案，但也可以为农村地区类似干预措施的设计提供经验教训。证据显示，很多为青年设计的方案都未能取得成功，这提醒我们在已知供应方的缺陷时，更要谨慎采取供给驱动并慎用针对青年的手段。方案成功与否很大程度上取决于它的设计、管理和执行水平、领导班子以及达成目标所需的可用资源。因此，在指定农村青年就业方案之前，政府必须先完善制度建设，强化内部管理。此外，这些方案更适用于转型水平较高的国家和农村，因为这些地区的管理能力更强、资源更丰富。

我们合理判断，只要有机会，这类侧重于鼓励青年抓住现有机会就业或以创业带动就业的方案就会奏效。同样，在转型水平较高的国家以及青年机会更多的空间，这些投资会带来更大的回报。

有关就业方案的证据还显示，青年技能低下并非限制他们就业的最大障碍（Fox and Kaul，2018）。虽然这些挑战只是在城市实施的方案中存在的，但我们有理由相信，这一因素也不会是农村青年面临的最大挑战，因为农村地区的工作（农业或其他领域）对技能的要求更低。因此，在增强青年能动性以提高其生产力和联系性时，青年专项方案应同时培养青年的认知技能和非认知技能（非认知技能与责任心、外倾性、宜人性和经验的开放性等人格特质相关）。例如，越来越多的证据表明，在发展中国家（包括农村地区），对非认知技能的投资进一步提高了青年的就业比例（就业形式为受雇、自雇和

创业）。非认知技能和认知技能与青年的就业和收入密切相关（Heckman and Kautz，2013）。

投资农村青年涉及因素复杂，目前这类方案成功的例子还很少，这警醒了我们，不能麻痹大意。在转型水平低、财政资源少、基础能力差的国家，投资应重点用于提高基础能力，应对农村发展面临的诸多挑战。同时，这些国家还应学习其他国家有效的青年专项方案，并根据国情在国内试行最好是由外部资助的这类举措。只要政策制定者考虑到农村空间的实际情况，并明确纳入学习议程，这些尝试就能为农村青年政策作出宝贵贡献。当然，转型水平更高的国家可以有更多实验机会，青年专项方案带来的利益也可能更大。即使是试行方案，政府也必须谨慎对待，将其视为一种学习机会，以进一步完善有利于农村整体的、基本健全的农村发展方案。

新增的国家青年政策要把握好国家转型和机会空间转型之间的平衡

青年政策没有好坏之分，无论是否以农村青年的发展为核心，只要这些政策和投资与更广泛的农村发展战略配合得当，成为其中一部分，而非独立于整体发展战略之外，它们就能发挥积极作用。如果能将聚焦农村青年的投资纳入国家战略、政策和方案中，实现所有地缘政治（从国家到地方）各级政策的纵向一体化，农村青年政策将会对农村青年产生深远持久的影响。

过去几十年，国家青年政策激增，这些政策以青年为核心，要求多部门协调联动，旨在促进青年的发展。截至2014年，有122个国家制定了国家青年战略或政策，全球40%的国家批准了青年政策（Youthpolicy，2014）。然而，有些政策在得到批准后缺乏预算，无法贯彻落实，农村青年参与到转型中的概率更是微乎其微。通过对57项青年战略的审查发现，其中40%的战略以某种方式考虑到了农村青年的发展问题，15%包含至少一个针对农村青年的政策目标或具体方案，17%根本没有提及农村青年（Phillips，Pereznieto and Stevenson，2018）。此外，值得注意的是，国家对农村青年的政策关注程度无关于其农村青年人口规模。例如，作为一个农村转型水平和结构转型水平都较高的国家，南非十分重视它的农村青年战略（见专栏10.1）。

专栏10.1 南非的国家青年政策

南非颁布的《2015~2020年国家青年政策》对农村青年现状进行了全面分析，并就农村青年的人口多样性的问题进行了详细说明。在政策落实方面，该文件从经济参与、教育、保健、社会团结这几个方面进行了讨论，并提出了建立有效负责的青年发展制度。此外，文件的政策纲要还对相关部委所须转型的具体责任进行了明确分配。国家青年政策中包含的方案有：

（1）小企业发展部与其他部门和机构合作是一项大规模的青年企业创建方案，主要实施地为农村地区；

（2）国家青年发展署将与小企业发展部合作，推进农村地区针对青年的生态旅游设施的建设；

国家农村青年服务团（NARYSEC）由农村发展和土地改革部管理。这是一个为农村贫困地区18~24岁、学历为初中毕业的失业青年提供的为期24个月的技能发展培训方案。该方案是南非国家农村经济转型战略的一部分，通过与公共和私营机构合作开展各种技能发展培训，帮助参与者培养自身技能。

南非政府采取的这些多管齐下和多层次的行动要求各机构协调联动，以便推出的政策能使农村青年获益。

资料来源：农村发展和土地改革部（http://www.ruraldevelopment.gov.za/）以及南非《2015~2020年国家青年政策》（http://www.thepresidency.gov.za/download/file/fid/58）。

要实现农村青年的发展，除了将其摆在优先发展的国家战略位置外，还须制定配套的政策，妥善分配对更广泛的农村和青年的投资。在对农村青年的投资方面还存在着另一挑战，如本报告第一和第二章所述，农村青年人口比重大的国家往往政策体系不够完善，机构的能力薄弱。国际农业发展基金的农村业绩评估部门（RSPA）曾开展绩效评价工作，衡量了农村部门实现农村发展和更广泛的农村转型的政策和制度的质量（见IFAD，2018），这一评估强调了农村青年人口众多的国家与薄弱的政策和制度能力的强相关性。可以明显看到，在青年人口比重大的国家，其机构的能力有限，无法设计和贯彻落实有关农村发展的政策和方案（见图10.2），其结构转型水平和农村转型水平也可能非常低。农村青年的发展是一个复杂的过程，往往需要多层面、跨部门的协调合作，因此，政策体系和机构能力方面的缺陷会严重阻碍农村青年的发展。

按国家转型水平分布的2015年农村部门绩效排名和农村青年占总人口的百分比

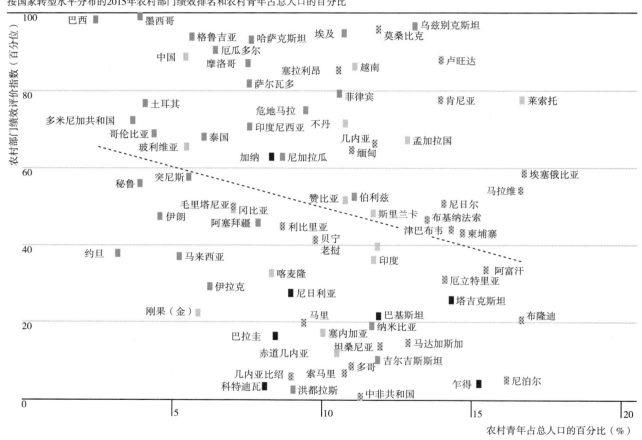

图 10.2   政策和制度能力薄弱的国家往往农村青年占比较高

注：国际农业发展基金（IFAD）的农业部门绩效评估（RSPA）对促进农村发展、实现农村转型、惠及民众的农业政策和制度进行了评估。有关农业部门绩效评估（RSPA）的更多信息，请参见附录 A（www.ifad.org/rural development report）。

资料来源：IFDA，2018。

许多拥有国家青年战略和足够执行能力的国家还会设立国家青年部来实施这些战略，如埃塞俄比亚和土耳其的青年和体育部，以及卢旺达的青年信息通信技术部。设立青年部似乎是优先考虑青年的一种表现，但其议程的范围可能仅限于体育；相反，如果青年战略由赋权更大的部委管理，它的可操作性可能更强。青年部在设立后，应致力于倡导为农村青年制定全面的政策和投资议程。

如果方案能跨部门展开合作，它就能更有效地解决青年面临的限制因素，促进青年的发展（Kluve et al.，2017；Alvarado et al.，2017）。而跨部门合作要求同一区域的领导人和利益攸关方能进行横向协作（Layton，2018），要求设立农村青年的参与机制。综合的农村青年方案是如何产生积极影响的？我们常引用孟加拉国复兴援助委员会在几个亚洲和非洲国家设计和实施的青年就业和生计方案来进行举例说明（见第三章）。

如果从地方到国家不同级别的政府和机构能展开协调合作，农村青年战略将更有可能在省级、社区或地方各级成功得到落实。同时，在各级落实这一战略时，必须考虑不同农村机会空间的变化，如果某个地区的回报可能很小，决策者必须采取措施，调整方案或放弃方案的执行。

设计与特定国家及其农村空间相匹配的青年战略

国家的整体结构转型水平和农村转型水平基本决定了农村机会以及最重要、财政上最可行的政策类型。一个国家的经济可能整体较发达、结构转型水平和农村转型水平较高，但区域发展的不平衡导致各地的转型进程不同。农村机会在很大程度上受到市场准入（决定该地区的商业化潜力）和自然资源基础（与特定地区的潜在农业生产力密切相关）的制约，这些因素共同决定了农村机会空间（ROS）。如果仔细分析国家转型进程和农村机会空间，一国可以更好地制订投资计划、政策和方案，帮助青年提高生产力、增强联系性并掌握自己的未来。

在转型水平最低的国家，降低生育率、提高农业生产率以及增强农村地区之间的联系是解决农村地区生产率低、机构缺失问题的关键。转型水平最低的国家包括阿富汗、贝宁、布基纳法索、柬埔寨、中非共和国、刚果（金）、厄立特里亚、埃塞俄比亚、肯尼亚、马里、莫桑比克、缅甸、尼泊尔、尼日尔、卢旺达、坦桑尼亚和津巴布韦等，这些国家普遍国内青年人口占比最大、收入水平最低、贫困发生率最高、政府效力最低（更多详细分析见第二章），同时这类国家对农业严重依赖。这类国家（29个）中有24个为非洲国家，其生产率低，人口转变速度极其缓慢，逐渐损害着它们的长期发展前景（见第五章）。在农村人口机会整体有限的情况

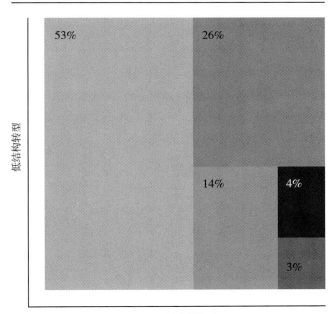

图 10.3 在转型水平最低的国家，青年面临着市场准入难的问题，大多数青年生活在农业潜力大但市场准入有限的地区或挑战与机遇并存的农村机会空间

在高结构转型—低农村转型国家，青年多分布于受限的农村机会空间

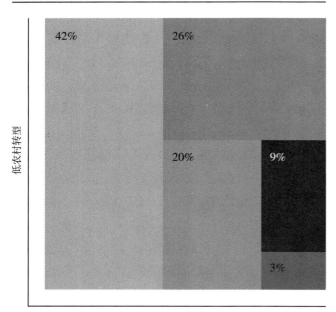

严峻的挑战
挑战与机遇并存
农业潜力大但市场有限
市场准入强但农业潜力小
机会多且有潜在回报

图 10.4 农村转型水平高但结构转型水平低的国家的农村机会空间与转型水平最低的国家非常相似

下，投资应侧重于促进更广泛的农村发展进程，并确保农村青年参与其中（见图 10.1）。

从地理位置上看，这些国家有过半的农村青年生活在农业潜力大但市场准入有限的地区。另有 1/4 的农村青年生活在机会与挑战并存的机会空间，农业潜力和市场准入都有限（见图 10.4）。

根据这些观察和前面几章提出的分析，我们可以得知转型水平最低的国家应该优先实施哪些政策，以及投资哪些领域。这些领域主要侧重于促进农村转型，同时确保农村青年参与全部过程。

第一，必须迅速降低生育率。如果降不下来，这些国家将无法大幅扩大农村的整体机会。降低生育率在很大程度上是青年问题，因为这些国家总生育率高的主要原因是非洲女性青年的生育率普遍高于其他地区。

降低生育率需要在计划生育服务的供需双方采取行动，同时投资于更广泛的农村发展和单独的青年群体。在需求方，女性青年经济和社会机会越多，对孩子数量的期待就越少，如果有计划生育服务，她们的接受度会更高（见第三章）。

要增加女孩的机会，就必须提高她们的小学和初中入学率，降低她们的辍学率。在资金允许的情况下，投资课后计划对女孩受教育程度的提高有所帮助。有些文化态度严重限制着女性青年的抱负和活动，而这一限制因素可以通过学校课程教育和更广泛的社会宣传运动来解决（见第九章有关 Ishraq 方案的参考资料）。在供给方，农村地区需要为民众提供更多的基本保健服务机会，其中针对女性青年的生殖保健应该成为这些教育和服务的重点。

第二，67% 的农村青年生活在生产力最高的地区，即农业生产潜力大但市场准入有限的地区（HALM）和提供多样化和有报酬机会的地区（DO），因此上述国家必须提高它们的生产力（见表 2.1）。这是一种广效的农村发展投资和投资，能为充满活力的私营部门（包括中小型企业）提供农业投入创造有利环境（特别是种子和肥料）。由于这些国家严重依赖农业，而且该部门主要由小农组成，因此在提高整体农村生产力的同时，这些政策和投资也必须确保青年的生产力得到提高。要做到这一点，可以增加青年获得肥沃土地的机会，最好是获得所有权，但也可以通过租赁市场进行租赁，或与专门接触青年农民的非政府组织合作，提供扩展方案。

第三，53% 的农村青年生活在农业潜力大但市场准入有限的地区——存在农业生产潜力但与市场联系有限。对此，需要投资修建有形基础设施，尤其是道路建设。如果在这些地区优先建设基础设施，将有利于落实前文提到的对农业生产力的投资。道路基础设施能有效加强二线城镇和

农村地区以及更大市场之间的联系。城市地区在投资基本市场基础设施时，还应该配套资助农业潜力大但市场准入有限的农村地区的有形基础设施。这类投资的重点之一在于加强零售市场的公私合营和管理运作。同时，对能源、水资源、卫生和保健基础设施的定向投资能为这些领域的投资提前打好基础。

第四，改善道路、港口和市场基础设施的同时，还需要推动私营部门进入移动通信行业。这主要涉及监管问题，并非针对青年，但正如第八章所指出的，农村青年可能受益最大。就这一方面而言，各国应该学习坦桑尼亚和肯尼亚，因为过去几年来，这两个国家是世界上移动货币（MM）普及最快的国家。在西非和中非等其他次区域，国家转型进展甚微，青年仍很难接触到移动技术。

3%的农村青年生活在挑战严峻的机会空间，26%的农村青年生活在挑战与机遇并存的空间。这些空间生活条件较差，政府应投资发展和加强二线城市和农村城镇之间的联系，以增加这些青年的机会。此外，这些地区对气候冲击的抵御力较弱（如酷热和干旱），所以政府必须建立社会安全网，挽救人民的生命和财产。

4%的农村青年生活在市场准入强但农业潜力较小的机会空间（SMLA），14%的农村青年生活在机会多样且有报酬的机会空间（DO）。相比之下，这些空间的生活条件较好，政策应更多侧重青年生产力的提高。为此，还必须促进青年学习金融知识，提高其获得金融服务的机会，特别增加中小企业获得金融服务的机会，并在机会多样且有报酬的机会空间投资于高价值农业。同时，这些地区也更重视中等教育质量，而在SMLA和DO空间，初等教育的质量更受重视，因为只有良好的中等教育才能教授所需技能，帮助小微企业家经营成功，也使商业农场主有能力在动态价值链中获得利润。

结构转型水平低但农村转型水平高的国家和转型水平最低的国家有很多相同之处。所以，尽管前类国家有更多的财政资源用于青年，但政策和投资方案大体上是相似的。结构转型水平低但农村转型水平高的国家包括少数SMLA和DO空间的国家，如乍得、科特迪瓦、加纳、尼日利亚、巴基斯坦、巴拉圭和塔吉克斯坦，其农村青年总人口仅占世界的10%，农业部门的生产规模却远大于转型水平最低的国家，工人人均增加值也更高。但这并不意味着这些国家的小农盈利更高，它们与转型水平最低的国家都面临着相似的挑战。因此，在权衡投资和政策时，它们应该学习在这方面做得较好的转型水平最低的国家，与其保持相似。

但这些国家的农村转型水平更高，人们平均收入相对更高，生活也更富有，政府在权衡政策和投资时，会更多地倾向农村青年，而转型水平最低的国家，政策和投资会照顾更多的群体。较为典型的是加纳和科特迪瓦。这两个国家的收入和基础设施明显好于这些空间的其他国家，在政策和投资方面，青年备受关注。除了上节提到的提高青年生产力外，国家如果能帮助农村青年获得土地和资产，使其从事可盈利的农业活动，则可能收获不错的成效。在SMLA和DO空间，多数国家非常重视传统出口作物（如加纳和科特迪瓦的可可），但忽视了小农的其他生产愿望，他们想要进入繁荣的国内和地方的城市市场，出售新鲜农产品、家禽、甚至是水产（见第六章）。然而，想要帮助农村青年获得土地和资产并不是一件易事，因为这些国家的政府效能低下。因此，在针对青年制定政策和投资时，国家需要优先加强自身基础能力的建设，以确保投资的有效落实。

在高结构转型—低农村转型国家，青年多分布于受限的农村机会空间

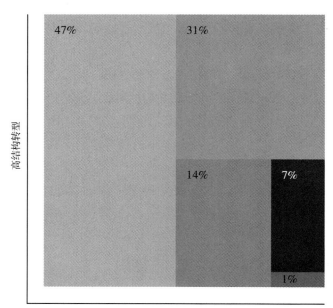

图 10.5   在结构转型水平高但农村转型水平低的国家，生活在农业潜力大的地区的青年比例最大，多样机会空间的青年比例较大，挑战严峻的空间的青年比例最小

还有一类空间是国家结构转型水平高但农业转型水平较低。这类空间的国家能提供给青年更多机会。在本报告分析的 85 个低收入和中等收入国家中，仅有 15 个属于这一类型（包括孟加拉国、不丹、喀麦隆、中国、印度、玻利维亚、塞内加尔、斯里兰卡、越南和赞比亚等），但它们的农村青年人口却占发展中国家的一半以上，其中中国和印度的比例就占有很大一部分。这类空间的国家与上述两类国家有所不同，主要体现在三个方面：第一，它们的收入水平和政府效能更高；第二，生活在市场准入强的地区的农村青年更多；第三，其中几个国家人口数量大，在提供公共产品和服务时，更能实现规模经济。因此，我们可以将这个大类别再细分为三个国家小组。

第一个小组是中国和印度。这两个国家的青年人口就占了这个群体的 88%。在这两个国家中，农村青年遍布各个机会空间，但主要（70%~80%）分布在农业潜力大的地区［农业潜力高但市场有限（HALM）和机会多样且有报酬（DO）的空间］。同时因为其人口数量大、分布密集，在投资基础设施、采取针对农村青年的措施，尤其是增强农村地区联系时，这两个国家实现的规模经济会比其他国家要大。

第二个小组有越南、孟加拉国和斯里兰卡。这三个国家的青年人口占这个群体的 10%。总体而言，这三个国家约九成的农村青年生活在 DO 和 HALM 这两个空间。在人口密度方面，孟加拉国更为明显，其 80% 的青年生活在 DO 空间，为发展中国家最高比例（其次是埃及，为 60%）。同样，这三个国家也可以受益于对基础设施的投资和针对青年的举措。该组国家结构转型水平较高，非农业经济发展较快，较前两组国家更为发达，所以，国家的政策和投资平衡更应倾向于帮助农村青年过渡到非农业经济。为此，政府需要提高农村青年的认知技能和非认知技能，以使他们更好地参与社会和经济，但要达到这个目标，困难重重。同时，对于农业部门的青年，政府必须为其提供咨询服务，帮助他们利用外部投入，制定销售战略。

剩下的 10 个国家为第三小组。除位于拉丁美洲和加勒比地区的玻利维亚以外，这一组的其他国家均为非洲国家或亚洲国家。该组国家与该类别中其他国家的主要区别在于：其 80%~90% 的农村青年人口生活在 HALM 空间。这使得它们的农村机会空间与转型最慢的国家非常相似。但不同的是，这些国家结构转型水平较高，平均而言，其收入更高、市场更大、用来投资的财政资源更多、政府行政水平也更高。同样，这组国家仍需要加大投资力度，提高农业生产力，制定政策放

松青年农民创业者进入市场的限制。这些国家财政资源丰富，可以为青年提供小额信贷和储蓄服务，供其种植高价值作物，有能力培养青年学习新兴移动技术，帮助他们获得农业服务的市场情报和信息，同时还可以制定方案帮助青年农民创业者获得土地。此外，有些国家的劳动者工作流动性较大。例如，在赞比亚，根据铜业部门的业绩，农民工在城市和农村来回流动；在玻利维亚，如安第斯地区，农民工的来回流动也很普遍。因此，这些国家有必要制定方案来帮助此前离开农业的青年再次回归农业领域的工作。

最后，高度转型的发展中国家拥有的农村机会空间类型最多，因此需要对农村青年投资的地区也最广泛。这一类国家包括：阿尔及利亚、阿塞拜疆、巴西、哥伦比亚、厄瓜多尔、埃及、斯威士兰、印度尼西亚、约旦、墨西哥、摩洛哥、秘鲁、菲律宾、南非、突尼斯、土耳其和乌兹别克斯坦等（完整名单见第二章）。居住在这些国家的农村青年人口仅占发展中世界的18%，且在国内分布广泛，遍及各农村机会空间。特别值得注意的是，虽然这一类国家结构转型水平和农村转型水平都较高，但部分地区处于长期贫困的状态，导致居住在农业潜力低、与外界联系差的地区的青年人口比例最大。因此，国家要重点确保农村转型进程将农村青年及少数群体青年包含在内，要针对青年制定专项政策和投资，旨在解决农村地区青年及其家庭面临的限制因素。

这类国家是转型水平最高的发展中国家，其收入最高、农村贫困率最低、政府效能最强、农村青年人口占比最小。由于出生率较低，这些国家大多在一定程度上实现了人口红利。然而，这些国家的机会空间面临的挑战最大。在国家类型的四个类别中，该类国家生活在农业潜力高的地区（HALM和DO空间）的农村青年低于50%；在其他类型的国家，这一比例高达62%~78%（见图10.6）。该类国家生活在挑战严峻（SC）空间的农村青年为9%，远高于其他类型国家的这一比例（1%~3%）。最后，这些国家还遭受着现代经济增长带来的一些消极影响，如犯罪率上升、安全感下降、人们超重和肥胖率以及其他相关的非传染性疾病迅速上升。

鉴于这种情况，这些国家可以划定六个政策和投资优先领域，以增加农村青年的机会。

第一，各国政府应结合有针对性的农村发展举措、社会安全网和针对青年的投资，解决农村的长期贫困问题。这些地区发展农村时应更加注重建立与市场的联系，为农村青年参与非农经济铺平道路，因为要素市场相对发达，如果青年愿意进入，他们可以获得更高质量的要素资源。

第二，投资农村长期贫困地区的青年还应注重对他们认知技能和非认知技能的培养，帮助他们抓住国家深入转型所带来的机会。在这种环境下，中等教育（而不仅仅是初等教育）质量的提高会带来更大的回报。此外，为进一步迎合企业的技能所需，学校可与私营企业合作，在正规中等教育课程中添加技术教育模块。针对青年的其他有意义投资还包括降低学生辍学率并为辍学青年提供再教育机会的方案、针对女孩的课后方案以及强调非认知技能的积极青年发展方案（PYD）。

第三，这些国家亟待解决第二代的营养问题，这是青年特有的问题。在这些国家，现代粮食系统（见第六章）出现了更多面向青年的有关超加工食品和加糖饮料的广告。无论是城市青年还是农村青年都沉迷这些不健康的食品，导致儿童超重和肥胖成为一种"流行病"，儿童也因此面临慢性健康问题。针对这一营养问题的有效对策才刚刚开始出现，不过这一类国家，尤其是拉丁美洲，在规范食品标签、监管儿童食品营销和促进健康饮食的社会营销方面走在前列（Instituto Nacional de Salud Pública de México，2016）。在推行这些举措时应与精心设计的研究方案相结合，以便决策者能够了解哪些措施有效。

第四，这些国家需要进一步推动偏远农村地区电气化并完善其卫生网络。当然，这并非针对青年的投资。这些国家的大多数农村地区已经具备这种服务，但一些更为偏远的地区对这些服务仍不可及。偏远地区基础设施的完善将为农村青年带来极大的益处，他们能在晚上更好地学习和培养中小企业所需的技能，而卫生条件的改善也使其因水和食物传播疾病而患病的可能性大大降低。

第五，这些国家的青年失业率远高于其他三个国家类别中转型水平较低的国家，政府必须有效解决这一问题。这些国家可以向其他结构转型水平高但农村转型水平较低的相对发达国家学习，考虑采用积极的劳动力市场政策促进青年就业（见表 10.1）。同时，为确保这些政策的有效落实，还需要配套上文提到的一些措施，如提高农村地区中等教育的教学质量；完善基础设施，加强农场、中小企业和市场之间的联系；设立监管机构，放松私营企业获得移动资金和金融服务的市场准入限制。

第六，这些国家面临的关键挑战是，政府是否有意愿将目前孤立在外的青年纳入农村转型进程中。一些原住民群体受文化差异的影响，仍生活在主流社会和经济之外，例如，秘鲁的农村青年主要生活在挑战严峻的机会空间（46%）。在这种情况下，政府应建立机制听取农村青年的意见，并在政策论坛上进行讨论。

创新性投资

所有国家都在追求数字红利，但转型水平最低的国家和最具挑战性的空间可能从中收益最大。数字革命能从根本上重塑未来的工作模式，以及世界各地的人、空间和思想的联系方式。虽然对基础能力的投资始终是发展的核心，但由于数字革命引起了结构性变化，劳动密集型制造业的优势在不断下降，它现在必须承担更大的发展重担。尽管转型水平最高的国家正确投资的财政资源更多，机构能力更强，但在数字信息和通信技术的投资方面，转型水平最低的国家受益最多。例如，移动电话的覆盖范围越来越广，覆盖的许多地区都未曾有过固定电话的服务，在正规银行系统尚未覆盖的地区，移动支付市场也在蓬勃发展。同时，数字技术有可能弥合转型水平最低的国家的巨大年龄、性别和城乡差距。移动货币的采用率与国家的转型水平无关，无论转型水平多高，青年的使用率与成年人的相当，女性的使用率与男性的相当，农村地区移动货币的普及率与城市地区的相当（Gasparri and Muñoz，2018）。

最后，因为这一领域的大部分投资都是私人投资，投资量主要取决于是否存在有利的监管环境，转型水平更高的国家在财政资源方面的优势可能并不那么重要。

几乎所有非洲国家都急需加快人口转变，而这一进程需要从青年入手。随着经济的增长，所有的国家都会经历人口转变，但只有抓住低抚养比的短暂时机，投资于合适政策的国家有望获得人口红利。要做到这一点，国家必须考虑空间和时间层面，因为基于农村地区的人口转变落后于城市地区，城乡连续体沿路的不同地区年龄和性别结构差异非常大（见第五章）。落后的地区需要投资女性农村青年生活的生产和生殖领域，这要求政府为女性农村青年提供更多孕妇保健服务，普及计划生育和生殖教育服务知识，以降低她们的生育率，提高她们的教育水平。然而，在社会规范限制女性青年参与经济和社会的地区，这些政策无法有效落实。因此，政府必须重视城乡梯度上存在的年龄和性别差异。在农村地区，女性（特别是女性青年）也是劳动的主力军，所以她们的人力资本和劳动成果会很大程度上影响人口红利获得的规模。因此，为确保抓住第一次人口红利机会，并为实现第二次人口红利创造有利条件，国家必须考虑空间因素，在地方各级推行青年政策。

气候变化复杂而又不确定，极大地影响着各地的农村机会，青年在应对气候变化时尤其脆弱。为此，各国政府必须实现各部门的协调发展，出台应对气候变化的政策和投资方案。联合国政府间气候变化专门委员会的最近报告警告称，我们的时间已所剩无几，必须立即采取行动来避免气候变化带来毁灭性影响（IPCC，2018）。为本报告进行的分析表明，青年人口众多的低等—中等收入国家仍以农业为主。然而，尽管气候变化只会对农业产生直接影响，它也会影响其他行业的青年机会。因此，政府需要在所有行业进行一整套的全面投资来应对这一挑战。农村青年要想在所有部门都能适应气候变化，必须培养自身处理有关风险和新技术的复杂信息的能力。这些信息大多可以通过数字手段获取，为便利青年信息的获取，政府必须建立监管框架，将私人移动技术和服务的价格降低至青年可承担的范围之内。通过数字途径，青年可以利用网上提供的更新快速的信息，弥补传统信息系统（包括农村推广系统）存在的不足，有效应对气候变化（Lipper et al.，2014）。但由于这种信息可能会比较复杂，农村青年如果想要利用它们来制定策略并有效帮助自己应对气候变化，还需要具备很强的技能。为此，各国必须改善其教育体系（Muttarak and Lutz，2014），并重视建立"授人以渔"的推广系统。

结束语

由于改善农村地区青年机会的政策和投资必须纳入更宏观的国家和地方战略、政策和方案，农村青年的参与机制也应纳入更宏观的政策和进程中。通常，政府只让青年参与"与青年有关的议题"（如志愿活动、体育和娱乐活动），或只让农村青年参与"农村"专题，则青年无法参与农村问题范围之外的他们关心的更广泛的专题（如就业、性权利和生殖权利政策等）。实际上，农村青年有效参与整个政策过程是发展有利政策环境的一个关键因素，能最大限度地让青年变得富有生产力、能动性，与外界联系更紧密，尤其是拥有更多机会。

很多国家在促使青年参与到其发展进程中所做的努力和投资值得称赞。同时，它们也应该继续努力，进一步完善其行动。特别是对农村青年，政策和投资必须在确保广泛农村机会的同时，促进青年的参与。只有这样，农村青年的前景才会更加光明，他们才会有能力为社会创造红利。

聚焦：农村青年研究的未来

目前还无法有效证实到底哪些措施能有效促进青年的发展。当今的状况和20世纪80年代初性别和发展的研究情形类似。起初，研究性别和发展的文献依据也很少，但最终它发展成为农村发展研究领域的一大热门课题。青年与发展的文献还在起步阶段。目前的世界发生着极大的变化，包括人口转变、农业粮食系统转型、数字革命和气候变化。在此之际，一些国家的青年人数不断增加，带来极大影响，政策制定者越来越多地讨论青年问题。

由于缺乏根据，大多数关于农村青年的论述都不是基于经验证据确凿的事实。青年文献中提出的许多主张缺乏现有证据的支持（Sumberg et al.，2018）。有关青年教育和就业的大多实证（全球可比的）都源于城市，因为城市地区的正规就业更多，数据更容易收集。直到最近，围绕青年赋权/能动性的讨论还是更倾向城市，因为各种类型的方案在城市青年身上更容易实施，而且一些青年组织实际上是受精英青年控制的（Trivelli and Morel，2018）。农村青年，特别是生活在最偏远地区的农村青年，他们参与经济和社会活动的方式与众不同，官方数据也很少有记载。但由于微观数据和大数据的日益普及，研究人员也可以开始对农村青年的现实状况进行初步探索（关于数据可用性和其他挑战的详细评估见附录D www.ifad.org/ruraldevelopmentreport）。

按年龄和性别划分的个人数据越来越多，再加上大数据，关于农村青年问题的越来越多有力证据的汇编更加便利。发展中国家的研究人员越来越多地使用来自本报告的数据，如生活水平衡量调查（LSMS）以及人口和健康调查（DHS）的数据。现在许多LSMS数据集都以面板数据呈现，这意味着青年的轨迹是可以直接研究得出的，而不用从连续的横断面调查中推断而来。尽管可用的数据越来越多，但在整合各种来源的数据和衡量对农村青年特别重要的变量方面，仍然存在重大挑战。这些重要变量是技能（尤其是非认知方面的技能）和农场工作（详情见附录D：农村青年就业指标和数据，仅可在线查阅：www.ifad.org/ruraldevelopmentreport）。青年生活方案（younglives.org.uk）提供了有关四个国家青年多年生活微观层面的最深入的定量和定性数据，这些信息提供了大量的新见解。甚至本报告中使用的WorldPop数据，也包括按年龄划分的像素级人口估计数。此类数据为了解发展中国家青年的生活和设计为其服务的方案提供了前所未有的机会。

出于检测和评价的目的，可持续发展目标的所有目标和子目标都要求汇编按年龄和性别划分的证据。千年发展目标以妇女参与发展为重点，丰富了性别与发展的资料。可持续发展目标（SDGs）的进展情况由按年龄和性别划分的数据进行全程记录，同样该发展目标也在不断丰富着有关青年的文献。今后的研究应特别注意城乡梯度沿路农村青年升级的差异，因为如本报告所述，这些差异会对农村青年的生产力、联系性和能动性有很大的影响。此外，今后还需要进行定性研究，以补充定量方法的不足，以此更好地了解影响青年生计的背景因素。

参考文献

Adamchak, D.J. 1995. Pensions and Household Structure of Older Persons in Namibia. Southern African Journal of Gerontology, 4 (2): 11-15.

AfDB (African Development Bank). 2016. Jobs for Youth in Africa: Strategy for creating 25 million jobs and equipping 50 million youth, 2016-2025. African Development Bank Group.

Alvarado, G., Skinner, M., Plaut, D., Moss, C., Kapungu, C. and Reavley, N. 2017. A Systematic Review of Positive Youth Development Programmes in Low-and Middle-Income Countries. Washington, D.C.: YouthPower Learning, Making Cents International.

Ardington, C., Hosegood, V. and Case, A. 2009. Forced Migration, Female Labour Force Participation, and Intra- Household Bargaining: Does conflict empower women? American Economic Journal: Applied Economics, 1 (1): 22-48.

Baird, S., McKenzie D. and Özler, B. 2018. The Effects of Cash Transfers on Adult Labour Market Outcomes. GLM|LIC Synthesis Paper No. 9.

Baird, S., Chirwa, E., McIntosh, C. and Özler, B. 2010. The Short-Term Impacts of a Schooling Conditional Cash Transfer Program on the Sexual Behavior of Young Women. Health Economics, 19 (Sl): 55-68 (available at: https://doi.org/10.1002/hec.1569).

Day, T., Röser, F., Hagemann, M. and Höhn, N. 2017. Sectoral Implementation of Nationally Determined Contributions (NDCs). Briefing overview paper. German Agency for Technical Cooperation (GIZ).

de Janvry, A., Finan, F., Sadoulet, E. and Vakis, R. 2006. Can Conditional Cash Transfer Programs Serve as Safety Nets in Keeping Children at School and From Working When Exposed to Shocks? Journal of Development Economics, 79 (2): 349-373.

Elder, S., de Haas, H., Principi, M. and Schewel, K. 2015. Youth and Rural Development: Evidence from 25 school-to-work transition surveys. Work4Youth Publication Series No. 29. International Labour Office. Geneva: ILO.

FAO (Food and Agriculture Organization of the United Nations). 2014. Youth and Agriculture: Key challenges and concrete solutions.

Filmer, D. and Fox, L. 2014.Youth Employment in Sub-Saharan Africa. Washington, D.C.: World Bank (available at: doi:10.1596/978-1-4648-0107-5).

Finn, A. and Standish-White, J. 2015. Unconditional Cash Transfers and Children's Educational Outcomes: Evidence from the old-age pension programme in South Africa. SALDRU Working Papers 147, Southern Africa Labour and Development Research Unit, University of Cape Town.

Fox, L. and Kaul, U. 2018. The Evidence Is In: How should youth employment programs in low-income countries be designed? Policy Research Working Papers. World Bank. (available at: https:// doi.org/10.1596/1813-9450-8500).

Fox, L. 2018. Economic Participation of Rural Youth: What matters? Background paper for the Rural Development Report 2019. Rome: IFAD.

Gasparri, N.I. and Muñoz, L. 2018. Inclusive

Finance and Rural Youth. Background paper for the Rural Development Report 2019. Rome: IFAD.

Heckman, J.J. and Kautz, T. 2013. Hard Evidence on Soft Skills. Labour Economics, 19 (4): 451-464.

IFAD (International Fund for Agricultural Development). 2018. Progress report on implementation of the performancebased allocation system. Addendum. Available at: https://webapps.ifad. org/members/eb/125/ docs/EB-2018- 125-R-4-Add-1.pdf. Rome: IFAD.

ILO (International Labour Organization). 2017. World Social Protection Report 2017- 19: Universal social protection to achieve the Sustainable Development Goals. International Labour Office. Geneva: ILO.

ILO (International Labour Organization). 2015. Global Employment Trends for Youth 2015: Scaling up investments in decent jobs for youth. International Labour Office. Geneva: ILO.

ILO (International Labour Organization). 2014. World Social Protection Report 2014- 15: Building economic recovery, inclusive development and social justice. International Labour Office. Geneva: ILO.

Instituto Nacional de Salud Pública de México. 2016. Review of Current Labelling Regulations and Practices for Food and Beverage Targeting Children and Adolescents in Latin American Countries (Mexico, Chile, Costa Rica and Argentina) and Recommendations for Facilitating Consumer Information. United Nations Children's Fund (UNICEF).

Kaufmann, D., Kraay, A. and Mastruzzi, M. 2010. The Worldwide Governance Indicators: Methodology and analytical issues. World Bank Policy Research Working Paper No. 5430. Washington, D.C.: World Bank.

Kluve, J., Puerto, S., Robalino, D., Romero, J.M., Rother, F., Stöterau, J., Weidenkaff, F. and Witte, M. 2017. Interventions to Improve the Labour Market Outcomes of Youth: A systematic review of training, entrepreneurship promotion, employment services and subsidized employment interventions. Campbell Systematic Reviews 2017:12. Oslo, Norway: The Campbell Collaboration (available at: doi: 10.4073/csr.2017.12).

Lipper, L., Thornton, P., Campbell, B., Baedeker, T., Braimoh, A., Bwalya, M., Caron, P., Cattaneo, A., Garrity, D., Henry, K., Hottle, R., Jackson, L., Jarvis, A., Kossam, F., Mann, W., McCarthy, N., Meybeck, A., Neufeldt, H., Remington, T., Thi Sen, P. Sessa, R., Shula, R., Tibu, A. and Torquebiau, E. 2014. Climate-Smart Agriculture for Food Security. Nature Climate Change, 4: 1068-1072.

Muttarak, R. and Lutz, W. 2014. Is Education a Key to Reducing Vulnerability to Natural Disasters and Hence Unavoidable Climate Change? Ecology and Society, 19 (1): 42 (available at: http://dx.doi. org/10.5751/ES-06476-190142).

OECD (Organisation for Economic Cooperation and Development). 2018. The Future of Rural Youth in Developing Countries: Tapping the Potential of Local Value Chains. Development Centre Studies, Paris: OECD Publishing (available at: https:// doi. org/10.1787/9789264298521-en).

Phillips, L., Pereznieto, P. and Stevenson, J. 2018. Policies and Institutions for Rural Youth Development Outcomes. Background paper for the Rural Development Report 2019. Rome: IFAD.

Schultz, T.P. 2004. School Subsidies for the Poor: Evaluating the Mexican Progresa poverty program. Journal of Development Economics, 74 (1): 199-250.

Sumberg, J., Chamberlin, J., Flynn, J., Glover, D. and Johnson, V. 2018. Landscapes of Rural Youth Opportunity. Background paper for the Rural Development Report 2019. Rome: IFAD.

Tirivayi, N., Knowles, M. and Davis, B. 2013. The Interaction Between Social Protection and Agriculture: A review of evidence. Rome: FAO.

Trivelli, C. and Morel, J. 2018. Rural Youth Inclusion, Empowerment and Participation. Background paper for the Rural Development Report 2019. Rome: IFAD.

UNDESA (United Nations Department of Economic and Social Affairs). 2018. Report on the World Social Situation 2018: Promoting inclusion through social protection.

World Bank. 2012. Resilience, Equity, and Opportunity: The World Bank's social protection and labor strategy 2012-2022. Washington, D.C.: World Bank.

World Bank Group and IFAD (International Fund for Agricultural Development). 2017. Rural Youth Employment. An input document prepared for the G20 Development Working Group.

Youth Policy. 2014. State of Youth Policy 2014. Berlin: Youthpolicy.org. (available at: http://www.youthpolicy.org/library/wpcontent/uploads/library/2014_Special_ Edition_State_Youth_Policy_ENG.pdf).